高等院校经济管理类规划教材

金融学经典案例评析

主　编　邢秀芹
副主编　赵　睿　苏艳芝

北京邮电大学出版社
www.buptpress.com

内 容 简 介

本书共有11章,收录了金融学的31个教学案例,每章包含2至5个案例,内容主要涉及货币与货币制度、信用与经济、利息与利率、金融市场、金融机构、货币供给与货币需求、通货膨胀与通货紧缩、货币政策、国际金融、金融创新与金融风险、金融发展与经济增长等方面。本书体系结构及内容与《金融学》教材篇章编排相适应,每个案例的编写都包含案例内容、案例评析和案例讨论,非常适用于课堂教学,同时,也适用于金融从业人员和研究人员自主学习和阅读。

图书在版编目(CIP)数据

金融学经典案例评析 / 邢秀芹主编. -- 北京：北京邮电大学出版社,2021.4(2022.7重印)
ISBN 978-7-5635-6344-9

Ⅰ. ①金… Ⅱ. ①邢… Ⅲ. ①金融学—案例 Ⅳ. ①F830

中国版本图书馆 CIP 数据核字(2021)第 056115 号

策划编辑：马晓仟　　责任编辑：王晓丹　左佳灵　　封面设计：七星博纳

出版发行	：北京邮电大学出版社
社　　址	：北京市海淀区西土城路 10 号
邮政编码	：100876
发 行 部	：电话 010-62282185　传真：010-62283578
E-mail	：publish@bupt.edu.cn
经　　销	：各地新华书店
印　　刷	：北京九州迅驰传媒文化有限公司
开　　本	：787 mm×1 092 mm　1/16
印　　张	：10.25
字　　数	：253 千字
版　　次	：2021 年 4 月第 1 版
印　　次	：2022 年 7 月第 3 次印刷

ISBN 978-7-5635-6344-9　　　　　　　　　　　　　　　　　　定价：30.00 元

·如有印装质量问题,请与北京邮电大学出版社发行部联系·

前　言

金融是现代经济的核心,是实体经济的血脉,为全球经济的发展注入强大动力。在党的十九大报告中,习近平总书记明确提出要建设现代化经济体系,这是对我国经济所处阶段的重大研判,也意味着,中国经济正处于从数量扩张到质量提升转型的关键转轨时期。习近平总书记在阐述建设现代化经济的同时,将"现代金融"纳为我国产业体系的重要组成部分,这不仅标志着党中央对金融在我国经济社会中发挥积极作用的高度肯定,也进一步深化了对金融与实体经济关系的认识,同时指出了金融在建设现代化经济新征程中的奋斗方向。

随着中国金融体制改革的不断深化,社会对各类金融人才的需求不断增加,全国许多大学和高职院校都设置了经济管理类专业,而这些专业大都开设了金融学课程。同时,随着教学改革的不断深入,案例教学在金融学的教学中扮演着越来越重要的角色。《金融学经典案例评析》很好地贯通了金融学理论与实践,适应高等院校金融学课程教学改革的需要。

《金融学经典案例评析》共有11章,收录了金融学的31个教学案例,每章包含2至5个案例,每个案例的编写都包含案例内容、案例评析和案例讨论,非常适用于课堂教学,可以作为金融学课程的教材,同时,也适用于金融从业人员和研究人员自主学习和阅读。

本书具有以下特色。(1)系统性和配套性。本书共设计11章内容,体系结构及内容与《金融学》教材篇章编排相适应,内容主要涉及货币与货币制度、信用与经济、利息与利率、金融市场、金融机构、货币供给与货币需求、通货膨胀与通货紧缩、货币政策、国际金融、金融创新与金融风险、金融发展与经济增长等方面,包含了"金融学"课程涉及的基本内容,具有较强的系统性和配套性,特别适合用于课堂案例教学,同时也适合用于课外拓展阅读。(2)可操作性。本书案例编写包含案例内容、案例评析和案例讨论。案例内容部分兼顾新闻性、实用性、知识性,通俗易懂,便于读者对案例有一个完整的、深层次的把握;案例评析部分针对案例内容进行了深入挖掘;案例讨论部分根据每一个案例设计了几个问题,适合读者自主学习分析,也适合教师在课堂上组织进行专题讨论。

本书由邢秀芹拟定大纲并负责全书的总纂,各章具体分工如下:

第1章:邢秀芹

第2章:张峰

第 3 章:肖文东

第 4 章:刘乃瑜、程翔

第 5 章:邢秀芹、房燕、赵睿、傅巧灵

第 6 章:张峰、赵睿

第 7 章:苏艳芝

第 8 章:陈岩

第 9 章:傅巧灵、韩莉、刘乃瑜

第 10 章:傅巧灵、邢秀芹

第 11 章:李雅宁

在本书编写过程中,编者参考了大量的文献资料,在此向这些作者表示衷心的感谢!同时,也衷心感谢北京邮电大学出版社的大力支持和帮助!

由于编者水平有限,书中难免存在未能发现的错误和纰漏,恳请读者批评指正。

编　者
2020 年 7 月

目　　录

第1章　货币与货币制度 ··· 1

　案例1　小岛上的石头货币 ··· 1

　案例2　布雷顿森林体系的形成及崩溃 ······························· 5

第2章　信用与经济 ··· 10

　案例1　看似安全的票据业务也会出问题？ ························· 10

　案例2　中国的"三角债"问题及其影响 ···························· 15

第3章　利息与利率 ··· 22

　案例1　美联储议息会议 ·· 22

　案例2　中国的利率市场化 ·· 26

第4章　金融市场 ·· 31

　案例1　2001年温州民间借贷危机 ·································· 31

　案例2　中国大妈抄底黄金惹的"祸" ······························ 37

第5章　金融机构 ·· 42

　案例1　轰然倒下的金融大厦：雷曼兄弟 ··························· 42

　案例2　哈药股份的主动要约收购案 ································ 46

　案例3　阿里巴巴融资上市案 ······································· 50

　案例4　KKR杠杆并购案 ·· 56

　案例5　花旗银行与旅行者的"分与合" ···························· 64

第6章　货币供给与货币需求 ·· 71

　案例1　"直升机撒钱" ··· 71

案例2　中国货币之谜 ··· 75

第7章　通货膨胀与通货紧缩 ·· 80

　　案例1　国民党政府后期的恶性通货膨胀 ·································· 80
　　案例2　我国1997年至2002年的通货紧缩 ······························· 84
　　案例3　日本1990年至2010年的通货紧缩 ······························· 89
　　案例4　我国2008年至2012年的通货膨胀 ······························· 92

第8章　货币政策 ··· 98

　　案例1　2008年金融危机美联储的货币政策 ···························· 98
　　案例2　金融危机之后中国的货币政策转型 ···························· 102

第9章　国际金融 ··· 107

　　案例1　人民币离岸NDF市场的兴衰 ······································ 107
　　案例2　拉美国家的美元化和去美元化 ···································· 110
　　案例3　中国的米德冲突 ·· 115
　　案例4　外资机构短期内集中大幅减持中资银行股 ················ 121

第10章　金融创新与金融风险 ·· 126

　　案例1　巴林银行倒闭 ·· 126
　　案例2　中航油巨亏事件 ·· 130
　　案例3　美国次贷危机 ·· 134
　　案例4　亚洲金融危机 ·· 139

第11章　金融发展与经济增长 ·· 146

　　案例1　货币危机与经济大危机 ·· 146
　　案例2　美国金融发展与经济周期的演进 ······························ 150

参考文献 ·· 154

第1章 货币与货币制度

案例1 小岛上的石头货币

【案例内容】

密克罗尼西亚是位于西太平洋的一个岛国,全国陆地面积705平方千米,人口10.56万。全国有607个岛屿。密克罗尼西亚使用美元作为官方货币,但在雅浦岛上,人们也使用一种非常不同寻常的货币,就是巨大的"石圆盘",其中一些重量超过一辆汽车。

雅浦岛是密克罗尼西亚联邦最西的一个州,位于太平洋板块接邻菲律宾板块的区域。来到雅浦岛,即使是最疲惫的旅客也会立马感到兴奋。这里充满茂密的森林、沼泽、浅潟湖和一片片红树。但让人最惊喜的,不是这里的自然风景,也不是来自当地穿着传统芙蓉花裙子的姑娘,而是巨大的用作铜钱的石头。

1. 这些石头究竟有什么用途?

数以百计的人体大小的石块散布在整个岛屿上,一些石头就在岛上的少数酒店外面,其他一些在靠近海滩的地方或森林深处排成一排,见图1-1。然而更令人感到惊讶的是,这些石头,正是这个小岛流通了几百年的货币。

每个村庄甚至都有一个石制钱币银行,在这些银行附近堆满了因为重量过大而无法移动的石头。

这个绝无仅有的石头钱币在这里已经使用了好几个世纪,但是当这个概念刚开始的时候,没有人确定石头也能当作金钱使用。毕竟每一块石头都是不同的,并且比它们的价值还要重。最初的石头作品被雕刻成鲸鱼的形状,并且被用作礼物。后来,它们慢慢发展成为货币,加上后来石头中间都会雕刻一个孔洞,使得它们更像是钱币,终于从一个小岛传到另一个小岛,广泛地流传开来。

2. 风风火火采石头

当石币流行起来之后,这个小岛上的人们发现了问题:他们的岛上没有石头。为了获得制造费币的石料,雅浦人需要横渡大洋,到250海里(1海里=1.852千米)以外一个叫帕劳的岛上开采,并且用非常简陋的独木舟运载石料,石料是用贝壳制成的工具开采的,在运输过程中还经常遇上风暴,人们随时都有生命风险。回岛后,水手们会将雕刻好的石币捐给酋长,酋长则会召集村民们聚在一起,欢迎水手和石币。酋长会保留较大的和五分之二较小的石币。他们还会给某些石币命名,通常用自己或亲戚的名字。然后这些石头即可进入流通领域,并可被任何人购买。

1871年,一位名叫戴维·奥基夫的美国人在雅浦岛附近驾船触礁,当他乘着舢板离开他的船登上雅浦岛时发现,竟然有这么一群人用如此简陋的方式来搬运石头。于是,奥基夫决定帮助这些人,他用修复后的船作为雅浦人来往于雅浦岛和帕劳之间的运输船,并提供凿子、斧头等铁器,帮助当地人开采。作为回报,雅浦人给奥基夫许多椰仁干作为报酬。正是由于奥基夫的帮助,当地人开采石头变得容易,但是同时他们也发现石头价值变得比以前低了。

3. 如今石币仍然发挥着重要的流通作用

今天,石币已经被美元所代替,美元在当地被用于像在杂货店购物这样的日常交易。但对于非实物的交易,比如权利和习俗等,石币仍然是当地居民的重要货币。

石币至今仍然流通,挑战着西方人固定的货币概念。这些石币按其尺寸估价,它们的直径范围从7厘米到3.6米不等,石币的华丽程度和坚硬度决定着其价值。岛上的居民十分信任费币的购买力,居民拥有石币的数量和大小代表了财富的多寡。

这些费币在这个小岛上起着货币的作用,但是由于这些费币很沉重,值一头猪的费币至少要4个壮汉才能搬动,因此岛上的居民也很少搬动它们。于是,这里的交易主要以记账的方式进行,而非立即付清。账款一般留到以后的交易中继续转结,即使到了真正需要清算的时候,也很少需要真正搬运费币。在交易完成后,原来应当从原主人那里搬走的费币,依然留在原主人那里,甚至也没有在费币上做标记。

当年统治这个岛的德国人,在向当地居民征收罚金时,就在费币上面画一个黑色的十字,表明此块费币已被政府征收,当被罚的居民履行完义务后,再请求德国人把费币上的十字擦去,以示已履行了义务,费币物归原主。否则,石币无法作为交易的手段。

4. 石币与其上镌刻的历史

当地人还将口述历史记录融入每一块石头的价值中,在没有书面记录的年代里,他们将村庄发生的事件刻在石币上。这里的人们很少离开自己的村庄,这些雕刻着故事的石币就这样传递着这150个村庄的历史信息,记载着人们过去的经验。人们甚至在一些石币上发现了对200多年前战斗的描述。

在岛上的一些地方,石币被整齐地排成一圈。从大到小,几十块石头排列在村庄中心的开放式结构中,人们有时聚集在这里进行交易,举办庆祝活动,甚至是学校的教学活动。

当地人解释说,这是专门放置的,每一块石头都代表着一些故事:村庄关系、婚姻故事、冲突和深刻的道歉。这些石头大多已经在这里存在了几百年。为什么没有最近年份的石头呢?按照当地人的说法,岛上一直保留着口述历史的传统,加上岛上人口流动极少,一个村子的历史和故事,都通过口述的形式流传了下来,并没有必要都刻在石头上。最近几十年也会将一些文字刻在石头上,是为了保存一些生活技能。

这些宝贵的石头,就这样公开地放在地上,难道就不会有人去偷回家吗?当地人说,上面刻着的大多数是常识,当地人秘密很少,盗窃的事情很少发生。

5. 一则趣闻

在雅浦岛上有一户很富有的家庭,这家人拥有一块非常巨大的费币,对于当地来说,这是一笔非常巨大的财富。然而,没有一个人包括这家人自己,亲眼看见过或者触摸过这笔财富。在很多年前,这家人的一位祖先在远处的小岛上找到了这块大得出奇并极具价值的费币。可是,在将其搬上木筏,运送回家的过程中,海上起了风暴,为了保护众人的生命,大家砍断了木筏的缆绳,石头也因此沉入了海底。这些人回家后,都说这块费币的体积极巨大、质地优良,费币的丢失也不能怪罪于拥有者。于是从那时开始,所有的人都从心底里承认这块费币依然存在,只是不在这个人的家中。费币的购买力并不能因费币所处的地点而有所改变,所以这户人家拥有这块费币所代表的财富。

图 1-1 雅浦岛上大石轮"费"

【案例评析】

货币是日常生活中人们经常使用的一个词,它的含义丰富,在不同的场合有不同的意义,那么到底什么是货币? 可能大多数人并没有思考过这个问题。

1. 什么是货币?

传统的政治经济学把货币当作一般商品等价物,一种特殊商品。这实际上是金属货币时代的理解。按照马克思经济学的经典表述,货币作为一般等价物,也是一种商品,"货币天生不是金银,但金银天生是货币"(《资本论》第1卷第107页)。除马克思外,18、19世纪之交的法国古典政治经济学家让·巴蒂斯特·萨伊在1803年出版的《政治经济学概论》中也明确说:"货币,或有人把它称为铸币,是一种商品,其价值是由相同的一般法则所决定的,就和其他的商品一样。"

古典政治经济学家的货币商品说,不仅影响了后来中央计划经济国家的马克思主义政治经济学,也影响了当代经济学的主流理论。大多数经济学家把货币理解为任何一种被普遍接受的,可作为交易媒介、支付工具、价值储藏和计算单位的物品。他们认为货币是价值尺度和流通手段的统一,并认为其具有5种职能:价值尺度、流通手段、贮藏手段、支付手段、世界货币。到了现代社会,经济越来越货币化,货币也越来越虚拟化了。

2. 货币的形式

货币的形式就是指货币的物质体现,即采用什么样的材料或物品充当货币。这种充当货币的材料或物品就叫作币材。货币币材需要满足下列条件:(1)价值比较高,这样可用较少的媒介完成大量的交易;(2)易于分割,即分割之后不会减少它的价值,以便于同价值高低不等的商品交换;(3)便于携带,以便于在广大地区之间进行交易;(4)易于保存,即在保存过程中不会损失价值,无须支付费用等。

传统政治经济学的货币理论认为,货币是一件东西,是从众多商品中挑选出来的一种商品,以此来作为市场交易的媒介。这种理论认为,在人类的远古社会,人们用粮食、贝壳、牛、鳕鱼、白银、黄金、铜等各种各样的商品做货币,后来逐渐固定为以金银做货币,然后到铸币和纸币。甚至到了近代,在第二次世界大战的战俘营中,人们还用香烟做货币;在晚清时期的江南,中国的商人们还一度用鸦片做货币(在中国近代史上被称为"苏州制度")。这一流行的商品货币理论还认为,货币作为一种特殊商品,只是一种一般等价物,是市场交易的媒介,主要是用来协助贸易的。

然而,现在这种商品货币说受到了人类学家历史研究的挑战。《货币野史》作者马汀提出,如果说,货币作为一种"东西"是辅助市场交易的,那么,雅浦岛上那几千块直径从 1 英尺(1 英尺=30.48 厘米)到 12 英尺不等的又大又厚的石轮,搬运起来那么笨重,又是如何辅助和便利交易的呢? 由此,马汀认为,雅浦岛的货币不是"费",而是一套以信用记账以及靠这种账目而进行清算所构成的体系。因而,作为大石轮的"费",只不过是用来记账和进行清算的表征:"和纽芬兰一样,雅浦岛的居民在交易鱼、椰子、猪和海参的过程中,会积累信用与债务。这些信用和债务可以用来抵消交易中彼此需要清算的款额。只要交易对方允许,人人都可以用'费'这种通货兑换适当价值,通过这种方式在单笔交易完成后把未结清的账目清掉,也可以按日或周为期限结清;卖方和雅浦岛上的其他人都享有这种赊账的信用,而'费'就是对这种信用有形可见的记录。"

3. 费与比特币

从雅浦岛的货币体系中,我们可以分析出其具有如下特征。(1)雅浦岛的石币并不是自己拥有的,而是从其他小岛上开采并加工得到的,因此它代表着雅浦岛不能自己随意滥发货币。而且这个石轮不是每座小岛都可以开采到,开采过程也比较艰辛,这就保证了它的稀缺性。(2)石币之所以可以在雅浦岛上作为货币通用,是因为岛上的人都认可它作为货币的交换价值,这和以前用贝壳、牛羊进行商品交换是一个原理。作为货币,它之所以值钱,是因为人类赋予了它价值。这也说明了货币本质是共识,并不一定要它本身具备内在价值,认可的人越多,货币的流通性越强。(3)雅浦岛上的石币在交易时,并没有及时进行清算,搬走费币,而是通过记账的方式,对于费币的归属权问题并不需要真的看见谁家存有很多费币,而是通过口口相传的信誉来认定,类似于一种储备。这也说明了货币的本质就是一种信用体系,它贯穿了货币演变的全过程。后来各国用黄金作为货币的储备,也许是从中汲取了经验。(4)在交易过程中,通过记账的方式,几乎所有人都知道了石币的归属权已经转移,也没有必要单独再做公示。一旦石币的归属权出现问题,就无法继续作为交易的支付手段,既然如此,就没有人愿意去把别人家的石币据为己有,因为成本高,没好处。这个全民记账的方式,以及防盗的方式看起来很像区块链的分布式账本。

看到这里,我们会发现这个费币很像实物化的比特币。比特币的稀缺性,以及它的超级账本、价值的来源都和费币十分相似。不同的是费币只在雅浦岛上流通,而比特币通过网络可以在全世界流通,并且比特币只是一串数字,更容易携带,只需有数字货币钱包即可,交易时,也不需要人们费时费力地去搬动,只需有网络,就可以轻松实现价值转移。

【案例讨论】

1. 什么是货币？货币的本质是什么？
2. 什么是币材？货币币材需要满足哪些条件？

案例 2　布雷顿森林体系的形成及崩溃

【案例内容】

1944年7月，西方主要国家的代表在联合国国际货币金融会议上确立了该体系，因为此次会议是在美国新罕布什尔州布雷顿森林举行的，所以称之为"布雷顿森林体系"。关税总协定作为1944年布雷顿森林会议的补充，连同布雷顿森林会议通过的各项协定，统称为"布雷顿森林体系"，即以外汇自由化、资本自由化和贸易自由化为主要内容的多边经济制度，构成资本主义集团的核心内容。

布雷顿森林体系的建立，促进了战后资本主义世界经济的恢复和发展。因美元危机与美国经济危机的频繁爆发，以及制度本身不可解脱的矛盾性，该体系于1971年被尼克松政府宣告结束。

1. 提出背景

两次世界大战之间的20年中，国际货币体系分裂成几个相互竞争的货币集团，各国货币竞相贬值，动荡不定。

在第二次世界大战后期，美英两国政府出于对该国利益的考虑，构思和设计了战后国际货币体系，分别提出了"怀特计划"和"凯恩斯计划"。"怀特计划"和"凯恩斯计划"同是以设立国际金融机构、稳定汇率、扩大国际贸易、促进世界经济发展为目的，但运营方式不同。由于美国在世界经济危机和第二次世界大战后登上了资本主义世界盟主的位置，美元的国际地位因其国际黄金储备的实力得到稳固，双方于1944年4月达成了反映怀特计划的"关于设立国际货币基金的专家共同声明"。

建立布雷顿森林体系的关键人物是美国前财政部助理部长哈里·怀特，凭借战后美国拥有全球四分之三黄金储备和强大的军事实力，他力主强化美元地位的提议力挫英国代表团团长、经济学大师凯恩斯，"怀特计划"成为布雷顿森林会议最后通过决议的蓝本。

2. 核心内容

布雷顿森林体系是以美元和黄金为基础的金汇兑本位制，其实质是建立一种以美元为中心的国际货币体系，基本内容包括美元与黄金挂钩、国际货币基金会员国的货币与美元保持固定汇率（实行固定汇率制度）。布雷顿森林货币体系的运转与美元的信誉和地位密切相关。

"布雷顿森林体系"建立了国际货币基金组织和世界银行两大国际金融机构。前者负责向成员国提供短期资金借贷，目的是保障国际货币体系的稳定；后者提供中长期信贷来促进成员国经济的复苏。

"布雷顿森林体系"的主要内容包括以下几点。

第一,美元与黄金挂钩。各国确认1944年1月美国规定的35美元一盎司的黄金官价,每一美元的含金量为0.888 671克黄金。各国政府或中央银行可按官价用美元向美国兑换黄金。为使黄金官价不受自由市场金价的冲击,各国政府需协同美国政府在国际金融市场上维持这一黄金官价。

第二,其他国家货币与美元挂钩。其他国家政府规定各自货币的含金量,通过含金量的比例确定同美元的汇率。

第三,实行可调整的固定汇率。《国际货币基金协定》规定(下文简称《协定》),各国货币对美元的汇率,只能在法定汇率上下各1%的幅度内波动。若市场汇率的波动幅度超过法定汇率1%,各国政府有义务在外汇市场上进行干预,以维持汇率的稳定。若会员国法定汇率的变动超过10%,就必须得到国际货币基金组织的批准。1971年12月,这种即期汇率变动的幅度扩大为上下2.25%的范围,决定"平价"的标准由黄金改为特别提款权。布雷顿森林体系的这种汇率制度被称为"可调整的钉住汇率制度"。

第四,各国货币兑换性与国际支付结算原则。《协定》规定了各国货币自由兑换的原则:参加该协定的成员国有无条件承兑本国货币的义务,即在另一成员国要求下,随时有义务换回对方在经常项目往来中所积存的本国货币。考虑到各国的实际情况,《协定》做了"过渡期"的规定。《协定》还规定了国际支付结算的原则:会员国未经基金组织同意,不得对国际收支经常项目的支付或清算加以限制。

第五,确定国际储备资产。《协定》中关于货币平价的规定,使美元处于等同于黄金的地位,成为各国外汇储备中最主要的国际储备货币。

第六,国际收支的调节。国际货币基金组织会员国份额的25%以黄金或可兑换成黄金的货币缴纳,其余则以本国货币缴纳。会员国发生国际收支逆差时,可用本国货币向基金组织按规定程序购买(即借贷)一定数额的外汇,并在规定时间内以购回本国货币的方式偿还借款。会员国所认缴的份额越大,得到的贷款也越多。贷款只限于会员国用于弥补国际收支赤字,即用于经常项目的支付。

3. 作用

布雷顿森林体系有助于国际金融市场的稳定,对战后的经济复苏起到了一定的作用。

第一,布雷顿森林体系的形成,暂时结束了战前货币金融领域的混乱局面,维持了战后世界货币体系的正常运转。

固定汇率制是布雷顿森林体系的支柱之一,不同于金本位制下汇率的相对稳定。在典型的金本位制下,金币本身具有一定的含金量,黄金可以自由输出输入,汇价的波动界限狭隘。1929年至1933年的资本主义世界经济危机,引起了货币制度危机,导致金本位制崩溃,国际货币金融关系呈现出一片混乱局面。以美元为中心的布雷顿森林体系的建立,使国际货币金融关系有了统一的标准和基础,混乱局面暂时得以稳定。

第二,促进各国国内经济的发展。在金本位制下,各国注重外部平衡,国内经济往往带有紧缩倾向。在布雷顿森林体系下,各国偏重内部平衡,危机和失业情形较之战前有所缓和。

第三,布雷顿森林体系的形成,在相对稳定的情况下扩大了世界贸易。美国通过赠予、信贷、购买外国商品和劳务等形式,向世界散发了大量美元,客观上起到了扩大世界购买力的作用。固定汇率制在很大程度上消除了由于汇率波动而引起的动荡,在一定程度上稳定了主要国家的货币汇率,有利于国际贸易的发展。

第四,布雷顿森林体系形成后,基金组织和世界银行的活动对世界经济的恢复和发展起了一定的积极作用。其一,基金组织提供的短期贷款暂时缓和了战后许多国家的收支危机,促进了支付办法上的稳步自由化。基金组织的贷款业务迅速增加,重点由欧洲转至亚、非、拉第三世界。其二,世界银行提供和组织的长期贷款和投资不同程度地解决了会员国战后恢复和发展经济的资金需要。基金组织和世界银行在提供技术援助、建立国际经济货币的研究资料及交换资料情报等方面对世界经济的恢复与发展起到了一定作用。

第五,布雷顿森林体系的形成有助于生产和资本的国际化。汇率的相对稳定,避免了国际资本流动中引发的汇率风险,有利于国际资本的输入与输出;为国际融资创造了良好环境,有助于金融业和国际金融市场的发展,也为跨国公司的国际化生产创造了良好的条件。

4. 缺陷

由于资本主义发展的不平衡性,主要资本主义国家经济实力对比一再发生变化,以美元为中心的国际货币制度本身固有的矛盾和缺陷日益暴露。

第一,金汇兑制本身的缺陷。美元与黄金挂钩,享有特殊地位,加强了美国对世界经济的影响。其一,美国通过发行纸币而不动用黄金进行对外支付和资本输出,有利于美国的对外扩张和掠夺。其二,美国承担了维持金汇兑平价的责任。当人们对美元充分信任,美元相对短缺时,这种金汇兑平价可以维持;当人们对美元产生信任危机,拥有的美元太多,要求兑换黄金时,美元与黄金的固定平价就难以维持。

第二,储备制度不稳定。这种制度无法提供一种数量充足、币值坚挺,可以为各国所接受的储备货币,以使国际储备的增长能够适应国际贸易与世界经济发展的需要。1960年,美国耶鲁大学教授特里芬在其著作《黄金与美元危机》中指出:布雷顿森林制度以一国货币作为主要国际储备货币,在黄金生产停滞的情况下,国际储备的供应完全取决于美国的国际收支状况。美国的国际收支保持顺差,国际储备资产不敷国际贸易发展的需要;美国的国际收支保持逆差,国际储备资产过剩,美元发生危机,危及国际货币制度。这种难以解决的内在矛盾,国际经济学界称之为"特里芬难题",它决定了布雷顿森林体系的不稳定性。

第三,国际收支调节机制的缺陷。该制度规定汇率浮动幅度需保持在1%以内,汇率缺乏弹性,限制了汇率对国际收支的调节作用。这种制度着重于国内政策的单方面调节。

第四,内外平衡难统一。在固定汇率制度下,各国不能利用汇率杠杆来调节国际收支,只能采取有损于国内经济目标实现的经济政策或管制措施,以牺牲内部平衡来换取外部平衡。当美国国际收支逆差、美元汇率下跌时,根据固定汇率原则,其他国家应干预外汇市场,这一行为导致和加剧了这些国家的通货膨胀。若这些国家不加干预,就会遭受美元储备资产贬值的损失。

5. 崩溃

(1) 前期预兆

1949年,美国的黄金储备为246亿美元,占当时整个资本主义世界黄金储备总额的73.4%,这是战后的最高数字。

1950年以后,除个别年度略有顺差外,其余各年度都是逆差。1971年上半年,逆差达到83亿美元。随着国际收支逆差的逐步增加,美国的黄金储备日益减少。

20世纪60至70年代,美国深陷越南战争的泥潭,财政赤字巨大,国际收入情况恶化,美元的信誉受到冲击,爆发了多次美元危机。大量资本出逃,各国纷纷抛售自己手中的美元,抢购黄金,使美国黄金储备急剧减少,伦敦金价上涨。为了抑制金价上涨,保持美元汇率,减少黄金储备流失,美国联合英国、瑞士、法国、西德、意大利、荷兰、比利时8个国家于1961年10月建立了黄金总库,八国央行共拿出价值2.7亿美元的黄金,由英格兰银行为黄金总库的代理机关,负责维持伦敦的黄金价格,并采取各种手段阻止外国政府持美元外汇向美国兑换黄金。

20世纪60年代后期,美国进一步扩大了侵越战争,国际收支进一步恶化,美元危机再度爆发。1968年3月的半个月中,美国黄金储备流出了14亿多美元,3月14日一天,伦敦黄金市场的成交量达到了350~400吨的破纪录数值。美国没有了维持黄金官价的能力,经与黄金总库成员协商后,宣布不再按每盎司35美元的官价向市场供应黄金,市场金价自由浮动。

(2) 崩溃标志

第一,美元停止兑换黄金。1971年7月第七次美元危机爆发,尼克松政府于8月15日宣布实行"新经济政策",停止履行外国政府或中央银行可用美元向美国兑换黄金的义务。

1971年12月以《史密森协定》为标志,美元对黄金贬值,美联储拒绝向国外中央银行出售黄金。至此,美元与黄金挂钩的体制名存实亡。

第二,取消固定汇率制度。1973年3月,西欧出现抛售美元、抢购黄金和马克的风潮。同年3月16日,欧洲共同市场九国在巴黎举行会议并达成协议,联邦德国、法国等国家对美元实行"联合浮动",彼此之间实行固定汇率。英国、意大利、爱尔兰实行单独浮动,暂不参加共同浮动。其他主要西方货币实行了对美元的浮动汇率。至此,固定汇率制度完全垮台。

美元停止兑换黄金和固定汇率制的垮台,标志着战后以美元为中心的货币体系瓦解。布雷顿森林体系崩溃以后,国际货币基金组织和世界银行作为重要的国际组织仍得以存在,并发挥作用。

(3) 瓦解

20世纪70年代初,在日本、西欧崛起的同时,美国经济实力相对削弱,无力承担稳定美元汇率的责任,贸易保护主义抬头,相继两次宣布美元贬值。各国纷纷放弃本国货币与美元的固定汇率,采取浮动汇率制。以美元为中心的国际货币体系瓦解,美元地位下降。欧洲各国许多人一度拒收美元。在伦敦,一位来自纽约的旅客说:"这里的银行、旅馆、商店都一样,他们看到我们手里的美元时流露出的神情,好像这些美元成了病菌携带物一般。"在巴黎,出租车上挂着"不再接受美元"的牌子,甚至乞丐也在自己帽子上写着"不要美元"。美元失去霸主地位,但迄今为止仍然是最重要的国际货币。

【案例评析】

1. 布雷顿森林体系崩溃的根本原因

以美元为中心的国际货币制度崩溃的根本原因,是这个制度本身存在着不可解脱的矛盾。在这种制度下,美元作为国际支付手段与国际储备手段,发挥着世界货币的职能。一方面,作为国际支付手段与国际储备手段,美元币值稳定,其他国家就会接受它。而美元币值稳定,要求美国有足够的黄金储备,而且美国的国际收支必须保持顺差,从而使黄金不断流入美国而增加其黄金储备。否则,人们在国际支付中就不会接受美元。另一方面,全世界要获得充足的外汇储备,美国的国际收支就要保持大量逆差,否则全世界就会面临外汇储备短缺,国际流通渠道就会出现国际支付手段短缺的局面。随着美国逆差的增大,美元的黄金储备会不断减少,美元将不断贬值。第二次世界大战后从美元短缺到美元泛滥,是这种矛盾发展的必然结果。

2. 布雷顿森林体系崩溃的直接原因

美元危机与美国经济危机频繁爆发。资本主义世界经济此消彼长,美元危机是导致布雷顿森林体系崩溃的直接原因。

第一,美国黄金储备减少。美国1950年发动朝鲜战争,海外军费剧增,国际收支连年逆差,黄金储备源源外流。1960年,美国的黄金储备下降到178亿美元,不足以抵补当时210.3亿美元的流动债务,出现了美元的第一次危机。60年代中期,美国卷入越南战争,国际收支进一步恶化,黄金储备不断减少。1968年3月,美国黄金储备下降至121亿美元,同期的对外短期负债为331亿美元,引发了第二次美元危机。1971年,美国的黄金储备(102.1亿美元)是它对外流动负债(678亿美元)的15.05%。美国完全丧失了承担美元对外兑换黄金的能力。1973年美国爆发了最为严重的经济危机,黄金储备已从战后初期的245.6亿美元下降到110亿美元。没有充分的黄金储备做基础,美元的信誉被严重动摇。

第二,美国通货膨胀加剧。美国发动侵越战争,财政赤字庞大,依靠发行货币来弥补,造成通货膨胀;在两次石油危机中因石油提价而增加支出;由于失业补贴增加,劳动生产率下降,造成政府支出急剧增加。美国消费物价指数1960年为1.6%,1970年上升到5.9%,1974年又上升到11%,这给美元的汇价带来了冲击。

第三,美国国际收支持续逆差。第二次世界大战结束时,美国大举向西欧、日本等世界各地输出商品,使美国的国际收支持续出现巨额顺差,其他国家的黄金储备大量流入美国。各国普遍感到"美元荒"。随着西欧各国经济的增长,出口贸易的扩大,其国际收支由逆差转为顺差,美元和黄金储备增加。美国由于对外扩张和侵略战争,国际收支由顺差转为逆差,美国资金大量外流,形成"美元过剩"的局面。这使美元汇率承受着巨大的冲击和压力,不断出现下浮的波动。

【案例讨论】

1. 什么是"特里芬难题"?
2. 布雷顿森林体系的主要内容有哪些?
3. 为什么布雷顿森林体系最终走向了崩溃?

第2章 信用与经济

案例1 看似安全的票据业务也会出问题？

【案例内容】

2016年1月22日,农业银行北京分行爆发39.15亿元票据案件;4月9日,农行的票据案件还未平息,挂牌交易仅7日的天津银行上海分行发生一宗票据风险事件,涉资7.86亿元。据相关专业人士分析,银行的票据业务存在大量问题,农业银行和天津银行所暴露出来的问题只是冰山一角。对此,我们不禁要问,看似安全的票据业务也会出问题吗？对于普通老百姓来说,审慎选择理财方式,多了解法律知识,增强风险意识,也是必不可少的。

农业银行北京分行票据案回放

农行北京分行与某银行进行一笔银行承兑汇票转贴现业务,在回购到期前,汇票应存放在农行北京分行的保险柜里,不得转出。但实际情况是,汇票在回购到期前,就被重庆某票据中介提前取出,与另外一家银行进行了回购贴现交易,然而资金并未回到农行北京分行账上,而是非法进入了股市,农行北京分行保险柜中原来封包入库保存的票据则被换成报纸。直到股市暴跌,资金断链,才东窗事发。买入返售业务涉及公司业务部、营业部、资金清算部、票据实物管理、印章管理等银行很多部门。一时间,农行董事长震怒,世人哗然,举国震动。

【案例评析】

1. 票据如何贴现

票据贴现是指资金的需求者,将自己手中未到期的商业票据、银行承兑票据或短期债券向银行或贴现公司要求变成现款,银行或贴现公司(融资公司)收进这些未到期的票据或短期债券,按票面金额扣除贴现日至到期日的利息后付给客户现款,待票据到期时再向出票人收款。

一般而言,票据贴现可以分为3种,分别是贴现、转贴现和再贴现。贴现是指客户(持票人)将没有到期的票据出卖给贴现银行,以便提前取得现款,一般工商企业向银行办理的票据贴现就属于这一种;转贴现是指银行以贴现购得的没有到期的票据向其他商业银行所做的票据转让,转贴现一般是商业银行间相互拆借资金的一种方式;再贴现是指贴现银行持未到期的已贴现汇票向人民银行的贴现,通过转让汇票取得人民银行再贷款的行为,再贴现是中央银行的一种信用业务,是中央银行为执行货币政策而运用的一种货币政策工具。

商业汇票的收款人或被背书人需要资金时,可持未到期的商业承兑汇票或银行承兑汇票并填写贴现凭证,向其开户银行申请贴现。贴现银行需要资金时,可持未到期的承兑汇票向其他银行转贴现,也可以向人民银行申请再贴现。商业汇票的持票人向银行办理贴现业务必须具备下列条件:(1)在银行开立存款账户的企业法人以及其他组织;(2)与出票人或者直接前手具有真实的商业交易关系;(3)提供与其直接前手之间的增值税发票和商品发运单据复印件。

申请票据贴现的单位必须是具有法人资格,或实行独立核算,在银行开立有基本账户并依法从事经营活动的经济单位。贴现申请人应具有良好的经营状况,具有到期还款能力,贴现申请人持有的票据必须真实,票式填写完整,盖印、压数无误,凭证在有效期内,背书连续完整。

贴现申请人在提出票据贴现的同时,应出示贴现票据项下的商品交易合同原件,并提供复印件或其他能够证明票据合法性的凭证,同时还应提供能够证明票据项下商品交易确已履行的凭证(如发货单、运输单、提单、增值税发票等复印件)。

根据《中华人民共和国票据法》第三十五条第二款、《最高人民法院关于审理票据纠纷案件若干问题的规定》第四十七条、《中国人民银行关于完善票据业务制度有关问题的通知》,银行做一单合规、合法的票据转贴现应该是这样的操作流程:(1)汇票可以设定质押;质押时应当以背书记载"质押"字样,被背书人依法实现其质权时,可以行使汇票权利;(2)票据质权人不能将已经质押的票据再行背书质押或者背书转让,否则认定背书行为无效;(3)中国人民银行强调质押背书的要求,即票据质押时,应按《中华人民共和国票据法》的有关规定做成质押背书。

2. 银行承兑汇票贴现业务中存在的风险

首先,对票据真伪的辨别能力不足,存在受理伪票的风险。随着犯罪分子利用高科技手段制假水平的提高,"克隆"汇票达到了以假乱真的地步,在缺少先进的检测仪器的情况下,仅凭肉眼观察鉴定票据的真实性,存在着很大的风险性。

其次,由于银行工作人员和企业财务人员工作的失误,造成潜在风险。银行承兑汇票上都有明确而规范的记载事项,但在办理贴现的过程中,经常发现因银行工作人员责任心不强,违规操作,造成出票行填写的出票日期、到期日、出票人全称及签章等要素不规范。同时,企业在背书转让过程中,由于财务人员金融票据知识的欠缺,造成背书人签章不到位、重叠或模糊不清,被背书人全称填写与印章不符,以及背书转让与签章不连续的现象。这些因素都可能影响汇票到期承兑结算,造成潜在风险。

最后,办理贴现业务时,银行对企业所提供资料的真实性审查不严,汇票取得的合法性存在风险。现代金融业竞争激烈,为占领票据市场,有的银行对企业交易真实性的审查流于形式,对申请贴现人提供的交易合同、增值税发票不认真调查,违规办理没有真实交易背景的票据贴现业务。汇票到期一旦不予付款,申请贴现企业因无资金而逃债,将给银行的追索增加难度。

3. 银行承兑汇票贴现中的风险防范

第一,注意从承兑汇票的外观上鉴别真伪。银行承兑汇票的印刷有着严格的规定,其色泽、尺寸、花纹图案都有不同于其他重要空白凭证的特点;各签发行都有各自银行特定的暗记和行徽,紫光灯下,其水印图案、各色纤维清晰可见;冠字号码在汇票背面呈红色渗透效果;等等。这些都是防伪的第一道屏障。

第二,注意从票面记载事项上鉴别真伪。银行承兑汇票作为一种集结算、融资功能为一体的结算工具,对其票面的记载事项填写都有严格的要求,如付款行全称填写的语序,大写日期的月、日填写应加"零"等。犯罪分子不可能完全了解银行内部规定,因此容易在伪造票据的"记载事项"环节上露出马脚,故审查汇票的记载事项是识假防诈的重要环节。

第三,注意对汇票专用章的鉴别。各专业银行都有自己统一刻制的汇票专用章,都有确定的规格、字序和字间距。假票上的印章与真正的汇票专用章一般都有较大的出入,因此,受理汇票时,首先应到汇票签发行对应的本地行对汇票专用章折角核对,辨别真伪。

据了解,中国银行业监督管理委员会之前下发关于票据业务风险提示的《中国银监会办公厅关于票据业务风险提示的通知》,要求各机构全面加强票据业务风险管理。银监会根据下发的文件,对银行业金融机构2015年上半年票据业务现场检查后做出风险提示,发现的违规问题包括:通过票据转贴现业务转移规模,削减资本占用,利用承兑贴现业务虚增存贷款规模;利用贴现资金还旧借新,调节信贷质量指标;发放贷款偿还垫款,掩盖不良等。

纵观农业银行这一事件始末,作案人员的作案手法不能称之为高超,相关机构合规意识令人担忧,造成的后果让人扼腕痛惜。追其源头,票据在不知不觉中变成了报纸,才造成了这一令世人震惊的后果。如果相关人员能及时做好检查,及时排查员工的异常行为,想必就能避免案件的发生;如果相关人员能及时检查相关重要凭证,在票据流出后及时追回,亡羊补牢,想必损失也会降到最低。

4. 银行风险内控——警钟为谁而鸣?

这一类事件是由银行系统内部员工与外部人员勾结而制造的欺诈事件,事件的主角是"票据",银行内部员工利用买入返售时票据在银行的存管,私自在其他银行再次进行贴现,"一票多贴"式地套出现金,这完全是银行系统监管不严、风控不力的结果。这类案件中暴露出的银行内控执行上的缺陷有以下几点。一是验收和查验的执行缺陷。按照内控要求,银行应建立监督有力、制约有效的票据保管制度,严格执行票据实物清点交接登记、出入库制度,加强定期查账、查库,做到账实相符,防范票据传递和保管风险。要做到票据实物真实的清点交接、出入库和查账、查库,按照常理,自然需要拆包验票。但票据市场在中介参与的票据买入返售和卖出回购过程中,有一个"只验票据封包不验票"的潜规则,案发行按照这一潜规则操作,突破了票据入库、查库等环节验票、查票的基本规定,直至风险爆发才发觉票被调包。二是业务权限的执行缺陷。2014年5月,银监会下发《中国银监会办公厅关于规范商业银行同业业务治理的通知》(即[2014]140号文),要求银行同业业务实行专营部门制,业务权限上收至总行。但大部分银行对同业业务的日常管理仍以分行为主,以上要求并未得到严格执行。部分票据中介就是利用同业户管理漏洞,通过伪造身份或者与银行人员合谋掌握了某家银行的同业账户,从而实施一票多卖、伪造假票等违规操作和非法经营。三是印章使用和管理的执行缺陷。银行内部混用同业公章。在此前爆发的天津银行案中,有监管人士指出,天津银行的同业上海分部负责接收票据、人、事、物均相对独立,是专门的团队,而该部门办公地点在上海分行,但同业团队使用了该行上海分行的公章。由此,上海分行被牵涉其中。四是关键岗位定期轮换得不到落实。银行在重要岗位上,专门规定了定期轮岗制度,但在这起票据窝案中,却再次凸现了银行内控制度执行力的软弱。犯案员工在一个岗位上履职5年岿然不动,严重违背了岗位定期轮换制度,给其犯罪创造了契机。五是内部监督得不到落实。银行在重要业务上,规定了严格的相互监督制约机制,但此类案件中,相互监督制度形同虚设,内部自查机制也没有发挥应有作用。银行内部大都设有专门的风险监控部门,行使对下级行经营业务的风险监管,但在实际经营中,风险监控往往沦为过场,难以真正发现问题;即便发现了一些问题,也不能按规定惩治。这就造成了内控执行力不到位,无法产生威慑力。

银行票据案为我们拉响了警钟:内控机制执行力不到位,使内控机制成了停在嘴上、挂在墙上、躺在文件上的"纸老虎",和内控缺失一样可怕。企业既要重视内控机制建设,更要提高内控机制执行力,将内控真正嵌入企业的经营管理活动中,才能真正防范风险。

5. 票据中介——市场的黑鬼?

本案中本该保管在保险柜中的票据被成功取出,到了票据中介手中,但为何另一家银行可以与票据中介做两家银行才可以做的回购贴现交易?这里似乎有"同业户"的影子。银行票据交易中的同业账户,业内称之为"同业户"。在国内票据市场上,长期活跃着大量票据中介机构,它们游走于灰色地带,在信息不对称的市场环境中,起到了撮合的作用,在银行间票据流转的低买高卖中,赚取几十个BP(BP为债券和票据利率改变量的度量单位。1个基点等于各分之一,即1BP=0.01%)的费用。但有的中介并不满足于做撮合交易,它们帮助并无真实贸易背景的企业造假,或篡改票据金额,从银行套取现金,将假票据引入银行领域,对市场影响巨大。

当市场上的票据掮客潜入,通过某种形式实际控制了利益链中部分银行的"同业户"后,银行体系的资金就流进了掮客们的"包装户"。

票据中介凭借在市场上多年练就的身手和资源,通常能做到以下5个方面:一是能控制几个银行的"同业户",玩转票据期限错配;二能在票据交易中无成本滚动占有多笔利息,从而形成资金沉淀并用来放息或投资;三能靠他掌握的业务模式"无中生有",从银行套出钱来;四能靠票据期限错配再赚出差价来;五能把市面上所有原本大行不能合规持有的票据,都通过小银行来"洗白"。

而银行方面一向都有腾挪表内外规模的需求,这几年也越来越强调票据自营,做大交易而非持票到底。但银行固然能够直接联系同业,一些票据业务活跃的股份制银行也能在其中充当期限错配买卖方的角色。但相比银行,掮客们的业务正是因为不规范而更高效:他们能按合作银行的要求去市场上收票、买断票据,打包成资产包;他们能为了"掩护"合作银行的同业部门走通合规流程而先行找城商银行或村镇银行作为通道银行贴现,然后付给通道银行1~2个基点;他们还能简化交易过程,票据交易大多离柜办理,掮客还能自行完成背书。所以只要有足够的资产泡沫,融资性票据就能带来大量利益,票据掮客总能"大显身手"。由此可见,监管层应严控票据中介的业务范围,规范票据中介的业务操作。

6. 开放转贴市场,培育市场深度

中国人民银行近日下发《关于规范和促进电子商业汇票业务发展的通知》(银发[2016]224号)。这可以说是近年来票据市场最重大的文件,具体来看,有以下重大影响。

第一,开放转贴市场,培育市场深度。向所有金融机构开放转贴现市场,这一改变是历史性的。有了足够的参与者才能有足够庞大的交易量,市场深度才能增加,票交所才能成为要素市场。224号文中规定,自2016年9月1日起,除银行业金融机构和财务公司以外的,作为银行间债券市场交易主体的其他金融机构可以通过银行业金融机构代理加入电票系统,开展电票转贴现(含买断式和回购式)、提示付款等规定业务。票据交易可分为直贴市场和转贴市场。直贴是企业和银行之间的环节,直贴市场不宜开放,参与者仅可限定为非金融机构(企业)和银行机构(含信用社、财务公司);而转贴市场类似于债券市场,参与者可为央行、银行机构和非银行金融机构,转贴市场参与者相当于债券市场的做市商,可以双向报价,提升市场的活跃度。这一举措也可被视为央行在为票交所做准备。

第二,取消电票转贴贸易背景审查,全方位鼓励电票。224号文中规定,电票承兑只需审核合同和发票的复印件,对电子商务企业可审核电子合同或电子发票,企业贴现无须再提供合同与发票。对电票的这一优惠条件,将大大促进企业开电票的意愿。除此之外,224号文还要求银行做好电票系统的培训和传播,通过提高综合营销力度、优先办理电票贴现、给予费率优惠等方式,鼓励和引导企业签发、收受、转让电票。除了费率优惠之外,有条件的金融机构还应为企业办理柜面电票业务、批量电票业务和集团企业集中管理电票业务提供便利。同时,224号文要求银行制定本机构推广电票应用的细化措施和推进时间表,于2016年10月15日前以正式文件向人民银行报送细化措施、推进时间表和系统功能改造情况,并于每年1月20日前报送上一年度电票业务的推进情况。

第三,设立起点金额强制使用电票,使纸票失去优势。除了全方位做好电票服务,设立门槛强制使用电票更是央行的大招。224号文规定,自2017年1月1日起,单张出票金额在300万元以上的商业汇票应全部通过电票办理;自2018年1月1日起,原则上单张出票金额在100万元以上的商业汇票应全部通过电票办理。除此之外,224号文还要求严格纸票登记——纸票买入返售(卖出回购)业务的转入行应按照转贴现业务登记要求办理登记;原转出行办理纸票赎回业务应参照转贴现业务登记要求办理登记,其中转贴现日期填写纸票赎回日,备注栏注明赎回字样。如此一来,纸票优势不再。

其中涉及的部分重点变化有:一是票据转贴现业务采用DVP结算方式;二是增加电票业务主体,证券公司、保险公司、基金公司、资管公司等银行间债市交易主体可以通过代理接入的方式进入到转贴现市场;三是电票承兑只需审核合同和发票的复印件,对电子商务企业可审核电子合同或电子发票,企业贴现无须再提供合同与发票;四是金融机构转贴现操作无须再签合同,如需签合同,只需使用线上的电子合同;五是直连机构通过大额支付系统查询代理接入电票系统机构的真实性;六是机构应将纸质商业汇票相关信息登记至电子商业汇票系统;七是各机构办理业务通过查询电票系统以及中国法院网、法院公告网、人民法院报网等方式,及时掌握票据是否被挂失止付或公示催告等信息;八是有效提升电票业务占比。

【案例讨论】

1. 银行承兑汇票的流转可以通过几种途径实现?
2. 汇票转贴现中存在的风险有哪些?
3. 结合我国的实践,分析如何加强对票据中介的监管?

案例2 中国的"三角债"问题及其影响

【案例内容】

1. 二十世纪八九十年代的中国"三角债"

由于治理整顿和压缩固定资产投资规模,社会需求明显下降,市场疲软,产成品积压,工交生产中流动资金不足的矛盾十分尖锐,企业之间出现了互相拖欠货款的情况。当时把这种互相连环拖欠货款和其他资金的现象叫作"三角债",又叫"连环债"或"债务链"。

1989年,全国范围的拖欠总数超过1 000亿元。进入1990年后又呈现上升趋势。为缓解这一矛盾,国务院于1990年4月初决定在全国范围内清理"三角债"。要求各地区、各部门的领导人要把这项工作作为治理整顿、深化改革的重要任务抓紧进行。清欠工作要与启动、促进当前工交生产相结合,与贯彻国家产业政策、调整产业和产品结构相结合,与加强资金管理制度相结合,与推动搞活市场相结合。

清欠工作采取条块结合,自下而上的办法进行。国务院成立以邹家华副总理为组长,叶青、周正庆为副组长的国务院清理"三角债"领导小组,负责组织领导全国清理"三角债"的工作。第一步,先在各省、自治区、直辖市范围内和基建、外贸、商业、物资等系统进行,由各地区、各部门自行组织清欠工作。第二步,以被拖欠货款较多的省、自治区、直辖市为中心,组织跨省(区、市)的区域性清理。第三步,在区域性清理的基础上进行全国范围的清理。

清欠工作分两个阶段进行:第一阶段,1990年8月1至15日,由开户银行受理企业的托收凭证并寄往付款企业开户银行;第二阶段,同年9月15日至10月10日,由付款企业承付货款和银行办理付款、收款,全国范围内的清理拖欠工作于1990年10月10日结束,以后不再办理清欠专用贷款。同月,国务院清理"三角债"领导小组决定从8月20日开始对全国500多个重点基本建设项目的拖欠款进行集中清理。

然而,1990年的清理没有达到预期效果,不仅没有根本解决企业之间相互拖欠的问题,反而加剧了"三角债"的问题。到1991年6月底,仅对在全国工商银行开户的4万户工业企业统计,企业"三项资金"(即产成品资金、发出商品在途占用资金和应收货款未付资金)占用就达3 523亿元,其中,产成品资金占用达1 306亿元,严重影响了正常生产秩序,许多企业频频向各级政府部门告急,要求政府主管部门尽快组织清欠。

1991年6月1日召开的国务院总理办公会议,决定把清理"三角债"作为搞好国有大中型企业、提高经济效益的一个突破口来抓,并成立了由时任国务院副总理朱镕基领导的国务院清理"三角债"领导小组,领导小组办公室由国务院生产委员会具体负责,由原国家计委、中国人民银行、财政部、各专业银行和有关部门参加。

国务院清理"三角债"领导小组通过大量调查,认为"三角债"形成的主要原因如下:一是由于建设项目超概算严重,当年投资计划安排不足和资金不落实,造成严重的投资缺口,形成了对生产企业贷款和施工企业工程款的大量互相拖欠;二是企业亏损严重,连续几年国有工业企业亏损面都超过三分之一以上,挤占了企业的自有资金和银行大量贷款,亏损了企业的还贷和偿债能力,更加剧了企业之间的互相拖欠;三是许多产品不适销或根本无销路的企业却在继续生产,造成产品积压,产成品资金上升,无法偿还银行贷款和支付原材料费用,形成企业之间的互相拖欠;四是商品交易秩序混乱,财务结算纪律松弛,信用观念淡薄,特别是在市场疲软的情况下,有的企业出现了"欠债有理""欠债有利"的不正常现象。

为此,国务院清理"三角债"领导小组决定首先在"三角债"比较集中的东北三省四市进行清欠试点。在清欠试点中,立足于正本清源,从解决"三角债"的源头入手,重点对固定资产投资项目资金拖欠这个源头进行清理,注入必要的启动资金,使之能够正常运转;与此同时,对生产长线产品的企业进行限产、压库、促销,促使企业调整产品结构和扭亏增盈,提高企业的经济效益,从而增强其偿还欠款的能力。

东北试点取得了明显成功,基本实现了注入 1 元资金能清理 4 元欠款的效果。在东北试点的基础上,从 1991 年第四季度开始,清欠工作在全国全面展开。在清欠过程中,除了重点抓紧清理固定资产投资项目资金拖欠这个源头外,还对与这个拖欠源头相关的机电、原材料和建筑安装施工等行业的企业资金拖欠问题进行了清理,相应清理了企业拖欠的流动资金 1 400 亿元。

1992 年,全国清欠工作的重点转入对煤炭、汽车、棉花贷款的清理。1992 年 4 月,又以宝钢为龙头对企业流动资金清欠进行试点。在取得经验后,重点对煤炭、林业、电力和有色金属 4 个行业进行了对流动资金欠款的清理。为了缓解棉花收购资金紧张的矛盾,1992 年 12 月又重点清理了棉花拖欠款 28 亿元。

两年时间,全国共注入清欠资金 555 亿元(银行贷款 520 亿元,地方和企业自筹 35 亿元)。其中,注入用于固定资产清欠的资金 427 亿元,共清理拖欠项目 14 121 个(基建项目 5 420 个,技改项目 8 701 个),并连环清理拖欠项目 1 838 个。除少数不符合国家产业政策及贷款条件的项目外,全国基建、技改项目在 1991 年年底以前形成的拖欠问题基本清理完毕。两年全国共清理固定资产和流动资金拖欠款 2 190 亿元(其中 1991 年清理 1 360 亿元,1992 年清理 830 亿元)。通过对"三角债"的清理,明显缓解了企业资金紧张的状况,加速了资金周转,提高了经济效益,使一大批能源、交通、原材料重点建设项目建成投产,一大批亏损企业逐渐盈利,增强了经营活力。

1992 年,随着国民经济的恢复发展和逐步迈入高速增长时期,全国"三角债"的清理工作基本结束,企业的生产经营有了很大改善。

2. 新"三角债"及其对金融市场的影响

20 世纪 90 年代的"三角债"主要以国有大企业之间的政策性拖欠为主,而目前的新"三角债"则以经营性拖欠为主,各种类型的企业均有涉及,且中小企业和民营企业受"三角债"影响更为严重,并有进一步蔓延的趋势,主要表现为企业盈利下降、亏损严重、亏损金额不断增加、应收账款与应付账款呈不断上升趋势、资金回笼难度越来越大、资金回笼周期不断延长、中小企业和民营企业相互拖欠的现象较为普遍等。根据 Wind 的数据,2008 年至今,我国工业企业应收账款出现持续性地大幅增长,从 2008 年年初的 1.28 万亿增加到 2012 年 7 月的 7.83 万亿,增长幅度达 512%。2012 年 7 月全国工业企业应收账款周转天数达 32.80 天,比上年同期的 28.86 天增加 3.94 天,同比增幅达 10.2%。

此外,新"三角债"对金融市场的影响途径与程度与 20 世纪 90 年代的老"三角债"不同。当时,银行在金融体系中作为重要的中介机构,承担了大量"三角债"偿付人的职责,因此老"三角债"对金融市场的影响主要集中在银行系统内部。而近几年伴随着"金融脱媒"的不断发展,直接融资比重大幅提高,新"三角债"也对债券市场产生影响,具体而言,可以分为以下3个方面。

第一,新"三角债"导致部分行业信用风险有所增加。钢铁、机械、煤炭、电力等行业由于受到行业产能过剩、价格下跌、投资亏损等因素的影响,生产经营风险不断增加,容易产生经营性的新"三角债"。例如,钢铁等主要通过企业联保的形式进行融资的行业,一旦联保中的一家企业出现破产或还款困难,就会牵连到其他联保企业承担债务责任,从而形成行业内新"三角债"的横向蔓延。从美国近30年的违约情况来看,钢铁、机械、煤炭、电力等行业受经济周期影响较大,在经济下行期违约率相对较高。在我国,新"三角债"问题的出现,将导致上述行业企业违约相关性的提高。违约相关性作为度量信用风险的主要参数之一,其升高将导致上述行业信用风险进一步增加。

第二,新"三角债"或将导致中小企业融资困境加剧。与中小企业相比,大企业受新"三角债"影响有限,一方面是由于内部控制制度较为完善,对应收账款的管理更为严格和稳健;另一方面,其贸易往来的对手方较多,应收账款来源相对分散,即使出现坏账也不会造成大规模的损失。而中小企业为了抢占市场份额,所采用的信贷销售模式比大企业更加激进,往往对客户采取低首付的销售方式,这样当下游需求出现问题时,客户回款相应减慢,企业面临的回款压力和坏账损失将大幅增加,再加上中小企业本身对资金很敏感,这样就会对中小企业的生产经营产生较大影响,最终使得新"三角债"沿着产业链向上游不断传递。中小企业和民营企业这种信用状况的变化使其融资愈发困难。

第三,新"三角债"问题的蔓延对债券市场信息披露提出了更高的要求。目前,钢铁、机械、煤炭、电力行业在债券市场比重较高,债券市场已经成为其重要融资场所。在资金紧张的情况下,部分企业可能会利用债券融资用来解决"三角债"问题。对此,发债主体应当及时对相关情况做出信息披露,防止擅自变更募集资金用途等情况的发生。

总体而言,部分行业和中小企业受到新"三角债"的一定冲击,信用风险会有所增加,但风险尚在可控范围之内,对债券市场的总体影响有限。值得注意的是,虽然在国内外经济形势面对多重压力情况下我国取得了很大的成绩,但结构性矛盾和制度性问题并没有从根本上得到解决,此轮新"三角债"进一步蔓延的风险仍需密切关注。

3. 新"三角债"绞杀传统产业

从2015年年初至今,受经济不断下行等因素的影响,部分地区企业债务环境不断恶化,一批新"三角债"问题再次严峻起来,企业之间的信任度正在陷入"冰点"。记者近期在对河南、安徽、甘肃、陕西等中西部省份的采访中发现,一部分企业生存难,一些地区的金融环境因此恶化,给经济转型造成了很大的负面影响。

(1)新"三角债"问题严峻

记者调研发现,当前,河南、安徽、甘肃、陕西等地的部分企业之间欠债越来越多,情况不断恶化,已出现了3个比较明显的趋势。

一是欠债涉及面越来越大。无论是国有企业还是民营企业、重化工企业还是轻纺企业、大企业还是中小企业,都出了互相欠债的情况,有的地区大部分企业卷入了互相欠债的链条。记者在河南省的一个重工业大县采访了解到,这个曾连续多年是河南省"十强县"的工业县,近年来由于主导产业煤炭、铝材、水泥、玻璃等都成了全国性的过剩产能行业,全县经济迅速恶化,多数企业应收账款激增,互相拖欠的债务金额迅速膨胀。记者调查发现,这里的企业互相拖欠债务的情况非常严重,有的企业欠别人债务高达数亿元,而且还在不断亏损中。中小企业日子普遍难过,有一家生产铝管的企业,年产值2 000多万元,别人欠他1 400万元,他欠别人的也有1 200万元,企业已有好几个月发不出工资。

二是欠债回款期越来越长。以往企业之间互相欠债是常有的事,但是欠债回款期一般都非常短,在约定的期限内都能够还款。而从2015年起却大不相同,一些地区的企业欠债回款期不断延长,回款的比例不断降低,企业之间的市场信任度正在陷入"冰点"。河南平顶山市一家公司的财务总监对记者说,企业现有未收到的货款2 000多万元,按照约定从2015年年初,债务人应按每月10%的比例还钱,但是从2015年春节后债务人却不打款了,欠款至今也要不回来。此后债务人仍然把加工订单传真给企业,但企业已不敢再接他的活。记者从安徽的金融管理部门了解到,目前安徽一些地区应收账款期限正在不断增加,比如,以前是30天,现在都是3个月。同时银行的不良贷款率也在上升,到2015年6月末,安徽银行业金融机构不良贷款余额为430亿元,比年初增加74亿元,不良贷款率为1.73%,比年初上升0.17个百分点。有专家预测,2016年清收不良贷款将会是银行的一个重点任务,主要可能在制造业。

三是回款现金越来越少,多以承兑汇票支付,企业现金流趋紧。经济下行时,"现金为王"的特点非常突出,随着相互欠债数量的激增,企业越来越看重现金流,还账开始多以承兑汇票支付。中部一家年产值过千亿元的能源企业,2015年年初以来的应收账款月月增加,已占到销售额的一半,而在收到的账款中,现金只占10%,承兑汇票高达90%。

(2) 企业陷入生存危机

企业债务环境的恶化,使相当一部分企业生存艰难,一些地区的金融环境也因之恶化。

宝鸡市眉县是陕西有名的轻纺工业大县,该县不仅是关中地区最大的纺织基地,还是全国的砖机生产基地。从2015年年初至今,这里的企业发展十分艰难,应收账款不断增加。成立于1982年、眉县资格最老的民营企业陕西宝深机械(集团)有限公司副总经理王帆对记者说,很多年没见过这样萧条的经济情况了,作为全国砖机生产的"领头羊",企业历史上只在1997年、2008年出现过经济下行的情况,2015年是第三回,情况却比以往更为严峻。

"纺织企业的日子也不过",当地一家纺织公司的生产总监对记者说,她所在的企业在眉县也不算小,前些年发展势头非常好,但是目前的形势让人十分担心。应收账款上升得非常快,以前都是客户把款打过来,现在是赊销,款还要不回来,目前,企业是靠贷款解决流动资金。

在企业债务环境恶化带来的负面影响中,首当其冲的是企业的生存问题,尤其是中小企业陷入债务危机后,往往会受到致命的打击,即使是大企业,也会由于负债率的急剧上升,而使得企业可用资金越来越紧张,职工收入也会出现明显的下降。

国内一家大型煤矿企业的党委副书记对记者说,2015年企业负债率已达78%,2014年是65%,企业现金流明显趋紧,企业生存越来越困难。公司全体员工的收入都出现了大面积下滑,领导层收入拦腰砍,非采煤一线的职工月收入在1 000元上下是非常普遍的,如果家属没有工作,这样的收入养家糊口非常困难。

老厂区红楼依旧,却已人迹罕至。昔日繁华的街道上人去楼空,到处都是房屋的招租广告,数以千计的当地居民已经去其他地方寻找工作,曾经一房难求的景象已然不在。记者近期在贵州、甘肃、河南、四川、安徽、内蒙古等多个省区都看到了这种情景,由于煤炭、钢铁、建材等传统产业普遍亏损严重、企业债务环境恶化,很多企业只能以减员减薪为增效手段,一些企业的职工工资已出现拖欠,有的甚至3个月以上领不到工资。

(3) 转型升级成奢望

企业债务环境的恶化使得一些企业家们对市场的信心不断丧失,安全保"命"成为最大的选择,转型升级已不予考虑。一些企业家对记者说,自从企业债务不能顺利要回后,企业业务已全面回缩,以保生计为第一要务。转型升级要动用大量资金,而被拖欠的资金太多,企业实在不敢把有限的自有资金花出去。在互相欠债不断增多的环境中进行产业转型,对企业来说风险实在太大。

在资源型城市中,企业家们更是把维持社会稳定放在了第一位,特别是大型资源类企业,如何使职工队伍在收入激剧下降的情况下维持正常的生产、生活,已成为企业最重大的任务。贵州一家生产铝材的国有大企业负责人接受记者采访时说:"我的心理压力非常大,为了稳定职工队伍,我们做了一个兜底的承诺,给2 000多名困难职工建立了困难职工档案,不让一名职工的生活过不下去,组织不抛弃,员工不放弃,同时培育开发新的工作岗位。"

由于职工情绪不稳,西北一家煤电公司还在2015年7月、8月连续向省国资委上报两份紧急维稳报告,称"职工队伍有出现大面积群体上访的可能性"。报告称,进入8月份,因持续两个月拖欠工资,引发矿区和职工队伍极不稳定现象,广大职工对企业仅依靠自身努力走出困境和实现扭亏脱困的信心不足。

另外,部分地区企业互相欠债大面积蔓延开,更使得这些地区的金融环境迅速恶化,出现了民间融资积极性下降、银行不良贷款率上升等现象。中部省份的一位副县长告诉记者,经济下行、企业拖欠债务大量出现后,如今县里的民间借贷基本上停了,老百姓都怕钱好借不好还,这客观上造成了企业无法依靠民间融资来转型发展。

同时,银行贷款也越发收紧。记者在中西部多个省份看到,从去年年初至今企业债务环境日趋恶化后,银行贷款对企业明显收紧,很多企业的可用资金非常紧张,转型发展极为困难。采访中,四川金融界的一些人士直言,许多银行在企业效益好时竞相放贷,一旦遇到困难又忙不迭地抽贷,这种金融生态链,正在成为越来越多企业危机爆发的"导火索"。

(4) 三大原则妥善处理新"三角债"

对于当前企业债务问题形成的原因,专家们意见不一,不过有一点绝大多数专家都认可,即经济持续下行、企业之间形成"三角债"、信用环境不好,这三大因素对企业债务环境的不断恶化起到了主要的作用。

在经济不断下行的趋势下,以过剩产能行业为主导的地区,企业经营和债务环境都不断恶化。我国中西部产业以重化工业为主,很多地区的主导产业是钢铁、水泥、电解铝、平板玻璃等全国性的过剩产能行业,近年来这些行业都受到重创,企业债务激剧上升。记者在甘肃采访了解到,近年来受宏观经济持续下滑、市场需求疲软的影响,甘肃钢铁、建材均"量价齐跌"、惨淡经营,全行业债务环境恶化。以建材为例,2015年上半年甘肃建材行业固定资产投资118亿元,比上年同期下降8.22%,资产负债率达59.2%,同比上升3.9%,应收账款净额为60亿元,比去年同期增加10.4亿元。行业经济下行压力空前加大,运行形势十分严峻。

记者在采访时发现,国内的煤炭机械企业、煤矿企业、钢铁企业三者之间目前存在着严重的"三角债":钢铁企业没钱还煤矿企业的煤钱,煤矿企业没钱还煤炭机械企业的设备钱,煤炭机械企业没钱还钢铁企业的材料钱。三者之间的"三角债"越积越多。

在这种情况下,欠账不还的现象不断增多。河南一家煤矿机械有限责任公司的负责人对记者说:"现在信用环境非常不好,一些企业拿了货就明告诉你没有钱。我们的产品以前先付款百分之三十就行,现在必须先付百分四十才能提货。钢铁行业比我们还狠,钢厂是不见钱不给货,看到足额的现金才给生产部门发订单。"

【案例评析】

1. "三角债"及其成因

"三角债"是人们对企业之间超过托收承付期或约定付款期应当付而未付的拖欠货款的俗称。"三角债"带来的后果是相当严重的:由于拖欠,大多数国有企业、乡镇企业、私营企业都面临收不到款的问题,致使经济效益好的企业因缺乏资金而难以扩展生产;巨额的未清偿的债务欠款使企业或不能进一步向银行申请贷款,或难以申请到信贷;越来越多的企业会陷入债务死扣之中,每一个企业既不愿意偿债,它的债权也无法得到清偿。此外,"三角债"还会造成经济信息的混乱:由于拖欠,流动资金更显不足,在短期信用拆借市场与投资市场上,资金价格易受黑市操纵;由于经济效益好的企业也面临资金被拖欠的问题,其利润也就难以实现。结果,本来比较清晰的效益好的企业与效益差的企业之间的界限就会变得模糊不清,整个经济会呈现出亏损面进一步扩大的现象。令人奇怪的是,即使政府通过注入资金来干预"三角债",有时并不能使"三角债"缩小(如1991年的中国经济),而有时却能得到明显的效果(如1992年6月至12月的中国经济)。

"三角债"是指甲方是乙方的债权人,而乙方是丙方的债权人,丙方没有还给乙方钱,乙方也就没有钱还给甲方,一旦丙方出现财务危机,乙方和甲方也会跟着陷入财务困难,赊销是形成"三角债"的主要原因之一。所谓赊销是指产业链中,上家允许将产品交给下游,下游则在限时内或在货物变现后,再将货款交还给上家。当下游把货款给了上游企业时才完成销售,但也常会出现完成不了销售的情况,下游企业在货物变现后仍不还钱给上游企业,造成上游企业的严重损失。由于赊销和"三角债"的存在,环环相扣的产业链变成了一损俱损的债务链,只要一环断裂,接下来就是整个产业链的崩溃,甚至导致一国的经济萧条。其实,"三角债"并不是中国特有的,许多国家都存在,特别是转轨中的国家。俄罗斯的"三角债"已经严重影响了其整个经济的发展。2001年其过期债务已经高达35万亿卢布。

本来"一手交钱,一手交货"是商品交易中的基本规则,但是,当交货与交钱过程相对分离时,"信用关系"就出现了。信用关系是一种由买卖双方承认并接受的特殊关系。在这种关系中,钱与货的到手时间与空间有一定的距离,要么是一方交了钱,但要以后才能得到货,要么是一方交了货,但要在以后才能得到钱。显然,"一手交钱,一手交货"与"钱货到手",在不同的时间与空间中有完全不同的性质,这里有一个时间与空间分离的发展过程。当交钱一方还没有得到货时,他相信卖货方一定会遵守交货的信用,自己交了钱一定会取到货;同样,在一方已经交货还没有得到钱时,交货的一方也确信,虽然已经将货给了买者还没有得到钱,但收货方一定会守信用,将钱付出。但在现实生活中,并非如此,一方面,有可能收货人手中没有钱,因而无法按时支付货币;另一方面,有可能收货人手中有钱,但不愿意支付货款,而挪作他用。无论怎样"三角债"都是违背"欠债还钱"的原则的,都是欠债不还的表现。在企业投资自主权不断扩大的今天,企业信用关系也不断地发展了起来。但由于企业从微观经济效益出发,"欠债有理、欠债有利,欠债能够出效益"的错误观念不断滋长,因而导致"三角债"席卷全国。

2. 三角债的治理

长期以来,"三角债"成了困扰我国经济发展的一个重要因素。许多企业的老板饱受其煎熬,称"三角债"为"毒品"。"三角债"迫使他们一年中有三分之一的时间在追债,三分之一的时间在躲避追债。企业的生产经营活动受到严重的破坏。同时"三角债"也导致了一些企业经理人的腐败和堕落。

消灭"三角债"的直接手段是缩小赊销和铺货(产品推销的一种形式,指将产品在短时间内铺向市场,以求市场覆盖率,常在新产品推广期采用,由于新产品尚待接受市场考验,销售商不愿意冒风险,故常采取赊销方式)的范围。消灭"三角债"的根本任务是建立有效的信用机制,这一方面需要加强道德建设,另一方面要加强法治建设。实践证明,市场经济中最重的东西不是硬件,即买卖场所,而是那些无形的东西,即交易规则、契约和信用原则。它们才是市场经济的真正价值所在,是推进市场经济发展的关键。

企业债务环境不断恶化严重影响了国内的经济发展和产业转型,为妥善处理这一问题,很多专家学者建议,国家需从经济长远发展的角度考虑,根据市场经济规律,多管齐下制定有效措施。

首先,需明确企业之间的债务不应由政府直接介入干预,而是要留给司法部门以及市场机制来解决。当前债务主体比较复杂,除了国有企业外,还有大量的民营企业、混合所有制企业等,而且企业之间的债务也是通过市场形成的,要有效解决也要通过司法部门以及市场机制来解决。

其次,企业应该为自己盲目举债而受到市场的惩罚,通过清算过剩产能来解决部分债务问题。造成这轮企业债务环境恶化很重要的一个原因是,在过去经济高增长的年份内,部分企业对产能投资没有风险意识。如今经济下行,国家要进行宏观调控、化解过剩产能,这意味着企业的设备投资成为不良资产,对应的是债务有所恶化。但这是必须要走的过程,过多的产能必须清算、淘汰,并从中化解部分债务问题,国内经济可借此在这个过程中进行结构性的改革,以积累更多的发展动力。

最后,要积极鼓励各地加快转型发展,多一些有市场需求的新兴产业、高科技产业,在市场发展中逐渐化解企业债务。这种方式既能有效处理债务问题,又能促进经济健康、持续发展。切不可急功近利,以化解债务风险为由,为放松货币政策寻找理由,迫使中央政府继续以投资来拉动经济。这虽然能使债务问题在短时间内有所缓解,但从长远来看,只会积累更多的过剩产能与金融风险,最终影响国内整体经济的转型发展。

【案例讨论】

1. 试析我国"三角债"形成的原因有哪些?
2. "三角债"对我国经济社会有何影响?
3. 结合我国解决"三角债"问题的实践,分析化解"三角债"的最优机制是什么?
4. 结合本案例分析信用与经济的关系。

第3章 利息与利率

案例1 美联储议息会议

【案例内容】

金融市场瞬息万变,重大风险事件比比皆是。美国作为世界第一大经济体,其一举一动都能引发出多米诺反应。在这些频发的风险中,美联储利率决议最受瞩目。1913年12月23日,为了解决金融恐慌问题,国会通过《联邦储备法》成立美联储。此后,美联储作为一个新成立的政治机构,经历了出生、成长和成熟,对其制定的政策目标、使用的货币政策工具进行了一系列的摸索。

美联储议息会议是通过公开市场委员会(FOMC)决定之后,再由该组织公布在市场上,该决议通常一个季度发布一次,可以影响今后的货币政策走向,同时还能影响利息水平。在委员会决议中,通常要包含12名成员,即7位美联储委员和5位联邦储备银行行长,后者在12位联邦储备银行行长中每年轮流产生,投票权快速流转,而其中纽约联邦储备银行行长最为特殊和重要,因其不同于其他11位同僚,其永久拥有全部决议的投票权。

不仅如此,美联储议息会议还能影响其他政策的决定。美联储议息会议日程对市场公开,每年召开8次,每次会召开1~2天,主要的议题关于美国经济发展情况、金融市场风险,以及货币政策走向等,表3-1所示为2015年美联储议息会议时间表。每一次议息会议都会有美联储的经济学家展示其研究结果。按照惯例,通常情况下在每年的2月以及7月,会议将会重点分析货币信贷总量的表现,以此来预估实际GDP、通胀、就业率等经济指标的发展趋势。在另外6次会议中将会对长期货币信贷目标进行回顾总结。

表3-1 2015年美联储议息会议时间表

时间	内容
1月28~29日(周二~周三)	声明、预测、主席新闻发布会
3月17~18日(周二~周三)	声明、预测、主席新闻发布会
4月28~29日(周二~周三)	声明、预测、主席新闻发布会
6月16~17日(周二~周三)	声明、预测、主席新闻发布会
7月28~29日(周二~周三)	声明、预测、主席新闻发布会
9月16~17日(周二~周三)	声明、预测、主席新闻发布会
10月27~28日(周二~周三)	声明、预测、主席新闻发布会
12月15~16日(周二~周三)	声明、预测、主席新闻发布会

决定全球金融环境的关键因素为什么一再落到美联储的政策决定上？为何美联储货币政策对国际金融市场、资金流向乃至其他国家央行货币政策拥有如此大的影响力？

以加息为例，美联储加息将通过四大路径影响全球市场。

第一，美元是包括黄金、原油在内的全球大宗商品的计价货币，美元的上涨及下跌，将对大宗商品价格构成反向影响。

第二，由于美元在国际货币体系中具有中心地位，美元加息的节奏及时机，将对全球流动性带来至关重要的影响。从资产板块而言，美元加息将引领资金从非美资产流向美元资产；从区域板块而言，美元加息将引领跨境资金从欧日及新兴市场回流至美国市场。

通过公开市场操作，美联储在一定程度上影响市场货币的储量，进而影响全球流动性。美联储作为全球最大流通货币的发行机构，其货币政策的一举一动，都将引起全球流动性的紧缩或者宽松，进而影响美元的升值和贬值。

第三，鉴于前两点，正是由于美元加息政策的溢出效应巨大，各国央行的利率政策不得不以美联储货币政策走向为一个前提条件来制定。

第四，美联储加息预期上升对美股形成利空。对于估值处于历史高位，且股价一直创新高的美股，可能触发调整的"开关"。对于欧洲、日本等发达市场股市而言也是利空，因为资金将从非美资产回流至美元资产。对新兴市场而言，短期资金流出，可能利空，但如果美股调整，部分跨境资金流出美国追逐估值较低的新兴市场股票，则新兴市场股市可能先利空，而后利多。

另外，FOMC每年2月和7月的议息会议，会重点分析货币信贷总量的增长情况，预测国内生产总值、通货膨胀、就业率等指标的变化区间，以期制定相应的货币政策，来调控美国经济。

美联储历次议息会议的一言一行均掀起了全球股市、汇市、金市的惊涛骇浪，引发金融市场"地震"。由于全球大宗商品及主要商品货币，均以美元计价结算，美元贬值与否将会直接影响大宗商品价格的走势。

目前，美联储会议的重要议题便是经济增长和通货膨胀之间的平衡。而主要手段，便是公开市场操作、制定贴现率、制定法定准备金率。其中公开市场操作是最常用且最主要的手段。

总之，美联储议息会议以及最终制定的货币政策，对全球金融市场的影响，并没有绝对的利好和利空，其政策只能在一定的范围和时期内，维持经济生态环境的整体平衡。

如果市场形成美联储加息预期，我们看一下由此产生的反应。

受美联储加息预期影响，美元指数持续上升，多数经济体货币对美元汇率出现不同程度的贬值。截至2015年年末，欧元、英镑和日元对美元汇率分别为1.086美元/欧元、1.4738美元/英镑和120.3日元/美元，较上年年末分别贬值10.23%、5.36%和0.52%。新兴市场经济体货币对美元普遍大幅贬值。其中，哈萨克斯坦坚戈贬值幅度在40%以上，阿根廷比索、巴西雷亚尔贬值幅度在30%以上，南非兰特、俄罗斯卢布均贬值20%以上，马来西亚林吉特、墨西哥比索、印尼卢比均贬值10%以上。

全球货币市场利率走势呈现分化。2015年，伦敦同业拆借市场美元LIBOR在美联储加息预期下震荡走高，11月后上升势头更为明显，2015年年末收于1.178%，较上年年末大幅上升 55 个基点。受欧央行宽松货币政策升级等因素的影响,欧元 LIBOR 收于 0.059 3%,较上年年末下跌 23 个基点。欧元区同业拆借利率 EURIBOR 延续了上年的下行趋势,收于 0.060%,较上年年末下跌了 27 个基点。

主要经济体国债收益率波动加大。发达经济体国债收益率总体维持低位且波动加剧。截至 2015 年年末,美国、德国和英国 10 年期国债收益率分别为 2.275%、0.634% 和 1.961%,较上年分别上升了 10 个、14 个和 21 个基点,日本 10 年期国债收益率为 0.272,下降了 6 个基点。

新兴经济体国债收益率走势出现分化。阿根廷、俄罗斯和希腊 10 年期国债收益率较上年年末分别下降 840 个、428 个和 121 个基点,巴西、土耳其、南非和印尼 10 年期国债收益率则较上年年末分别上升了 416 个、238 个、197 个和 102 个基点。

以 2008 年金融危机以来的议息会内容为例,我们可以更加详细地了解美联储货币政策的制定动机与市场影响。

2008 年年底,美联储将联邦基金利率降到 0%~0.25% 的水平,并开启了量化宽松政策(QE)。2014 年 10 月份,美联储结束了资产购买计划,QE 随之退出历史舞台。市场对美联储加息的预期进而成为 2015 年国际金融市场的重要扰动因素。美联储非常注重与市场的沟通并主动引导市场预期,早在 2015 年 4 月就明确表态将于年内加息。市场据此强烈预期 2015 年 9 月份美国联邦公开市场委员会(FOMC)会议的召开是美联储首次加息的时点。9 月份加息预期的落空一度使市场茫然失措。好在美联储最终恪守承诺,在 2015 年 12 月 16 日按下了加息周期的启动按钮,将联邦基金利率提高 0.25 个百分点,提高至 0.25%~0.5% 的区间。

既然美国经济复苏较好,为何迟迟不加息?从美国 20 世纪 80 年代后的 5 次加息周期看,在增长、就业和物价指标中,通胀是加息最主要的考量。前期虽然增长、就业均较好,可物价指数仍低于 2% 的加息条件,而从年初以来,核心 CPI 持续高于 2%,且呈走高趋势,这一条件已日趋成熟,加息的步伐或已临近。

按照历史经验,美国货币政策发生趋势性变化时,会影响美元走势,进而带来国际融资条件和国际资本流向的变化。具体而言,美国进入降息周期推动美元走软,造成全球流动性宽松,也造成国际资本流出美国,流向全球高增长、高收益的新兴市场国家。美国进入加息周期则推动美元走强,造成全球流动性收紧,国际资本回流美国。由于新兴市场国家存在经济结构性问题和金融脆弱性,美国货币政策和美元走势逆转造成的全球银根松紧交替往往成为区域性金融危机的外部条件和导火索。20 世纪 80 年代的拉美金融危机和 1997 年的东南亚金融危机皆是如此。

中国作为全球经济规模最大的新兴市场国家,美国加息掀起的国际金融动荡也将对中国金融平稳运行形成一定冲击,对中国货币政策的实施产生两方面影响:一方面体现为对中国货币政策独立性的影响,即货币政策调整是否受资本流动和人民币汇率的牵制,也就是常说的"三难选择"(本国货币政策的独立性、汇率的稳定性、资本的完全流动性不能同时实现,最多只能同时满足两个目标,而放弃另外一个目标);另一方面体现为美联储加息对利率和存款准备金率调整等货币政策措施的影响。

【案例评析】

借助美元的世界货币地位及其在国际货币体系中的主导地位,美国货币政策调整会产生强大的溢出效应,美联储在某种意义上成了"世界的央行"。就金融层面看,主要体现为美联储政策调整对全球流动性和国际金融市场的影响和冲击。我国金融开放程度日益深化,尤其是近年来我国国际收支趋于平衡,跨境资金由流入转为流出,人民币持续面临贬值压力,在此背景下,美联储加息将对我国外汇形势产生冲击,进而通过国际资本流动、汇率波动和预期等渠道对国内金融形势产生扰动,影响我国货币政策的决策与执行。

随着中国资本市场的加快开放,人民币定价机制的逐渐市场化,以及中国投资者在大类资产间的多元化配置,美国的货币政策正越来越直接地影响我们。美联储作为美元货币的掌舵者,通过多种工具对美国经济进行调控,并通过美国巨大的经济体量及与世界各国的紧密经济联系,对全球经济与金融市场产生巨大影响。

美联储加息对中国经济的影响,归根结底还是在于资产收益率的比较。如果我国的资产收益率在不断提高,那美元的加息与升值也不一定会致使我国资本的大规模跨境流出,汇率波动与金融风险等方面的影响也将下降。

首先,坚持宏观政策要稳,有效引导市场预期。当前,无论是我国央行还是美联储的货币政策变化对其他国家的影响已经是非单边、非线性的,在这种背景下,引导好社会预期,对于避免市场大起大落至关重要。中央经济工作会议已向市场释放出强有力的政策信号,市场向好预期正逐步形成。下阶段,相关部门要继续保持政策定力,不断增强财政政策与货币政策的协调性,通过有效的定向调控和相机调控,逐步破除长期积累的结构性和体制性的突出矛盾和问题,努力实现经济指数在目标区间内运行。

其次,继续增强货币政策的灵活性和有效性。在我国资金外流的负面效应不断累积的情况下,为了维持合理的货币供应量,央行通过多次降准等手段补充基础货币,对冲资本外流。同时,伴随货币政策工具正逐步由数量型向价格型转变,虽然中美利差收窄导致降息空间缩小,但利率走廊和7天期逆回购利率的变化也会成为市场关注的重点。

密切关注美联储议息会结果,加强对货币市场利率的调节和引导。按照利率调控的总体要求,结合货币政策调控框架转型的需要,中国人民银行加强对货币市场利率的引导和调节,综合运用"量""价"工具,引导货币市场利率平稳下行,并采取有效措施降低货币市场利率波动,优化利率期限结构。2015年,配合存贷款基准利率下调,公开市场7天期逆回购操作利率先后9次下行,年末操作利率为2.25%,较年初下降160个基点,对引导货币市场利率下行发挥了关键作用。同时,进一步提高公开市场7天期逆回购操作的连续性和稳定性,通过连续释放公开市场操作利率信号,有效引导和稳定市场预期,既增强了公开市场操作对货币市场利率的引导能力,也促进了货币市场7天与隔夜利率利差的合理收窄,进一步优化了利率期限结构。

最后,不断提高我国金融体系的抗风险能力。一方面要加强对主要发达国家和新兴市场国家货币政策的研究,努力构建全球范围内的金融预警和风险防范指标体系;另一方面,要借此时机,实现我国商业银行资产的重新配置,通过推进资产证券化、做好外币错配、完善资本缓冲等方式,在提高资产收益率的同时,逐步增强商业银行体系的抗风险水平。

【案例讨论】

1. 世界上主要有哪些类型的中央银行？
2. 比较不同的货币政策工具。

案例 2　中国的利率市场化

【案例内容】

金融自由化改革伴随 20 世纪 70 年代发达国家爆发经济危机后产生的滞胀、石油危机及金融资源分配失衡问题应运而生。然而，金融自由化的推行在促进金融市场功能充分发挥的同时，也逐渐暴露出金融体系的内在脆弱，甚至引发系统性危机。利率市场化作为金融自由化的一个重要维度，一方面能够促进经济增长，实现经济资源的健康配置，提高金融市场的运行效率；另一方面也可能对金融稳定性带来负面效应，导致银行负债成本上升，倒逼整个金融机构风险偏好向上，承担更多利率风险和信用风险，进而引发银行危机。

1. 何谓利率市场化？

较为一致的观点有两种：一是政府放开对存贷款利率的直接行政管制，解除对银行存贷款利差的保护，靠市场供求决定资金的价格；二是由市场主体自主决定利率的形成，即在市场竞争较充分的情况下，任何单一的市场主体都不能成为利率的决定者。实际上，这两种观点是一个问题的两个方面。利率市场化是由政府推进的一项改革，政府放开利率管制的过程就是由市场主体通过竞争机制决定利率的过程，其目标是将利率的决定权交给金融机构，由后者根据资金状况和对市场动向的判断来自主调节，最终形成以中央银行基准利率为基础、以金融市场利率为中介、由供求关系决定金融机构存贷款利率的体系和利率形成机制。利率市场化改革的核心是要建立健全的与市场相适应的利率形成和调控机制，提高央行调控市场利率的有效性。

2. 为什么要推进利率市场化？

从各国经济发展经验来看，利率管制往往造成实际负利率，导致资金利用效率低下，抑制了经济增长。由于资金价格受到了行政性压低，一方面金融体系吸收国内储蓄的能力被削弱，造成了资金供给不足；另一方面，过低的利率又刺激了企业对资金的过度需求，造成资金需求远远大于资金供给的局面。在这种情况下，容易形成资金分配的固化，弱势的中小企业很难获得资金，被排除在金融体系之外。改革就是要减少人为因素对金融的影响，充分发挥金融市场在资金分配上的功能，消除金融抑制，以促进国民经济的发展。

第二次世界大战后，世界各国普遍采取利率管制的政策。政府管制利率的直接目的在于通过行政方式压低资金成本以推动经济的增长，以及通过限制竞争来保持金融系统的稳定。20 世纪 70 年代以来，随着布雷顿森林体系的瓦解以及石油危机的冲击，各国饱尝通货膨胀和经济增长停滞之苦，开始放弃过多干预市场的政策，由此展开了利率市场化改革。美国自 1980 年开始利率市场化改革，于 1986 年废除了对存款利率进行管制的 Q 规则；日本自 1977 年允许商业银行承购国债上市销售，至 1994 年放开全部利率管制；20 世纪 90 年代末，印度、印尼、韩国等国也在 IMF（国际货币基金组织）的推动下进行了利率市场化改革。利率市场化大大推动了这些国家金融体系的建设，降低了金融成本，提高了市场效率，促进了经济增长。

3. 中国的利率市场化

从中国人民银行成立到1995年,中国人民银行对利率实行集中统一管理,金融部门不得自定利率,中国人民银行是国家管理利率的唯一机关,其他单位不得制定与国家利率政策和有关规定相抵触的利率政策或具体办法。1996年,中国人民银行启动利率市场化改革,2003年2月,中国人民银行在《2002年中国货币政策执行报告》中公布了中国利率市场化改革的总体思路:先外币、后本币;先贷款、后存款;先长期、大额,后短期、小额。把中国利率市场化改革的目标确定为逐步建立由市场供求决定金融机构存、贷款利率水平的利率形成机制,中央银行通过运用货币政策工具调控和引导市场利率,使市场机制在金融资源配置中发挥主导作用。我国的利率市场化进程实质上分为货币市场的利率市场化、资本市场的利率市场化和金融机构存贷款的利率市场化进程。

2013年7月20日,中国人民银行决定全面放开金融机构贷款利率管制,由金融机构根据商业原则自主确定贷款利率水平,从此中国金融机构的贷款利率完全市场化。在存款利率方面,2012年6月,中国人民银行允许金融机构将存款利率的上限提高到基准利率的1.1倍,2014年11月调整为基准利率的1.2倍。2015年上半年,中国人民银行对存款利率浮动区间再次进行调整,先后将浮动上限调整为基准利率的1.3倍和1.5倍,并于2015年10月23日宣布不再设置存款利率浮动上限。至此,中国金融机构的存款利率也已放开,尽管定价机制还需进一步完善,但中国利率市场化改革可谓基本完成。表3-2为2015年金融机构人民币贷款利率区间占比。

事实上,自从1992年中共十四大决定要发挥市场在资源配置中的基础性作用以来,我国一直在推动利率市场化改革。经过20多年渐进式的改革,目前银行的定价能力逐步提高,金融机构的资产方已经完全市场化,负债方也已经90%实现了市场化。取消存款利率上限标志着利率市场化改革迈出了最为关键的一步。

表3-2 2015年1至12月金融机构人民币贷款各利率区间占比

月份	下浮(%)	基准(%)	上浮(%)					
			小计(%)	(1,1.1]	(1.1,1.3]	(1.3,1.5]	(1.5,2.0]	2.0以上
1月	10.20	19.93	69.87	19.90	25.31	11.87	9.37	3.42
2月	10.83	19.40	69.77	19.18	23.72	12.22	10.89	3.76
3月	11.30	19.77	68.93	18.65	23.14	12.55	10.58	4.01
4月	12.33	16.59	71.08	19.18	22.98	12.79	11.53	4.60
5月	12.58	16.20	71.22	17.08	24.00	12.95	12.34	4.85
6月	17.43	15.77	66.80	15.70	21.18	12.63	12.42	4.87
7月	13.91	15.76	70.33	15.55	22.32	13.00	13.44	6.02
8月	15.88	14.81	69.31	15.22	21.69	13.00	13.12	6.28
9月	15.59	17.61	66.80	16.50	20.03	11.40	12.57	6.30
10月	18.00	17.13	64.87	14.80	18.52	11.59	12.84	7.12
11月	17.82	17.86	64.32	14.24	18.57	10.79	13.10	7.62
12月	21.45	18.60	59.95	13.56	17.68	9.89	11.77	7.05

资料来源:中国人民银行

1993年，中国共产党的十四大《关于金融体制改革的决定》提出：中国利率改革的长远目标是，建立以市场资金供求为基础，以中央银行基准利率为调控核心，由市场资金供求决定各种利率水平的市场利率体系的市场利率管理体系。

1996年，1996年6月1日，人民银行放开了银行间同业拆借利率，此举被视为利率市场化的突破口。

1997年6月，银行间债券回购利率放开。1998年8月，国家开发银行在银行间债券市场首次进行了市场化发债。1999年10月，国债发行也开始采用市场招标形式，从而实现了银行间市场利率、国债和政策性金融债发行利率的市场化。

1998年，人民银行改革了贴现利率生成机制，贴现利率和转贴现利率在再贴现利率的基础上加点生成，在不超过同期贷款利率（含浮动）的前提下由商业银行自定。

1998年至1999年，人民银行连续3次扩大金融机构贷款利率浮动幅度。时任央行行长周小川在文章《关于推进利率市场化改革的若干思考》中坦承，2003年之前，银行定价权浮动范围只限30%以内。

1999年10月，人民银行批准中资商业银行法人对中资保险（放心保）公司法人试办由双方协商确定利率的大额定期存款（最低起存金额3 000万元，期限在5年以上，不含5年），进行了存款利率改革的初步尝试。2003年11月，商业银行农村信用社可以开办邮政储蓄协议存款（最低起存金额3 000万元，期限降为3年以上，不含3年）。

2000年9月，人民银行放开外币贷款利率和300万美元（含300万）以上的大额外币存款利率，300万美元以下的小额外币存款利率仍由人民银行统一管理。2002年3月，人民银行统一了中外资金融机构外币利率管理政策，实现中外资金融机构在外币利率政策上的公平待遇；2003年7月，放开了英镑、瑞士法郎和加拿大元的外币小额存款利率管理，由商业银行自主确定；2003年11月，对美元、日元、港币、欧元小额存款利率实行上限管理。

2004年1月1日，人民银行再次扩大金融机构贷款利率浮动区间。商业银行、城市信用社贷款利率浮动区间扩大到[0.9,1.7]，农村信用社贷款利率浮动区间扩大到[0.9,2]，贷款利率浮动区间不再根据企业所有制性质、规模大小分别制定。扩大商业银行自主定价权，提高贷款利率市场化程度，企业贷款利率最高上浮幅度扩大到70%，下浮幅度保持10%不变。

2004年10月，贷款上浮取消封顶，下浮的幅度为基准利率的0.9倍，还没有完全放开。与此同时，允许银行的存款利率都可以下浮，下不设底。

2006年8月，贷款利率浮动范围扩大至基准利率的0.85倍。2008年5月汶川特大地震发生后，为支持灾后重建，人民银行于当年10月进一步提升了金融机构住房抵押贷款的自主定价权，将商业性个人住房贷款利率下限扩大到基准利率的0.7倍。2012年6月，人民银行进一步扩大利率浮动区间。存款利率浮动区间的上限调整为基准利率的1.1倍；贷款利率浮动区间的下限调整为基准利率的0.8倍。同年7月，人民银行再次将贷款利率浮动区间的下限调整为基准利率的0.7倍。

2013年7月，为进一步推进利率市场化改革，自2013年7月20日起，全面放开金融机构贷款利率管制。取消金融机构贷款利率0.7倍的下限，由金融机构根据商业原则自主确定贷款利率水平，并取消票据贴现利率管制，改变贴现利率在再贴现利率基础上加点确定的方式，由金融机构自主确定。接下来进一步完善存款利率市场化所需要的各项基础条件，稳妥有序地推进存款利率市场化。

2014年11月，央行结合推进利率市场化改革，将存款利率浮动区间的上限调整至基准利率的1.2倍，一年期贷款基准利率下调0.4个百分点至5.6%，一年期存款基准利率下调0.25个百分点至2.75%，并对基准利率期限档次做适当简并。

2015年3月1日起，央行下调金融机构一年期存贷款基准利率各0.25个百分点，同时将存款利率浮动区间上限扩大至1.3倍。同年5月10日起，下调金融机构一年期存贷款基准利率各0.25个百分点，将存款利率浮动区间上限扩大至1.5倍。

回顾中国持续20余年的利率市场化改革进程，时间维度上可以大致划分为3个阶段：1993年至2006年是稳步推进阶段；2012年开始进入加速发展阶段；2015年进入阶段性收官阶段。内容维度上主要分为银行间同业拆借利率和债券利率的市场化，贷款利率、贴现利率的市场化，存款利率的市场化3个方面（详见表3-3）。

表3-3 中国放开银行利率采取的主要措施

时间	市场化措施
外币利率	
2000/09	放开外币贷款利率以及面值为300万美元以上的外币存款利率
2003/07	取消境内英镑、瑞士法郎、加拿大元的小额存款利率管理
2003/11	放开金融机构外币小额存款利率下限，但保留对外币小额存款利率上限的管理
2004/11	取消对一年期及以上外币小额存款利率的管理
人民币贷款利率	
1987/01	允许商业银行以流动资金贷款利率为基准上浮贷款利率，上浮不超过贷款基准利率的1.2倍
1996—2004	逐步将贷款利率浮动上限扩大为基准利率的1.7倍
2004/10	放开金融机构（城乡信用社除外）人民币贷款利率上限
2012/06	将贷款利率浮动区间的下限调整为基准利率的0.8倍
2012/07	将贷款利率浮动区间的下限调整为基准利率的0.7倍
2013/07	取消对金融机构贷款利率下限的管理
1999—2004	逐渐放开更多金融机构和基金的长期大额协议存款利率
2004/10	实行人民币存款利率下浮制度
2012/06	将金融机构存款利率浮动区间的上限调整为基准利率的1.1倍
2014/11	将金融机构存款利率浮动区间的上限由存款基准利率的1.1倍调整为1.2倍
2015/03	将金融机构存款利率浮动区间的上限由存款基准利率的1.2倍调整为1.3倍
2015/05	实行存款保险制度，为存款利率进一步市场化奠定基础
2015/05	将金融机构存款利率浮动区间的上限由存款基准利率的1.3倍调整为1.5倍
2015/06	推出市场化定价的大额存单
2015/08	放开一年期以上（不含一年期）定期存款的利率浮动上限
2015/10	对商业银行和农村合作金融机构等不再设置存款利率浮动上限

【案例评析】

中国利率市场化改革沿"双轨"推进,其背后有主动和被动两方面因素。一方面,随着银行体系外市场力量的发展,利率管制效果下降,甚至变得难以执行。利率市场化是监管机构顺势而为的结果。另一方面,在向市场经济转轨的过程中,监管部门也有意消除对资本配置的一些人为限制,促进竞争和提高效率。中国已在形式上取消了利率管制,其中或借鉴了一些国际经验。利率去管制化后,金融机构倒闭的可能性会上升,因此有必要建立完善的存款保险制度,以确保储户的信心和信任。美国在 1982 年和 1987 年两度强化对存款的保护。中国在放开存款利率前也采取了类似措施,于 2015 年 5 月推出了存款保险制度。中国先放开大额长期,再放开小额短期存款利率的渐进式路径也与美国的经验不谋而合。然而,利率市场化不能一放了之,中国还有很长的路要走。利率市场化意味着信用和风险的有效定价以及金融中介效率的提升。如果匆忙推进,可能会带来市场动荡。展望未来,美国经验仍有中国可借鉴之处。

利率市场化将对商业银行经营管理产生深远影响:(1) 利率市场化对中国商业银行的利差收入产生了显著影响,利率市场化与银行利差之间呈现倒 U 型关系,利差一开始会随着利率市场化程度的加深趋于扩大,达到一个峰值后开始逐渐缩小;(2) 利率市场化对不同类型银行的影响存在一定差异,对股份制银行、地方性银行等中小银行影响显著,而对大型国有银行的影响不明显;(3) 影响商业银行利差的因素较多,除了利率市场化外,利差还与市场垄断程度、风险规避程度、运营成本、中间业务收入、成本收入比和隐含利息支出等因素有关。

商业银行和国家金融管理部门均应认识到,利率市场化有利于金融资源的合理配置,但其长期发展趋势是利差趋于缩小,银行业通过利差获取巨大利润的优势将不复存在,银行业的多元化经营是未来发展的趋势。利差与利率市场化的倒 U 型关系显示,目前银行业整体的利差正在进入下行期,银行必须尽快摆脱依靠做大存贷款规模的传统发展模式,抓紧时机开展金融创新,调整业务结构和产品结构,大力拓展非利息业务,并适应利率波动下的风险管理模式,以提高综合收益,弥补利差缩小带来的影响,创造新的盈利增长点。

利率市场化是中国金融业改革的核心战场之一,将在多方面产生巨大影响,某种程度上可以说是对社会、经济的一次重新洗牌。国际金融史上许多金融风险事件都与利率市场化有关。虽然将之完全归因于金融自由化有失偏颇,但金融改革与业已存在的宏观扭曲之间的相互作用可能会加剧过度冒险的倾向。换句话说,利率改革需要谨慎执行,宏观经济管理也需要进一步提高。唯有稳健的监管才能确保中国金融体系的稳健运行。

【案例讨论】

1. 什么是利率市场化?
2. 比较世界主要经济体利率市场化的特点。

第4章 金融市场

案例1 2001年温州民间借贷危机

【案例内容】

民间借贷是指除了金融机构贷款以外,发生在公民(自然人)之间、公民与企业(法人)之间、公民与其他组织之间出于自愿原则的借贷。

合法的民间借贷受法律保护。合法的民间借贷的特点有以下几个。(1)必须是双方当事人之间自愿的借贷。一方以欺诈、胁迫等手段或者乘人之危,使对方在违背真实意思的情况下所形成的借贷关系,属于可撤销合同,经行使撤销权后应当认定为无效。借贷关系无效的原因若是由出借人行为引起的,只返还本金;若是由借款人行为引起的,除了返还本金外,还应当参照银行同类贷款利率给付利息。(2)出借的资金必须属于出借人所有或者拥有支配权的自有资金,否则不受法律保护。禁止吸收他人资金转手放贷。(3)借贷利息不得超过国家规定的上限(银行同期贷款利率的4倍)。(4)借贷目的必须合法,不得为他人从事非法活动提供借贷。出借人明知借款人是为了进行非法活动而借款的,如违法提供赌资、走私资金,或为涉嫌犯罪的人提供逃跑资金等,其借贷关系不予保护。对双方的违法借贷行为,可收缴财产、罚款、拘留;涉嫌犯罪的,依法追究刑事责任。(5)企业之间借贷因违反金融法规不属于民间借贷范畴,但公民与企业之间的借贷属于合法的民间借贷。(6)其他违反法律、行政法规的借贷行为无效。例如,企业以借贷名义向职工、社会非法集资的行为无效,企业以借贷名义向社会公众发放贷款的行为无效,"做会"的行为无效等。

根据2015年9月1日最高人民法院发布的民间借贷案司法解释如下。(1)借贷双方约定的利率未超过年利率的24%,出借人请求借款人按照约定的利率支付利息的,人民法院应予支持。(2)借贷双方约定的利率超过年利率的36%,超过部分的利息约定无效。借款人请求出借人返还已支付的超过年利率36%部分的利息的,人民法院应予支持。(3)年利率的24%(两分利)到36%(三分利)之间算自由议价区间,在产生纠纷前按约定利率算,有纠纷上法院后剩下的利率会按24%算,未超过24%的受法院保护,超过36%的不受法律保护。

我国民间借贷市场是从温州开始起步的。改革开放初期,遍布城乡的温州民营小企业

"生在里弄里、长在民宅中",成为温州农村经济的一大支柱,温州商品经济的发展和经济主体的多元化对资金融通提出了更高要求。1984年9月,浙江省温州市库镇医院会计方培林停薪留职,在温州市苍南县钱库镇开办了新中国第一家私人钱庄——方兴钱庄。方兴钱庄开办以后,得到了温州地方政府的大力支持,温州也因此成为我国民间借贷市场发展的先导。

温州民间资本源于20世纪80年代中期。1985年,温州民营企业从挂户经营过渡到合股经营,诞生了第一批股份合作制企业。该类企业区别于私营家族企业,实行两权分离,向社会直接融资。企业经济规模从十亿到百亿,多个股东以资金、设备、田地、技术、劳力作股,实现资本、劳动联合,推动了温州民营经济和民间借贷的发展。

在正规金融无法满足民营企业资金需求的情况下,民间资本起到了一定的补充和推动作用。在温州民营经济近40年的发展中,民间借贷一直是其重要的资金来源,温州民营企业的发展几乎都与民间借贷市场发生关联。温州有一定规模和知名度的企业,如正泰、德力西、人民、天正、康奈、奥康、红蜻蜓等,在创业初期都是靠民间借贷和自筹发展起来的。在这些企业发展中,民间借贷资金、企业自有资金和银行贷款各占到三分之一。

2008年,美国次贷危机的负面影响逐步向全球蔓延,温州等沿海地区出口导向型劳动密集型产业迎来前所未有的寒冬。为应对全球金融危机对国内经贸活动的不利影响,2008年11月,国务院常务会议决定"出手要快、出拳要重、措施要准、工作要实"地执行1998年以来我国新一轮大规模经济刺激计划。其中,中央财政拟在其后2年内投资4万亿元,加之地方财政的十几万亿配套资金,以全方位刺激我国宏微观经济的发展和GDP的平稳增长。在货币超发和房地产市场超常发展的背景下,温州民间借贷市场逐步向高利贷市场演进。

在2009年的投机风潮中,大量国内外资金流入房地产、股票以及生姜、大蒜等农产品期货市场追逐暴利,温州民间资本更是首当其冲。据人民银行温州中心支行的一项调查显示,有65%的温州民间资本注入楼市和股市,回归实体经济的仅占30%。2009年,全国通货膨胀加剧,通货膨胀率高达5.9%。为稳定宏观经济发展,遏制高通货膨胀,央行于2010年6次上调存款准备金率。财政政策和货币政策相对紧缩,致使温州民营企业融资难问题愈发凸显,诸多企业转向民间借贷,走上"快捷更是高利、高风险的"的不归路。

2011年被媒体称之为史上最严房地产调控政策组合年,房地产市场经历风云变迁。2011年1月10日,国务院出台"国十一条",严格二套房贷管理,首付不得低于40%,同时加大房地产贷款窗口指导。2011年1月17日,中国银行业监督管理委员会召开2011年工作会议,针对房地产领域风险,继续实施差别化房贷政策。2011年1月26日,国务院办公厅发布"国八条",扩大限购范围、加大限购力度,要求直辖市、省会城市、计划单列市(35个大中城市)和房价过高、上涨过快的城市要在一定时期内实施限购政策。2011年1月28日,重庆、上海进行个人住房房产税改革试点。2011年2月28日,国务院决定今后5年将新建各类保障性住房3 600万套。届时,保障性住房的覆盖率将达到20%。2011年7月12日,国务院发布新"国五条",要求对房价上涨过快的二、三线城市采取限购措施。限购、限价、限贷等政策的全面升级,掐断了房地产市场中逐利资金的流动管道,刺激了依托民间借贷市场的高利贷资本链条的断裂(见图4-1)。

温州民间借贷主要有3种模式。(1)短期借贷。短期内围绕某个项目借贷大笔资金,项目结束,借贷随之结束,借贷的时间短、利息高。(2)长期借贷。借方有固定地点或人员,随时存取。长期借贷主要是针对具有一定规模和积累了较好信用的企业,其风险小、利息低。(3)层级收储,集中发放。资金"捎客"从村到镇再到县市逐级收储,然后集中到担保公司、寄售行、租赁中心等机构。整个资金链条犹如"老鼠会",A以2分的月息把钱借给B,B又以3分的月息把钱借给C,C再把钱以4分的月息借给D,很少有人关心借贷资本的流向和资金链末端到底是谁。随着温州民间借贷市场高利贷化倾向的加剧,第三种模式已成为民间借贷的普遍模式。一旦其中某个环节的资金链断裂,犹如多米诺骨牌效应,必然牵扯其他相关方陷入危境。

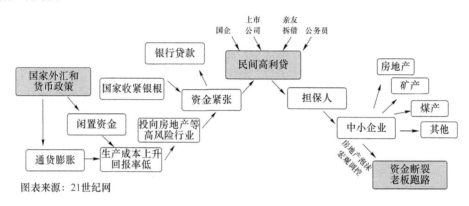

图 4-1　温州依托民间借贷市场的高利贷资本链条

温州高利贷的参与方,除了相互拆借的亲戚朋友,多是披着合法外衣变相从事借贷的担保公司、寄售行、典当行、租赁公司、投资咨询公司等,行事隐秘的地下钱庄、"官银"与影子银行也厕足其间。据称,当时温州融资性担保机构"经过官方认证"的只有几十家,但各类大大小小打着担保旗号的担保类金融机构不下300家,最多的时候有数千家之多。这些"担保公司"就是以赚取利差为生的。大多数民营企业主也跻身民间借贷领域,以实业为幌子,做资金投机的生意。随着银根的抽紧,温州民间借贷已逐步取代了房地产投资的地位。

温州某集资案债主告诉记者:"集资时年息有高有低,借贷资金利率在24%到140%之间,最高的年息达到140%以上"。另据《北京商报》报道:目前温州民间借贷的利率水平已超过历史最高值,一般月息是2到6分,有的甚至高达1角、1角5分,年利率高达180%。而在温州做实业,大多数中小企业的毛利润一般在3%~5%,借高利贷把企业逼上绝路。

2003年,温州民间借贷资金中有高达90%的份额流入生产经营、小生意和养殖业等实业领域,仅10%进入建房购房等其他途径。其后几年间,随着全国房地产市场的逐步升温,以及矿产等资源价格的急剧上涨,大量温州民间借贷资金开始偏离实业,涌入房地产、矿业等投机领域赚"快钱"。至2011年上半年,温州民间借贷资金规模超过1 100亿元,其中35%投向生产经营领域,20%进入房地产市场,高达45%的份额流入民间借贷市场,"以钱炒钱"成为温州民间融资的重要流向。2011年7月21日,中国人民银行温州市中心支行发布的《温州民间借贷市场报告》显示:温州约有89%的家庭(个人)和59%的企业参与了民间借贷(见图4-2),平均每天产生近30起民间借贷纠纷;民间借贷市场处于阶段性活跃时期,民间借贷利率也处于阶段性高位,年综合利率水平为24.4%(见图4-3)。

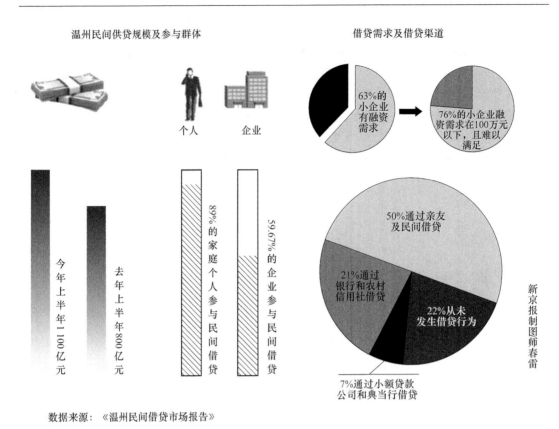

数据来源：《温州民间借贷市场报告》

图 4-2　2001 年上半年温州民间借贷市场概况

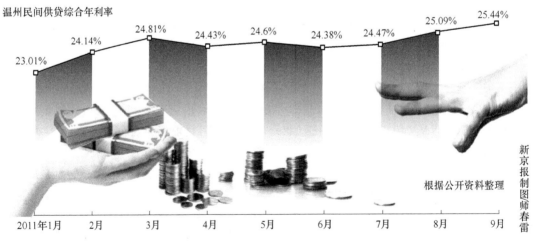

资料来源：http://www.doc88.com/p-9496755423643.html

图 4-3　2001 年 1 月至 9 月温州民间借贷综合年利率水平

2011 年 10 月 10 日，中国人民银行温州市中心支行副行长周松山接受《东方早报》记者采访时表示，该行 300 户调查样本并非从温州普通家庭中随机抽取，而是从有民间借贷行为的特定监测户中进行调查抽取，调查结果也仅反映特定监测户的状况，也即调查样本中有

89%的家庭(个人)和59.67%的企业参与了民间借贷。

由于经济环境恶化及中央信贷收紧的影响,2011年4月初,温州中小企业资金链断裂,开始出现温州老板跑路事件。2011年8月1日,温州巨邦鞋业有限公司因高利贷崩盘而停业。这是继温州铁通电器、江南皮革、波特曼、三旗、天石电子等公司之后,又一家宣告倒闭的知名民企。2011年9月发生老板外逃26起,仅9月22日一天就有9位老板"跑路"。9月22日之后的十天内,温州即发生3起因债务危机老板被逼上绝路而跳楼自杀事件,2死1伤。从2011年4月起,前后不到半年时间,至少有80家企业老板欠下巨债外逃,企业倒闭,初步估计信贷规模达到200亿元。浙商投资研究会秘书长蔡骅指出,温州约36万家中小企业,其中30%处于半停工或停工状态。

温州市龙湾区是老板跑路的重灾区。据龙湾法院统计数据,2011年1月份以来该区民间借贷纠纷案件达692件,立案标的总额为10亿元。其中,9月份最为集中,短短20多天就有190起民间借贷纠纷案件,近3亿元标的额,仅仅1个月就占到2010年全年该区民间借贷纠纷案件标的总额(3.6亿元)的83%。随着民企老板的出走和自杀,以及银行人员涉诈骗卷款逃走等恶性事件的频发,温州民营企业资金链断裂的情况越演越烈。

成立8年多的温州眼镜业龙头浙江信泰集团,是温州瓯海区重点骨干企业和纳税大户。企业拥有国内眼镜行业唯一的中国驰名商标,年产2 000多万副自主品牌眼镜,也是国内市场份额最大的太阳眼镜商之一。2010年,浙江信泰集团产值达2.7亿元,是温州眼镜行业里的"龙头老大"。2011年9月21日,信泰董事长胡福林失踪,据传欠款至少20亿元。其中:欠银行贷款8亿元,月息500多万元;欠民间高利贷12亿元,月息高达2 000多万元。温州中小企业发展促进会会长周德文指出,胡福林的债务关系涉及近万人和几十家企业,事件会继续发酵。胡福林出逃一个多星期后,仅媒体曝光的就至少另有3名大老板出逃,温州市鹿城区正得利鞋业的老板沈奎安因多元化投资失败,负债4亿,跳楼身亡。

随着跑路事件的密集爆发,"官银"介入高利贷的身影若隐若现。温州永嘉龙头民营企业顺吉集团是永嘉当地一家国家公路施工总承包一级企业,注册资本6 580万元,旗下有多家从事市政工程、混凝土制品、建材设备、水电开发等业务的控股子公司。施晓洁原为顺吉集团财务部人员,2009年9月离职后利用机会以顺吉集团的名义对外高息集资约13亿元,为其家族担保公司提供运作资金。施晓洁的家族在永嘉开设有多家担保公司,经营高利贷业务。2011年9月21日,施晓洁与丈夫刘晓颂携资举家潜逃后,多名债主上门围堵顺吉集团追讨欠款。数日后,施晓洁和刘晓颂被永嘉警方抓获,以涉嫌集资诈骗被拘留,13亿巨资下落未明。一位知情人士透露,早在8月施晓洁夫妻就打出资金8亿多元,资金出处账户的户主均无法查找,要么身份虚构,要么人已失踪。部分债主向媒体反映,这起集资案中的8成债主是永嘉当地公务员。据温州司法界人士介绍,高利贷崩盘跑路的老板或者担保公司,一般都与当地公务员有千丝万缕的关系,有些人就是靠这个发财。

2011年9月29日,温州个体户徐海勇向《联合早报》表示,他和数十名受害者遭温州鹿城农村合作银行人员诱骗,签下联保协议,每人贷款30万元人民币,可享有免交水电费等好处,后来在银行核对时才发现钱被拿走了。据说受害者多达四五十人,很多是受教育不高的老人家和低收入户。

2011年上半年浮出水面的温州云天房地产开发有限公司一案是官银涉足高利贷的另一案例。云天公司是温州本土规模较大的房地产开发企业,成立于2003年5月,公司注册资金有 5 000 万元,下设 5 个分公司,业务拓展至温州地区周边县市及福建、山东等省,法定代表人为徐世国,公司股东为徐世国及其女儿徐雅。云天公司在浙江省内外开工的项目近 10 个,前期取得了一定的成功。由于温州市龙湾滨海园区一个地块高达 6.4 亿元的摘牌地价,导致该公司资金链紧张,徐世国父女即以云天公司的名义向民间融资,甚至利用云天公司下属的佳和房地产公司,与平阳县房管局部分工作人员合伙套取购房资金。6 亿多元高息集资款中包含了相关监管机构某些官员的资金,这些资金的月息基在 3 分起,利滚利的资金缺口巨大。参与赚取高息的官员为了确保自身资金安全,与房地产老板联手进行非法融资。同时,还对其所开发的平阳"鳌江 21 世纪商住广场"实施一房多卖,多次予以预售重复登记备案,预售次数最多的一套房经平阳房管局预售登记备案达 11 次,套取无辜购房人资金达 3 亿多元。2009 年 4 月 29 日,徐世国被平阳警方刑拘,至案发时,徐世国父女欠款总额近 20 亿元,直接债权人在册登记的有 170 多人,间接债权人 3 000 多人,范围涉及龙湾、泰顺、平阳 3 个区县 2 000 多户,以及天河镇 15 个自然村 3 万余人,牵涉施工企业 5 家。云天公司案件事发后,在温州地区引起强烈轰动,出现债权人跳楼自杀的惨剧,对温州地区的影响非常严重。

温州老板跑路、企业倒闭事件频频出现,引起了温州市委市政府的极度重视。2011 年 9 月 25 日,温州市委市政府决定,成立市县两级专门处理金融问题的机构,围绕企业帮扶、民企融资协调、打击暴力讨债、倒闭企业善后处置等方面展开工作。2011 年 9 月 27 日,温州市委市政府牵头成立规范民间金融秩序促进经济转型发展的专项工作领导小组。该工作组包括温州市纪委、宣传部、法院、劳动保障局、商务局、经信委、金融办、人民银行、银监会、社保局、政法委、维稳办等 14 个部门,温州各县市(区)也随即成立了相应的工作组。工作组肩负两大重任:一是协调银企关系,缓解中小企业融资难的问题;二是规范民间借贷。有关部门还就规范担保行业的管理,整治非法担保公司,扶持正规的融资性担保公司,使担保行业成为银企之间的缓冲与纽带等做出工作安排。2011 年 9 月 28 日,温州市委市政府做出《关于稳定规范金融秩序促进经济转型发展的意见》,要求各银行业机构加大信贷资金保障力度,确保实现年初确定新增贷款 1 000 亿元的目标。

2011 年 10 月 3 日至 4 日,时任国务院总理温家宝率领 13 个部委官员深入温州进行调研,并与当地中小企业家进行座谈。温家宝明确,要将小微企业作为重点支持对象,支持专为小微企业提供服务的金融机构,各类银行应切实落实国家支持中小企业特别是小微企业发展的信贷政策,同时,进一步加大财税政策对小微企业的支持力度,落实并完善对小微企业贷款的差异化金融监管政策,提高对不良贷款比率的容忍度。其间,浙江省委、省政府,温州市委、市政府向国务院提出了在温州设立金融综合改革试验区的要求,以便把民间金融引入监管轨道,引导几千亿民间资本扶持实体经济,实现民间金融"阳光化""规范化"。2012 年 3 月 28 日,国务院常务会议批准了"试验区总体方案",并提出温州金融综合改革 12 项主要任务。

【案例评析】

随着温州民间借贷进入"暴利化"时代,各路资金争相涌入,"处处有借贷、时时有借贷",赚取"快钱"成了民间游资、部分银行乃至上市公司的一致诉求。据 2011 上半年上市公司财报数据显示,含有"委托贷款"字样的公告较 2010 年同期增加 32.3%,诸多上市公司涉足高利贷业务,有的公司来自委托贷款的收益甚至超过了主营业务,"高利贷倒爷"成为潮流。

担保公司在某种程度上是高利贷产业链的灵魂,它们与银行及大型企业之间有着千丝万缕的关系,是民间借贷中较大项目的"deal maker"。不少大型国企从银行获取贷款后,再通过旗下财务公司中的担保公司、投资公司等从事资金拆借,赚取利差和中介抽成。

在高利贷的整个链条中,银行扮演了微妙的角色。不少高利贷资金的源头是银行的低息贷款,部分银行职员利用体制性漏洞挪用公款放贷已成公开秘密。银行也以发展中间业务开发出的各种"保值产品",参与放贷大军。

民间借贷的高额利率回报甚至吸引了一些海外热钱。一些外资企业通过在国内的分公司,或者有合作关系的企业,试水民间借贷。

从全民炒股,到全民炒房,再到全民放贷,高利贷的大繁荣席卷江苏、浙江、广东、福建、内蒙古等地,诱导我国经济社会一步步陷入豪赌的泥沼,助长了对投机和寻租行为,并为依托民间借贷市场的高利贷资本链条的断裂埋下隐患。

【案例讨论】

1. 分析2011年前后温州民间借贷市场逐步向高利贷市场演变的内外成因?
2. 为什么我国金融生态中负利率与高利贷并存?

案例2 中国大妈抄底黄金惹的"祸"

【案例内容】

2013年,在黄金价格经历了十年牛市之后,国际投资者纷纷转变观念开始看空金价后期的走势,而美国经济复苏、美联储有意退出量化宽松的言论更是助推了美元的走强,进而在交易层面推动了金价的下跌。同年4月10日开始,国际金价经历了一轮大跌。虽然机构投资者纷纷抛售,但以国内、印度为首的亚洲投资者却大力"吸金",对黄金价格形成有力支撑。据人民网援引的经济数据称,自黄金价格下探以来10天内,内地投资人鲸吞了实物黄金300吨,约占全球黄金年产量的10%。而这一盛举也产生了中国大妈完胜华尔街金融大鳄的说法。但是好景不长,2013年下半年,黄金价格一路跳水,全年金价下跌幅度在28%左右,这一跌幅创下了1981年以来的最大年度跌幅。中国大妈当时持金成本平均高达1 500美元/盎司(约合人民币296元/克),持仓量约为300吨,2015年12月31日,国际黄金价格约为1 060美元/盎司(约合人民币235元/克)相当于每克下跌61元,这么一换算,差不多中国大妈合计亏损约183亿元。

【案例评析】

1. 本次黄金价格下跌的原因分析

自20世纪70年代初期布雷顿森林体系瓦解后,黄金价格不再与美元直接挂钩,逐渐市场化。这使得影响黄金价格的因素变得更加复杂,波动也更加剧烈。根据历史经验,通常认为黄金价格主要受供求关系、美元汇率、各国货币政策、通货膨胀、国际贸易形势、国际政治格局、原油价格六大因素的影响。但关于本次黄金价格大跌的主要原因,众说纷纭,分歧较大,主要集中于以下几个观点。

第一,供求关系的变化。黄金作为一种商品,不可避免地受黄金市场供求关系的影响。塞浦路斯危机爆发后,欧盟各方对提供援助提出了严厉的附加条件,出于融资需要,塞浦路斯政府计划向黄金市场抛售央行储备黄金,这不免引起黄金交易商的广泛担忧——身陷债务危机并且储备量远胜塞浦路斯的其他国家会纷纷效仿此举。因此,许多投资者先行一步抛售黄金,以至于大量黄金流入市场,造成供大于求,打破了黄金市场原有的供求关系。

第二,全球经济呈现低通胀、低增长态势。一方面,黄金本身具有极高的价值,而不像纸币只是价值的代表,自身的价值微乎其微。因此,黄金可以作为价值永恒的代表,而纸币则会因通胀而贬值。覆盖30多个国家的摩根大通银行分析结果认为,2013年下半年通货膨胀率将会下降2%,这意味着黄金将逐渐失去战略储备意义。另一方面,当前新兴市场国家的经济减速,尤其是中国开启经济结构性调整,从第一季度公布的GDP为7.7%来看,低于预期的8%,将影响投资者信心。欧元区债务危机呈现反复性,日本和美国进入战略调整期,全球经济低增长局势基本形成。

第三,美国货币政策的调整。2013年5月22日,美联储主席伯克南发表讲话,明确表明如果经济能够如预测取得改善,将于2013年晚些时候开始逐渐减少每月850亿美元的资产采购规模,并在2014年中期完全结束量化宽松的货币政策。过去实行的量化宽松货币政策,实际上是美国向全世界增发货币,以保持美元的低利率,并继续贬值,从而缩减美国的债务。这势必会引起美元持有者的恐慌,为规避风险,美元持有者将美元投入资本市场投资。而本次美联储放出结束量化宽松货币政策的消息,则会促使美元利率升高,美元走势强劲,削弱美元持有者规避美元汇率风险的意识。受此番言论影响,2013年6月20日国际现货黄金价格大跌6.4%。此外,高盛、美林等金融机构之前集体提出做空贵金属的建议,导致投资者恐慌性抛空,以至于在4月12日出现了总计超过400吨的抛售规模,此举也被认为是推动黄金及相关贵金属价格下跌的原因之一。

2. 出现抢金潮的原因

中国人自古以来就有着浓厚的黄金情结。在我国历代的封建王朝中,黄金寓意着权力和财富,不要说黄金,就连作为色彩的黄色,也成为皇帝的专用色。在中国人传统审美观中,佩戴黄金首饰是美的象征,这可以追溯至西周时期。这一传统延续至今,尤其是在现代婚姻嫁娶中,如同西方人喜爱玫瑰和白纱,中国人依旧热衷于传统的"三金"(耳环、戒指、项链)作为装点新娘的首选饰物。所以,中国人购买黄金饰品,一大部分原因取决于中国人独特的黄金偏好,其中感性因素多于理性因素。

但出现如此狂热的黄金购买潮的另一个重要原因,则是中国人看重黄金的保值功能。中国素有"盛世藏古董,乱世买黄金"的说法,黄金因其具有稀缺性,便于携带和储藏,几乎没有折旧等优势,其保值功能深入人心。透过现象看本质,本次"中国大妈抢金"实则折射出人们对资产贬值的恐慌心理及投资渠道缺乏的双重问题。

首先,内需仍未被有效释放。扩大内需是当前我国经济发展的长期战略方针,但要让消费成为经济增长最重要的拉动力,关键还是要中国百姓有钱、敢花钱。一季度,我国经济增长7.7%,但城镇人均收入增长6.7%,收入增长滞后于经济增长,必然会制约消费。在物价持续走高的大背景下,民众手中的钱总是觉得不够花。此外,中国人有着根深蒂固的忧患意识,自己手中的闲钱总是以备不时之需的,不敢轻易消费,追根溯源在于中国人收入水平偏低。由此可见,要真正释放内需,应以社会公平正义为出发点,提高城乡居民收入,让民众有钱;健全社会保障制度,让民众敢花钱;完善分配制度,缩小社会贫富差距,让改革成果全民共享。这也正是党的十八大报告中提出"两个倍增""两个同步"的题中应有之义。

其次,折射出融资渠道受限。截至2012年年底,中国城乡居民储蓄余额接近40万亿元,位居世界前列。从这一数据可见,中国民众不差钱,差的是投资的出口。纵观当前各种民间传统投资渠道,均不尽如人意。倘若把钱存入银行,由于实际利率受名义利率和通货膨胀率的影响,而后者远远高于前者,财富则会受到通货膨胀的侵蚀而不断缩水;在股市方面,我国股市近些年持续萎靡不振,特别是2013年6月24日,沪指暴跌5.3%,创出2009年9月1日以来的最大单日跌幅,A股市值蒸发近万亿元,前景不容乐观;若购买基金,虽然可以通过科学的投资组合降低风险,但同样受到股市、经济大势影响,并且毕竟基金是由人来经营的,操作风险和道德风险不可避免;在房地产方面,全民炒房导致楼市价格虚高,房地产泡沫凸显,同时"限购令""限贷令""加息"等宏观调控政策的陆续出台,令多数住宅投资者望而却步。所以,在金价下跌以后,中国大妈高位接盘,将黄金作为救命稻草,期待黄金未来有良好的上涨预期,只不过是在寻找投资出口罢了。为使民间资本发挥应有效用,政府应为其营造一个公平公正的成长空间,积极拓宽民间投资渠道,保护中小投资者权益,理性引导民众合理投资,在金融体制改革方面迈出更大的步伐。"信心比黄金更重要。"改革步入深水区之际,只有中国大妈对手里的钱充满信心,才会又好又快地实现"中国梦"。

3. 黄金投资

黄金具有商品和货币的双重属性,自古以来就是财富的象征。20世纪70年代布雷顿森林体系解体之后,黄金虽然经历着去货币化的洗礼,但其独有的特性仍然使之成为一种可以跨越地理限制、语言障碍和宗教信仰甚至是时空组合的国际公认金融资产。

黄金具有以下特征:价值的相对稳定性、产权转移的便利性、税收上的相对优势、市场上难有庄家、交易没有时间限制等。不管国际金融市场如何动荡,黄金本身具有的这些内在价值,可使之成为对抗通货膨胀、避险保值的重要手段。

2001年4月,我国取消了新中国成立以来长期实行的黄金"统购统配"的计划管理体制,开启了我国黄金市场化改革的进程。2002年10月30日,上海黄金交易所正式运行,标志着我国黄金市场进入了一个新的阶段。2003年11月,中国银行上海分行推出"黄金宝"业务,打开个人炒金大门。2008年1月9日,黄金期货合约正式在上海期货交易所挂牌交易,将我国黄金市场化推进到黄金投资领域。2013年7月29日,国内首批黄金ETF——华安易富黄金ETF和国泰黄金ETF正式登陆上海证券交易所进行交易,象征着我国黄金投资理财迈向全面市场化。

目前我国黄金市场已经建立起了黄金商品市场、黄金投资市场和黄金信贷市场,形成了由上海黄金交易所、区域黄金交易中心、上海期货交易所以及银行柜台和黄金制品商铺组成的黄金交易市场体系,基本完成了从无到有、从有到多的转变。然而,与国际成熟的黄金市场相比,我国黄金市场仍处于发展初期。

4. 黄金理财产品及其特点

(1) 现货黄金

现货黄金主要是标准金条、纪念金币和黄金饰品等。上海黄金交易所有Au99.95、

Au99.99、Au1009、Au509等多种实物黄金投资品种,其中Au99.99、Au1009已向个人开放。现货黄金的主要特点是抗风险能力高、资金变现快、具有收藏功能。比较适合初学者或保守型人群。

(2) 纸黄金

比如,工商银行的"金行家"、中国银行的"黄金宝"和建设银行的"龙鼎金"都是纸黄金。这3家银行规定纸黄金的交易起点为10克,约合人民币2 000元至3 000元。纸黄金的主要特点是交易时间长,24小时全天候交易,报价紧跟国际市场的黄金报价,资金变现快,交易费用低,流通性强,投资门槛较低。但纸黄金不能做空,非杠杆交易,是比较稳健的黄金投资品种。

(3) 黄金T+D

黄金T+D即黄金延期交易业务,目前我国多家商业银行开办了这个业务。其主要特点是引入了做空机制,投资者既可以在价格上涨时通过"先买后卖"的方式获利,也可以在黄金价格下跌时通过"先卖后买"的方法获利,采用保证金的交易方式,为投资者提供了更大的盈利可能。同时黄金T+D引入了T+0的交易机制,大大地提高了投资者资金的利用率。2007年11月,上海黄金交易所推出黄金(T+D)的改良产品——黄金(T+N)。

(4) 黄金期货

上海期货交易所规定黄金期货合约为1 000克/手,最小变动单位为0.01元/克,涨跌幅限制在每个交易日±5%,最低交易保证金为合约价值的7%,交割品级为含金量不低于99.95%的经认可的金锭。同时,其还规定自然人禁止进入交割月,也不能进行实物交割。黄金期货为双边买卖,杠杆交易,可以做空;但因非24小时交易,不容易控制止损,风险较大,适合专业投资者。

除此之外,还有黄金QDII基金和黄金ETF基金。去年,国泰、华安黄金ETF获批发行后,国内投资者可以用股票账户买卖黄金。

5. "上海金基准价"——我国黄金市场国际化发展的航标

上海黄金交易所于2016年4月19日推出了人民币"上海金基准价"定价机制,引起国内外市场的高度关注。这是中国黄金市场国际化的又一重要里程碑。借助于亚洲的时区、人民币定价的特点和上海自贸区的条件,"上海金基准价"将更好发挥黄金市场人民币价格的发现功能,提升人民币黄金市场活力,对加快推进黄金市场国际化、完善我国金融市场体系具有深远意义。

"上海金基准价"(Shanghai Gold Benchmark Price)是指在上海黄金交易所的平台上,以重量为1千克、成色不低于99.99%的标准金锭为交易对象,以元/克为单位,通过多轮次"以价询量"的集中交易方式,在达到市场量价平衡后,最终形成的人民币即期基准价格。"上海金基准价"分别于每日10点15分和14点15分发布。

"上海金基准价"发布后,国际黄金市场上将逐步形成以人民币标价的黄金基准价格,与当前国际投资者较多采用的以美元标价的LBMA黄金基准价格相互补充,促进国际黄金价格体系进一步完善。与当前国际市场黄金定价机制相比,上海金定价业务具有自身特色,也充分体现了中国黄金市场开放、公平、有序的特点。

一是定价主体开放多元,价格具有广泛代表性。上海金集中定价交易机制的核心是寻找市场供求达到平衡的某一具体价格时点,并将该时点价格作为市场的基准价格。为使价格充分反映人民币黄金市场产用金和投资链条的供需均衡,选择了12家定价成员和6家提供参考价成员共同报价。在多轮定价过程中,所有满足交易规则条件的上海黄金交易所会员和客户也可自愿申报参与买卖。在定价成员和提供参考价成员中,行业上包括了商业银行、产用金企业等多元化市场主体,地域上包括境内会员和国际会员,范围广泛丰富,体现了人民币黄金市场多元化的特点,价格可以真实反映各方供需诉求。

二是定价流程公开透明,交易机制规范公允。在英国的LBMA黄金定价机制中,定价主席在确定初始报价等方面拥有较大的裁量权。与此不同,上海黄金交易所全部定价过程均由定价交易系统根据事先公布的交易规则经过多轮询价最终达成均衡成交,过程全程记录、公开透明,可经追溯和审计,充分保证了价格的公允性。

三是定价管理严格规范,有效维护交易市场各方的合法权益。作为中立方,上海黄金交易所遵循公平、公正和诚信的原则,组织黄金集中定价的交易、清算和交割,交易各方无须两两授信,既降低了违约风险,也有助于提高清算和交割效率。同时,为进一步保证定价机制的公正性,由市场主要参与者和上海黄金交易所、行业协会等机构中的专业人士共同组成了上海金集中定价交易监督管理委员会,负责对上海金集中定价交易业务的合规性进行监督管理。上海黄金交易所还将通过警告处罚等多项措施,严格防范任何操纵价格等扰乱市场、具有误导性和欺诈性的交易行为。

【案例讨论】

1. 黄金有哪些属性,如何解释其投资属性?
2. 我国黄金市场经历了哪些发展阶段?
3. 现阶段,如何研判黄金投资趋势?

第5章

金融机构

案例1 轰然倒下的金融大厦：雷曼兄弟

【案例内容】

雷曼兄弟公司创立于1850年，是全球最具实力的股票、债券承销和交易商之一，被称为美国第四大投行，在逾百年的历史中，雷曼兄弟曾经历美国内战、两次世界大战、19世纪30年代经济大萧条、1994年信贷危机、1998年货币危机和2001年互联网泡沫，在一系列的经济危机中其金融经营一直处于领先地位。纽约大学金融教授Roy C. Smith曾形容，这家投资银行不只是一只有9条命的猫，更是只有19条命的猫。雷曼兄弟是《商业周刊》评出的"2000年最佳投资银行"，整体调研实力高居《机构投资者》排名榜首，是《国际融资评论》授予的"2002年度最佳投行"。然而，2008年9月15日，这个有着158年历史的金融巨头由于资不抵债申请破产保护，最终宣告破产，成为美国历史上最大规模的破产案。

1. 雷曼兄弟的家族时期

雷曼兄弟的历史最早可以追溯到19世纪40年代，发源地是亚拉巴马州广袤的农田以及蒙哥马利市。雷曼三兄弟亨利、伊曼纽、麦尔为卖牛商人之子，来自德国的巴伐利亚，在蒙哥马利落脚。1844年23岁的亨利·雷曼（Henry Lehman）移民到美国，定居在亚拉巴马州的蒙哥马利，在那里开了一家名为H. Lehman的干货商店。1847年，因伊曼纽尔·雷曼（Emanuel Lehman）的到来，商号更名为H. Lehman and Bro。当1850年家中最小的弟弟迈尔·雷曼（Mayer Lehman）也到此地时，商号再次变更，定名为Lehman Brothers。

在19世纪50年代的美国南部地区，棉花是最重要的工农作物。他们看准了蒙哥马利作为"棉花之都"的巨大潜力，于是专注于从事棉花生意，几年间这项业务的增长成为他们运作之中最重要的一部分。1855年，亨利因黄热病而过世之后，其余的兄弟继续关注他们的商品交易/经纪商业务。

1858年，雷曼在纽约市曼哈顿区自由大街119号开设第一家分支机构的办事处，当年32岁的伊曼纽尔负责办事处业务，当时纽约市是全球的商品交易中心。雷曼扩展了商品交易业务，并开展财务顾问业务，奠定了证券承销业务的基础。1870年，雷曼兄弟公司协助创办了纽约棉花交易所，这是其在商品期货交易方面的第一次尝试。1883年，雷曼成为咖啡交易所成员之一。1884年，伊曼纽尔设置了公司理事会，公司还在新兴市场从事铁路债券业务并进军金融咨询行业。随着美国经济在19世纪下半叶的有力扩张,雷曼兄弟发展了商业银行和证券交易业务,并在1887年成为纽约股票交易所成员,获得交易席位。

早在1899年,雷曼开始做首笔公开招股生意,为国际蒸汽泵公司招募优先股和普通股。但一直到1906年,公司才从一个贸易商真正转变成为证券发行公司。同一年在菲利普·雷曼的掌管下,雷曼公司与高盛公司合作,将西尔斯·罗巴克公司与通用雪茄公司上市。随后的20年间,差不多有上百家新公司的上市都由雷曼兄弟协助,其中多次都和高盛公司合作。

菲利普·雷曼于1925年退休,公司由他儿子罗伯特·雷曼(昵称"波比")接手,出任公司领导。在波比领导期间,公司在股票市场复苏时由于侧重于风险资本而度过了资本危机大萧条。1928年,公司搬到鼎鼎有名的威廉一街。

雷曼兄弟公司是传统的家族生意。但在1924年,约翰·M.汉考克以首位非家庭成员的身份加入雷曼兄弟公司,接着在1927年,门罗·C.古特曼和保罗·马祖尔也相继加盟。

20世纪30年代,雷曼兄弟签署了第一电视制造商杜蒙的首次公开招股,并为美国广播公司(RCA)提供资金协助。他也为快速增长的石油工业提供金融协助,其中包括哈利伯顿公司(Halliburton)和科麦奇公司(Kerr-McGee)。

20世纪50年代,雷曼兄弟签署了数字设备公司的首次公开上市(IPO)。稍后,他又协助了康柏公司的上市。罗伯特·雷曼于1969年去世,当时已经没有雷曼家族任何一位成员在公司任职。

雷曼兄弟家族事业横跨4个时代:始于1850年的亚拉巴马州棉花田,一直延续到1969年罗伯特·雷曼过世为止,将近有120年辉煌的历史。这段时间雷曼兄弟不仅从市场筹资,还协助了伍尔沃斯、梅西百货等零售巨头筹资,扶植了美国航空、环球航空、泛美航空等航空公司,并代替康宝农场、宝石茶等企业筹资。

2. 雷曼兄弟的成熟时期

自1970年香港办事处开业,雷曼兄弟加快了海外扩展的脚步,并于1972年在伦敦和1973年在东京设立地区性总部。伴随信息时代的到来,雷曼兄弟在很多行业带头公司的发展中起了至关重要的作用。在20世纪80年代的兼并收购潮流中,雷曼扩展了自己国内和全球的业务。1984年,雷曼兄弟公司的投资银行家和交易员之间的争斗导致该公司被美国运通公司收购并与Shearson公司合并。1986年,雷曼兄弟获得伦敦股票交易所的席位。1988年,雷曼兄弟获得东京股票交易所的席位。

1993年,美国运通公司(American Express)将Shearson分拆出去,获得独立的雷曼公司,再次以"雷曼兄弟"的名字著称于世。同年,雷曼兄弟北京办事处开业,并为中国建设银行承销债券,开创中国公司海外债券私募发行的先河。1994年,该公司以雷曼兄弟控股公司(Lehman Brothers Holdings Inc.)的名称在纽约证交所上市。1998年,雷曼兄弟公司被收入标准普尔500股票指数。2001年,雷曼兄弟公司被收入标准普尔100指数。2003年,雷曼兄弟收购了Neuberger Berman,奠定了公司在资产管理业务方面的领先地位。

2005年,基于分散化的收入来源和强劲的风险管理,标准普尔将雷曼兄弟的信用评级上调为A+。雷曼公司的管理资产增至创纪录的1 750亿美元,因卓越表现被欧洲货币杂志评为"年度最佳投资银行"。

2007年,雷曼兄弟再次取得公司历史上最好的业绩,净收入和每股收益连续4年大幅提高,各个业务部分都快速发展。以交易量为标准,其是在伦敦股票交易所排名第一的券商,并为金融界有史以来最大的兼并收购(苏格兰皇家银行收购荷兰银行)充当财务顾问。

3. 雷曼兄弟的破产之路

2008年3月18日,雷曼兄弟宣布,受信贷市场萎缩影响,其第一季度净收入同比大幅下降57%,股价下挫近20%。2008年4月1日,为了平息市场对于资金短缺的疑虑,雷曼兄弟发行了40亿美元的可转换特别股。受此消息激励,雷曼股价大涨18%至每股44.34美元,投资人表现出对雷曼的信心,认为其能够躲过贝尔斯登被并购的命运。2008年6月9日,信用评级机构将雷曼的信用等级下调;其他评级机构也表示了对其信用前景的担忧。2008年6月10日,雷曼兄弟宣布,预期公司第二季度净损失28亿美元,并透露最新融资60亿美元的计划。2008年8月5日,雷曼兄弟宣布考虑出售其资产管理部门Neuberger Berman以寻求融资。2008年8月16日,雷曼兄弟考虑出售价值高达400亿美元的商业不动产资产。2008年8月18日,市场预期雷曼兄弟第三季度的净损失将达18亿美元;主要券商的研究报告纷纷调低雷曼的评级。2008年9月10日,雷曼兄弟与韩国产业银行持续多日的入股谈判最终破裂;因市场对雷曼的生存产生担忧,雷曼的股票暴跌45%。2008年9月11日,雷曼兄弟宣布第三季度的亏损将达39亿美元,并宣布公司的重组计划:雷曼将采取进一步措施大幅减持住宅抵押贷款和商业地产,与Blackrock合作降低住宅抵押贷款风险敞口,优化项目组合;雷曼股价暴跌46%至每股4.22美元;信用评级机构穆迪警告要将雷曼的信用评级大幅下调。2008年9月12日,雷曼兄弟寻求将整个公司出售;市场产生恐慌情绪,业务伙伴停止和雷曼的交易和业务,客户纷纷将与雷曼的业务转移至其他的银行和券商;美洲银行和英国巴克莱银行与雷曼谈判收购计划;美联储介入,召集华尔街主要银行商讨雷曼兄弟和保险巨头美国国际集团的问题;雷曼股价继续跌至每股3.65美元,其信用违约互换点差跳升至超过700个基点。2008年9月14日,美联储明确表示不会伸手给雷曼兄弟以救援和资金保障,巴克莱银行退出谈判,美洲银行转而与同样陷于困境的美国第三大券商美林达成收购协议;同时,高盛、摩根士丹利、巴菲特控股的伯克希尔哈撒韦也表示没有兴趣收购雷曼,雷曼兄弟命悬一线。2008年9月15日,无奈之下,雷曼兄弟依照美国银行破产法第11章,向纽约南部的联邦破产法庭提出破产保护,负债达6 130亿美元;雷曼兄弟所有从事经纪业务的分支机构及雷曼兄弟的子公司等不受此影响,继续正常交易和营业。当天,雷曼的股票价格暴跌94%至每股0.21美元。这个有着158年历史的老牌投行成了历史。

【案例评析】

华尔街上赫赫有名的投资银行雷曼兄弟在经历了158年的风雨之后,在美国金融风暴愈演愈烈之时申请破产保护。这一事件对全球金融市场的影响将是长远而深刻的。

造成这一悲剧性事件的原因是多方面的,有整个市场基本层面的变化和不稳定而导致的系统性风险,也有雷曼公司自身的问题带来的特殊性风险;在大的方面,是由于从2007年夏天开始的次贷危机和在雷曼破产前后市场所发生的信心信用恐慌等;在公司自身方面,是由于雷曼近年来发展过快过热,自身的资本充足率不足而导致杠杆率太高,所持的问题资产太多,以及公司的管理层没有能够抓住机会很好地应对危机等。雷曼的问题,当然也与美国证券监管部门的监管失误有关,这包括其监管理念、力度和具体监管要求等。

从雷曼兄弟自身分析,主要有如下原因。

1. 进入不熟悉的业务，且发展太快，业务过于集中

作为一家顶级的投资银行，雷曼兄弟在很长一段时间内注重于传统的投资银行业务（证券发行承销，兼并收购顾问等）。进入20世纪90年代后，随着固定收益产品、金融衍生品的流行和交易的飞速发展，雷曼兄弟也大力拓展了这些领域的业务，并取得了巨大的成功，被称为华尔街上的"债券之王"。

2000年以后，房地产和信贷这些非传统的业务蓬勃发展，雷曼兄弟和其他华尔街上的银行一样，开始涉足此类业务。这本无可厚非，但雷曼的扩张速度太快（美林、贝尔斯登、摩根士丹利等也存在相同的问题）。近年来，雷曼兄弟一直是住宅抵押债券和商业地产债券的顶级承销商和账簿管理人。即使是在房地产市场下滑的2007年，雷曼兄弟的商业地产债券业务仍然增长了约13%。这样一来，雷曼兄弟面临的系统性风险非常大。在市场情况好的年份，整个市场都在向上，市场流动性泛滥，投资者被乐观情绪所蒙蔽，巨大的系统性风险给雷曼带来了巨大的收益；可是当市场崩溃的时候，如此大的系统风险必然带来巨大的负面影响。

另外，雷曼兄弟"债券之王"的称号固然是对它的褒奖，但同时也暗示了它的业务过于集中于固定收益部分。近几年，虽然雷曼也在其他业务领域（兼并收购、股票交易）有了进步，但缺乏其他竞争对手所具有的业务多元化。对比一下，同样处于困境的美林证券可以在短期内迅速将他所投资的彭博和黑岩公司的股权脱手而换得急需的现金，但雷曼就没有这样的应急手段。这一点上，雷曼和此前被收购的贝尔斯登颇为类似。

2. 自身资本太少，杠杆率太高

以雷曼为代表的投资银行与综合性银行（如花旗、摩根大通、美洲银行等）不同。它们的自有资本太少，资本充足率太低。为了筹集资金来扩大业务，它们只好依赖债券市场和银行间拆借市场，在债券市场发债来满足中长期资金的需求，在银行间拆借市场通过抵押回购等方法来满足短期的资金需求（隔夜、7天、1个月等），然后将这些资金用于业务和投资，赚取收益，扣除要偿付的融资代价后，就是公司运营的回报。就是说，公司用很少的自有资本和大量借贷的方法来维持运营的资金需求，这就是杠杆效应的基本原理。借贷越多，自有资本越少，杠杆率（总资产除以自有资本）就越大。杠杆效应的特点就是，在赚钱的时候，收益是随杠杆率放大的；但当亏损的时候，损失也是按杠杆率放大的。杠杆效应是一柄双刃剑。近年来由于业务的扩大发展，华尔街上的各投行已将杠杆率提高到了危险的程度。

3. 所持有的不良资产太多，遭受巨大损失

雷曼兄弟所持有的很大一部分房产抵押债券都属于第三级资产（Level 3 Assets）。雷曼作为华尔街上房产抵押债券的主要承销商和账簿管理人，将很大一部分（30%~40%）难以出售的债券都留在了自己的资产表上。这样债券的评级很高（多数是AAA评级，甚至被认为好于美国国债），所以利率很低，不受投资者的青睐，卖不出去。雷曼（包括其他投行）自己持有它们，认为风险会很低。但问题是，这些债券并没有一个流通的市场去确定它们的合理价值。这同股票及其他易于流通的证券不同，没有办法按市场（Mark to Market）来判断损益。在这样的情况下，持有者所能做的就是参考市场上最新交易的类似产品，或者是用自己特有的模型来计算损益（Mark to Model）。但计算的准确度除了模型自身的好坏以外，还取决于模型的输入变量（利率、波动性、相关性、信用基差等）。因此，对于类似的产品，不同金融机构的估值可能会有很大的差别。另外，由于这些产品的复杂程度较高，大家往往依赖第三方(比如标准普尔等)提供的评级和模型去估值,而不做认真细致的分析。最后,业务部门的交易员和高层有将此类产品高估的动机。因为如果产品估价越高(其实谁也不知道它们究竟值多少钱),售出的产品越多,那么本部门的表现就越好,年底分得的奖金就越多。因此,很多人往往只顾及眼前利益,而以后的事情以后再说,甚至很可能认为与自己没有什么关系。

市场情况好的时候,以上所述的问题都被暂时掩盖了起来。可当危机来临的时候,所有的问题都积累在一起爆发。所以业内人士把这样的资产称为"有毒"资产。雷曼兄弟在2008年第二季度末的时候还持有413亿美元的第三级资产("有毒"资产),其中房产抵押和资产抵押债券共206亿美元(在减值22亿美元之后)。而雷曼总共持有的资产抵押则高达725亿美元。

这点情况和花旗银行及美林有所不同。美国的次贷危机,早先是从住宅房产领域开始的,然后才逐步扩散到商业房产领域。这也是为什么花旗银行和美林的资产减值逐渐减少,而雷曼的资产减值逐步增多的原因。在风暴发生的高峰,雷曼的资产减值也大幅增加。

实际上,如果雷曼不破产倒闭的话,如果市场的情况不能回暖,流动性不能改善,其持有的不良资产还会继续大幅减值从而带来进一步的亏损。不仅如此,随着市场的恶化,其所持二级资产和金融衍生品也会受到较大的影响。

【案例讨论】

1. 投资银行在现代金融体系中的作用?
2. 投资银行的主要业务有哪些?
3. 投资银行破产倒闭会带来哪些负面影响?

案例 2 哈药股份的主动要约收购案

【案例内容】

2001年哈药股份实施配股,主承销商南方证券成为公司第二大股东,埋下了日后"南方仓股"所形成的危机。2002年至2003年,南方证券通过大批量违法私下增持,形成持有95%以上流通股的恶劣情况。2004年1月,中国证监会和深圳市政府联合接管南方证券;8月,接管小组集中管理的南方证券自身持有股票数量正式披露,其持有的哈药集团股份有限公司流通股股份高达75 616.157 5万股,占总股本的60.88%。这导致在哈药股份的股权结构中,哈药集团有限责任公司持有的法人股仅占总股份的34.76%,其他社会公众股东占有总股本4.36%的流通股,由此,南方证券持股量超过了哈药集团有限责任公司,引发了市场对"券商庄股"的强烈关注与担忧。为彻底解决哈药股份的股权结构难题,同年12月14日,中信资本、美国华平和辰能投资3家投资公司以现金方式向哈药集团增资扩股,分别获得22.5%、22.5%和10%的股份,原股东哈尔滨市国资委持有45%的股权,继续保持其第一大股东地位;12月20日,领衔哈药集团重组的中信资本在此基础上创造性地提出由第二大股东哈药集团,对第一大股东南方证券的要约收购方案,试图借此全面要约收购哈药股份,这便为相类似的"违规托管券商重仓股"的历史遗留问题的解决提供了一条可供选择的理想路径。

【案例评析】

1. 收购动因

全面要约收购是指收购人通过向目标公司的股东发出购买其所持该公司全部股份的书面意见,并按照依法公告的收购要约中所规定的收购条件、价格、期限以及其他规定事项,收购目标公司持有的全部股份的收购方式。在2003年年报里,南方证券持有的哈药股份股票的比例为13.54%,共1.29亿股,而到2004年8月,由于南方证券对哈药股份的违规大比例持股,使其持有哈药股份的流通股占股本的60.88%,超过了哈药股份实际控制人哈药集团34.76%的比重,成为新的第一大股东。这一行为不仅触犯了我国持股30%以上要发布要约收购申请的条例,还对哈药股份的股权结构、哈药集团正常行使对上市公司的控股股东权利、上市公司股票在二级市场的正常流通及上市公司业务今后的正常发展,都造成了多方面的不良后果和极大的不确定性。为此,哈药集团试图全面要约收购哈药股份,以消除南方证券违规持股对公司及其他股东造成的这些不利影响。

南方证券于2004年1月2日被行政接管,其间接管组行使公司权利,南方证券股东大会、董事会、监事会暂停履行职责,董事、监事和高管人员暂停履行职务。显然,从2004年1月被接管到8月被披露所持股的股票数量,南方证券在这期间可能进行大规模增仓操作。因此,南方证券的行为不仅触发了要约收购问题,同时也暴露了大量隐性账户存在的可能。根据《上市公司收购管理办法》,持股超过30%就触发要约收购。然而,从哈药股份和南方证券公开的信息当中并没有看到这一信息,直到清理后,南方证券的暗仓才见天日。在其持有哈药股份60.88%的总股本后,南方证券一跃成为公司第一大股东,而持股34.76%、一直控制着哈药股份的哈药集团反而成为第二大股东。尽管南方证券不会来争夺哈药股份的控制权,但对急于重组哈药集团来说,这仍是一件非常棘手的事。此外,因为南方证券锁定了哈药股份超过93%的流通股,导致该股成交量锐减,股价大跌,哈药股份的配股计划也因此难以实现。而哈药股份是哈药集团有限责任公司在资本市场的"主动脉",不仅持有上市公司三精制药29.85%的股权,还参股美罗集团8%的股权,而美罗集团则控制着上市公司美罗药业。不能确保哈药集团有限责任公司第一大股东的位置,对哈药集团的威胁是巨大的。

因此,哈药集团有限责任公司表示,为消除南方证券违规持股对哈药股份及其他股东造成的不利影响,拟以全面要约的方式收购除哈药集团有限责任公司已持有的非流通股以外的公司的全部股份,共计81 029.96万股,收购价格为每股5.08元。哈药集团在公告中阐明了收购的目的:恢复哈药股份在二级市场正常、有序、合理的交易和流通性;恢复哈药股份正常的股权结构;消除南方证券违规大比例持股对哈药集团行使正常的控股股东权利带来的不确定性;消除由于南方证券被托管甚至清算可能造成的哈药股份股权结构的不确定性和二级市场股票交易的混乱;避免对哈药集团业务的正常发展带来不利影响;等等。

2. 收购过程

(1) 全面要约收购的难点

哈药集团有限责任公司全面要约收购的第一个难题是资金。根据要约收购公告,本次收购的价格达到每股5.08元,为2004年第三季度末哈药股份每股净资产2.66元的1.9倍,收购全部股份(81 029.96万股)所需资金超过41亿元。为解决资金问题,2004年12月14日,哈药集团有限责任公司实际控制人哈尔滨市国资委员会与中信资本、美国华平投资、辰能投资签署《重组增资协议》,后三者以战略投资者的身份,共同斥资20.35亿元对哈药集团有限责任公司以增资方式进行重组。哈药集团有限责任公司在闪电完成增资重组后,通过向中信信托质押其所持有的哈药集团股权,获得7.8亿元借款,并在登记结算中心存入8.2亿元购股款,承诺余下的32.93亿元资金将根据重组各方的协商,在《要约收购报告书》获准前,由中信资本投资、美国华平投资和辰能投资负责筹集。哈药集团有限责任公司于2004年12月16日将82 800万元现金(不低于本次要约收购资金总额的20%)存入中国证券登记结算有限责任公司上海分公司指定的中信实业银行上海分行账户中,作为本次要约收购的履约保证金。哈药集团携重金向所有流通股股东宣告,如果证监会无异议,将履行要约收购义务。

另一个问题是此次要约收购后的股份要如何处置,一旦南方证券决定出售全部股份,哈药集团将至少持有95%的股份。而根据证券市场有关法规,如果持股比例超过75%,必须在买入股份的第7个月减持,否则公司将自动退市。为此哈药集团明确表示,要约收购不以终止哈药股份的上市地位为目的,因此当时市场分析认为有三种可能的处置方式:一是哈药集团事先与南方证券行政接管组沟通过,届时旨在不危及哈药股份上市地位的情况下,出售部分股份;二是即使南方证券抛售全部持股,哈药集团将可能采取大宗交易或二级市场的方式减持股份;三是哈药股份退市,哈药集团选择整体海外上市。

(2) 全面要约收购的结果

2005年4月29日,曾经在中国证券业叱咤风云的南方证券,终于在深圳正式宣布被关闭,改由中国建银投资有限责任公司接手其证券类相关资产。随着相关博弈各方态度的明朗,哈药股份旷日持久的收购法案也终于尘埃落定。哈药集团最终并未完全埋下南方证券持有的股份,而是把持股比例降低到一个合理的程度,实现了之前市场猜想的三种解决方案中的第一种,这样既可以让南方证券在二级市场抛售获利,也可以减缓收购方的资金压力。截至2009年第一季度末,建银投资和南方证券持有的哈药股份占股比例已经下降到22.08%和5.75%,哈药集团(股本占比34.76%)重新恢复了第一大控股股东的地位。

2005年6月25日,国务院国资委正式批准了哈药集团增资扩股涉及哈药股份国家股性质变更的相关事宜。2005年7月20日,国家商务部下发了《关于同意哈药集团设立为中外合资企业的批复》,正式批准哈药集团为中外合资企业。通过签署了《重组增资协议》,引进外部投资者,激发了哈药集团的活力和竞争力。在2005年,医药行业供大于求的矛盾加剧,原材料、能源大幅涨价,医药产品频繁降价,国内外医药行业特别是抗生素企业经济效益持续下滑的艰难局势下,哈药集团实现营收入90.01亿元,同比增长21%,创历史新高。

3. 收购意义非凡

此次哈药集团对哈药股份的全面要约收购,实际上是希望对以往南方证券违规买入的股份进行清理,完善公司的股份结构,消除由于南方证券被托管甚至清算可能造成的哈药股份股权结构的不确定性和二级市场股票交易的混乱,避免对哈药股份业务的正常发展带来不利影响。尽管此次收购由于种种原因而进展迟缓,但是其试图以全面收购的方式去解决证券公司违法持有股份的方法还是有相当的借鉴价值的。这在当时三年半的熊市以及不断积累放大的委托理财风险、国债回购风险、挪用客户保证金风险的背景下显得尤为重要,许多曾经风光一时的券商如南方证券、汉唐证券、闽发证券等在2004年相继托管。在它们倒下去的同时,也给股市、社会带来了棘手的问题。经查实,除了南方证券在哈药集团和哈飞股份中大量违规持股,汉唐证券也在浪潮软件、中国软件、南纺股份、菲达环保等中违规持有大量流通股。而如何处理这些股票成了一个摆在管理层面前的不小的难题。从我国股市并不久远的历史来看,每一次庄股的大规模出货都会对股指造成相当大的伤害。无论是当时久负盛名的亿安科技、银广夏还是后来轰然倒塌的德隆系"三驾马车",都是血淋淋的事实。如果任由这些问题券商的庄股大肆出货,势必会对股市造成相当严重的负面效应。所以说此次以中信资本为首的重组方主导哈药集团有限公司对哈药股份进行要约收购,为违规托管券商股找到了新的出路。

4. 关键环节:全面要约收购

过去,我国证券市场发生的上市公司控制权转移大部分是通过协议收购而并非流通股完成的,往往获得要约收购豁免。2002年10月8日,在中国证监会发布的《上市公司收购管理办法》中,提出原则上协议转让股份达30%的公开要约收购义务不再被豁免,管理层鼓励要约收购的意图很明显。本案例中,哈药集团已经持有哈药34.67%的股份,所以如果要收购则必须向全部股东发出全面收购要约。但是,这也为公司收购带来了一定的风险。如果全面收购完成后公司不符合上市条件,则很可能面临退市风险,这并不是大多数收购方希望看到的。本案例中,哈药集团有限责任公司向全部股东发出全面收购要约,但并不希望哈药股份退市,这就需要一些策略。为了减小公司退市风险,配合我国《上市公司收购管理办法》规定的全面要约收购方式,证监会出台了《关于要约收购涉及的被收购公司股票上市交易条件有关问题的通知》,通知指出了不以终止股票上市为目的的收购可以采取措施来维持被收购公司的上市地位。本案例中,哈药集团有限责任公司并不希望哈药股份退市,为了控制这一风险也肯定会进行一些策略安排。如前所述,可以有3种处置方式:第一种也是最理想的方式,是在不危及哈药股份上市地位的情况下,由南方证券出售部分股份给哈药集团,从实际处理结果来看,哈药集团最终也采取了这一措施;第二种方式是假设南方证券抛售全部股份,哈药集团转而采取大宗交易或二级市场的方式进行减持;第三种方式是最坏的打算,即哈药股份退市,哈药集团也可以寻求整体海外上市。

同时,新修订的《证券法》也对上市公司要约收购做出了重大的变革。《证券法》第八十八条规定:"通过证券交易所的证券交易,投资者持有或者通过协议、其他安排与他人共同持有一个上市公司已发行的股份达到30%时,继续进行收购的,应当依法向该上市公司所有股东发出收购上市公司全部或者部分股份的要约。"从此处可以看出,新修订的《证券法》允许人们选择全面要约收购或部分要约收购。由于收购人在上市公司收购中掌握主动权,可以根据公司的股权结构和分散程度来决定采取何种方式进行收购,而不必担心在强制性全面要约收购的情况下出现公司退市的风险。

5. 我国要约收购模式的法律规范

各国的收购立法大概可以分为两种模式:一种是美国模式,没有强制全面要约收购,收购人可以自愿要约收购;另一种是英国模式,超过30%之后要履行全面要约义务。目前,除了美国、加拿大、韩国外,大多数国家都采用英国模式,我国原《证券法》也是按照这种方式设定了强制全面要约收购制度。由于我国制定了相应的豁免和维持上市规则,其收购风险已经得到了很大程度上的降低。本案例中,哈药集团有限责任公司并不希望哈药股份退回,只是为了清理南方证券给公司带来的不稳定因素才发布了全面要约,因此为了控制哈药股份退市的风险,哈药集团有限责任公司制定了相关策略以维持哈药股份的上市条件。

2005年10月的新《证券法》对要约收购进行了重大改革。第八十八条规定的要约收购规则允许部分要约收购,可以向上市公司所有股东发出收购上市公司部分股份的要约,这在更大程度上减轻了由于收购而造成退市的风险。

【案例讨论】

1. 一般而言,并购基金只投资非上市企业,无须披露交易细节,也不会涉及要约收购义务,而本案例中中信资本、美国华平和辰能投资等为何进入?要约收购的过程是否能像他们设计的方案那样顺利进行?此次收购带给我们的启示又有哪些呢?

2. 南方证券违规大比例持有流通股份,对哈药集团股份有限公司造成了哪些不良后果和极大不确定性?

3. 我国要约收购模式的法律规范中还有哪些问题亟待解决?

案例3 阿里巴巴融资上市案

【案例内容】

1. 公司背景

作为阿里巴巴的创始人,马云从1995年就开始接触互联网行业。1999年2月受邀参加新加坡举行的亚洲电子商务大会,马云受到深深的触动,他发现,与会者80%是欧美人,谈的也是欧美的电子商务,亚洲的电子商务陷入了"照搬、照抄欧美模式"的误区。也正因为如此,亚洲电子商务一直发展缓慢。看到了其中蕴含的巨大商机,马云开始思考构建一个适宜于中国电子商务的新模式。马云既非出身名校,也没有海外留学经历,但是在互联网商海的5年沉浮,使得他对国际市场、中国外贸市场、生产厂家、进出口公司都有着深入的了解,知道企业需要什么。他清楚地意识到,大企业有专门的信息渠道和巨额的广告费,小企业却什么都没有,他们才是最需要互联网的人。阿里巴巴就是要构建这样一个平台,将全球中小企业的进出口信息汇集起来,马云要做数不清的中小企业的解救者。

怀抱着建立世界级网站的梦想和激情,马云召集他的团队回到杭州,开始他的创业之路。1999年2月21日,马云和来自16个不同省份的18位创业者在自己家中召开了第一次会议,在场的人凑出50万元本金,成为阿里巴巴"起飞"的原始资本。1999年3月10日,阿里巴巴横空出世。马云带着他的伙伴以每个月500元的工资,每天花16~18小时用心血构建着阿里巴巴。他们提取了雅虎、亚马逊和eBay网站模式中的精华部分,领会和学习他们的精髓,而不流于表面的模仿。他们牢牢把握住商人最关心的点——买与卖,让商人把求购以及出售商品的资料免费贴在阿里巴巴的网站内。这很快就吸引了商人的兴趣,一传十,十传百,网站的知名度越来越高。阿里巴巴的会员迅速增加,网上的资讯也以每天1 000条的速度迅速增加,活动范围覆盖了全球180多个国家和地区。在大大小小的网站热衷于买卖、拍卖,成交之声不绝于耳时,阿里巴巴仍然坚持只给会员提供免费的信息交流与产品展示平台。在成立不到半年的时间里,阿里巴巴网站相继推出了3个版本,质量一个比一个高,服务一个比一个全,并且是全免费的。

创业的艰苦奋斗收到了成效,在阿里巴巴成立不到两个月的时间里,注册会员数就超过了2万,其中,中英文网站会员数均突破1万。与此同时,在马云的宣传下,美国《商业周刊》《亚洲华尔街日报》和英国《经济学家》等多家境外媒体相继报道和转载了马云和阿里巴巴网站的故事,阿里巴巴受到全球互联网界的关注。网站仅仅投入半年,会员数就已达到41 000。

目前,阿里巴巴已是全球最大的网上交易市场和商务交流社区。作为B2B行业的杰出代表,两次入选哈佛大学商学院MBA经典案例,在美国学术界掀起研究热潮,连续5次被美国权威财经杂志《福布斯》选为全球最佳B2B站点之一,并多次被相关机构评为全球最受欢迎的B2B网站、中国商务类优秀网站、中国百家优秀网站、中国最佳贸易网站。阿里巴巴被国内外媒体、硅谷和国外风险投资家誉为与Yahoo!、Amazon、eBay和AOL并肩的五大互联网商务流派代表之一,确立了公司在全球商人交易网站领域内的绝对领先位置。目前,阿里巴巴集团共拥有阿里巴巴网站、淘宝网、支付宝、雅虎口碑以及阿里软件5个子公司,业务涉及B2B、C2C、在线支付、网络信息搜索以及商务软件等多个领域。

2. 投资动因
(1) 独特的商业模式

"做中国人的全球性网站"是马云的目标。阿里巴巴创造了亚洲最独特的B2B商务模式,不是"business to business"(商业对商业),而是"businessman to businessman"(商人对商人)。我国加入世界贸易组织后,对外贸的依存度进一步提高,贸易环境也进一步改善,年进出口总额大幅度攀升,2002年中国进出口总额达6 000亿美元。在中国,众多中小企业对进出口总额的提高起着重要作用,但是他们规模小,销售渠道窄,商品需求信息缺乏;他们急需开拓国际市场,但却无力负担昂贵的差旅费和广告费或在其他地方开设办事处的费用,这种情况不只是在中国存在,在亚洲其他国家和地区也是如此。阿里巴巴为了满足这一需求,独创式地推出了主要面向中小企业提供B2B进出口信息服务的模式,旨在宣传推广这些企业的产品,对其形象和产品进行展示,使其降低成本,创造销售机会。超大高效的信息平台、简单友好的界面、自助互动的网上社区、诚实信用的贸易活动、符合国情的B2B服务模式、实用的产品、个性化的服务以及积极的海内外促销等,这些无疑都是阿里巴巴吸引大量用户的原因。

阿里巴巴商务模式的成功,来源于它对中国电子商务市场的精确把握,经过长期的实践,阿里巴巴模式不断发展演变,逐渐形成了从B2B到B2B2C的深化。所谓B2B2C就是以B2B为中心,结合B2C、C2C两种模式,互相融合、互相协作、共同运营,通过直销、代理营销等手段形成的全新的电子商务网站模式。阿里巴巴作为中国电子商务的成功者,引领旗下的阿里巴巴网站、淘宝网、雅虎中国搜索在电子商务市场中大展拳脚。阿里巴巴并不照搬西方模式,而是结合中国实际,探索出有中国特色的电子商务之路。独特的商业模式带来的巨大商机,无疑是私募选择阿里巴巴的一个重要因素。

(2) 创业团队

风险投资在很大程度上投资的是创业者个人。高瞻远瞩的战略规划能力和执行能力、极强的凝聚力和领导才能以及非凡的人格魅力,这是马云多年来一直能吸引众多国际投资的重要原因之一。马云拥有独一无二的"中国式狂想"的能力,被称作是卓越的创业者。毕业于美国耶鲁大学法学博士的CFO蔡崇信,曾任瑞典著名投资公司Investor AB副总裁和专门从事收购投资的Rosecliff Inc.公司副总裁,就任阿里后,他主持了阿里巴巴香港总部的设立,负责国际市场推广、业务拓展和公司财务运作。获得Loughborough University of Technology和伦敦商学院授予的工程学和科学硕士学位、拥有25年国际企业管理经验、曾在财富500强企业BTR Plc担任过4年中国区总裁、在另一家财富500强企业Ivensys Plc也担任过中国区总裁的CPO关明生,进入阿里巴巴后,在他的协助下,阿里巴巴形成了使阿里巴巴团队在网络泡沫中奇迹活下来的9条价值观:客户第一、群策群力、教学相长、质量、简易、傲情、开放、创新、专注,这也是阿里巴巴企业文化的精髓。CTO吴炯在1996年4月加入雅虎,主持搜索引擎和电子商务技术的开发。吴炯是具有强大功能、效率卓著的雅虎搜索引擎及其许多应用技术的首席设计师,吴炯加盟阿里巴巴之前,在1999年11月23日,作为唯一发明人主持了雅虎电子商务基础软件系统的设计和应用。他的加盟,为阿里巴巴的发展提供了强有力的技术支撑。

【案例评析】

阿里巴巴的飞速发展吸引了风险投资家们的目光,风投们寻着B2B的"香味"找到了阿里巴巴。例如,世界著名投资机构高盛、富达亚洲、银瑞达、软银集团、日本亚洲投资公司、汇亚基金以及上海华盈创业投资基金管理有限公司等的加盟,为阿里巴巴的后期上市奠定了基础。

1. 投资过程分析

第一轮投资。马云理想中的合作伙伴是那些愿意与阿里巴巴一同成长的公司。他们要和公司有着同样的目标,而不是只看眼前的短期利益。虽然有38家风险投资公司前来谈合作,但马云一直在等待最合适的那一家。风投找来的时候,公司的账上一分钱都没有。而马云硬是带着大家挺了过来,宁缺毋滥。就在这时,瑞典著名的投资公司Investor AB派副总裁蔡崇信到杭州考察阿里巴巴。短短几天时间,通过和马云推心置腹的交谈和深入的考察,蔡崇信看到了阿里巴巴广阔的前景,于是要求加入阿里巴巴。两个月后,他就任阿里巴巴CFO。蔡崇信促成了Investor AB对阿里巴巴的投资,他放弃高收入加盟阿里巴巴更是在风投界引起了不小的轰动。他利用自己在华尔街的人脉关系,为阿里巴巴引入了包括高盛、富达投资(Fidelity Capital)和新加坡政府科技发展基金等的投资。1999年,由高盛牵头,联合美国、亚洲、欧洲一流的基金公司,为阿里巴巴投资总计500万美元。这次融资开了高盛投资之先河,在此之前,高盛还从来没有投资过第一轮,更不用说在第一轮中领投。

第二轮投资。阿里巴巴与软银的结缘源于马云和孙正义的"一见钟情"。软银的进入,无疑是阿里巴巴发展道路上极为重要的一笔。正是这个"大玩家"不断地在资金及其他方面全力支持马云,才使得阿里巴巴能够"玩"到今天的规模。在1999年10月引入第一轮投资签约的第二天,孙正义约见了马云,同时来自软银、摩根士丹利以及国内互联网企业的众多CEO均在座,孙正义正式提出要投资阿里巴巴。20多天后,马云和CFO蔡崇信一起飞往日本,在东京和孙正义再次会面。一见面,马云提出了3个条件。第一,希望孙正义本人亲自做这个项目。孙正义表示,虽然他从不担任公司董事,但他可以做阿里巴巴的顾问。第二,软银旗下有很多基金,其中很多只是贴上了软银的名字,马云希望用软银自己的钱,孙正义也同意了。第三个问题涉及公司的动作,公司必须以客户为中心,以阿里巴巴的长远发展为中心,不能只顾风险资本的短期利益,这一点也得到了孙正义的首肯。谈到价格问题时,孙正义提出投资阿里巴巴4000万美元,蔡崇信对此提出了异议,最后谈成3000万美元,占公司30%的股份。可是一回到国内,马云后悔了——30%的股份意味着资本的意志将决定公司的走向,管理层的话语权将受到削弱。于是,马云给孙正义发了邮件:"按照我们自己的思路,我们只需要2000万美元"。孙正义从此对马云另眼相看。2000年1月18日,软银向阿里巴巴注资2000万美元,这是阿里巴巴历史上第二轮私募。在投资完成后,软银还同时投入了大量资金和资源与阿里巴巴在日本和韩国成立合资公司,并且战略性投入管理资源和市场推广资源,帮助阿里巴巴开拓全球业务。

第三轮投资。互联网的寒风吹过,国内一大批网站倒下了,阿里巴巴也面临危机。阿里巴巴开始了战略调整,准备"过冬"。为了坚持下去,阿里巴巴的当务之急是开源节流。2001年12月,通过开源节流双管齐下,阿里巴巴公司当月冲破收支平衡线,实现盈利。尽管还处在互联网低潮期,但阿里巴巴的发展让投资者再一次看到了其广阔的前景。而此时的阿里巴巴也急需资金扩展业务,于是2002年,阿里巴巴又一次成功引入战略投资者,实现第三次投资。2002年2月,日本亚洲投资公司与阿里巴巴签署投资协议,进行了500万美元的战略投资。2002年10月,阿里巴巴正式发布日文网站,进军日本市场,成为其发展历程中的又一次重要行动。

第四轮投资。通过整个团队的努力,在整个行业还处在寒冬的时候,2002年阿里巴巴已经轻松实现马云提出的"盈利1元"的目标。2003年,非典的爆发,使得电子商务价值凸显,阿里巴巴成为全球企业首选的电子商务平台,各项经营指标持续上升,当年年底盈利已经过亿。2003年7月7日,马云拿出1亿元,在杭州市下了那步使他改变电子商务格局的棋——淘宝网正式进军C2C,为用户提供个人网上交易服务。C2C也成为马云沿电子商务产业链布局整体战略中的一个重要环节。为了将服务质量提高,增强交易的安全保障,2003年年底,淘宝网又推出了网上交易信用中介工具"支付宝",这一举措得到了众多用户的认可;截至当年年末,淘宝网的注册用户就已经超过30万人,月交易量达2500万元。但是,淘宝一直坚持免费交易策略,在马云看来,淘宝需要在3~5年内着力培养网上平台的"商气",包括信用评估、支付手段和交易流程等环节,这无疑需要大量的资金投入。2004年2月18日,包括软银、美国Fidelity、Granite Global Ventures(GGV)和新加坡科技发展基金在内的4家基金共向阿里巴巴投资8200万美元,成就了中国互联网行业最大的私募投资。其中,除了总部位于美国硅谷,以创新技术投资为导向的风险投资基金GGV公司是新加入的投资人外,其他3家均是阿里巴巴第二轮私募中就已经入股的老股东。与第二次融资一样,这一次的牵头人还是软银——阿里巴巴除管理层和员工之外的第二大股东。但是,领头阿里巴巴第一笔私募的高盛集团却没有追加投资。此时,作为公司第一轮私募的大股东,高盛已套现了部分股份,其余几家早期的风险投资公司也开始逐步安排套现。

经过此次融资,阿里巴巴的股权结构并没有发生本质的变化,阿里巴巴管理层和员工仍旧是公司的最大股东,软银居第二。马云为首的创业团队占有阿里巴巴47%的股份,富达约占18%,其他几家股东合计约占15%,软银约占20%。

2. 投资策略分析

私募投资常用的策略分析如下。首先,对于风险较大、投资额较高的项目或企业,投资人往往联合其他投资机构或个人共同投资,牵头的投资人持有的股份最多。这样,对于创业企业来讲,也可以享有更多的投资者资源,对于这种情况一般采用联合投资策略。其次,在创业企业发展的早期,各方面的风险大,但是资金需求量则相对较小。而随着时间的推移,风险逐步减少,资金需求却逐步增加,对于发展情况不是逐步趋好而是趋坏的项目,投资人可以在下一轮投资时慎重考虑是否进一步追加投资。对于那些已经没有希望挽救的企业,则是通过清算等手段尽可能收回前期投资。这种分阶段多次投资的策略,使投资人可以根据风险的变化进退自如,以尽可能避免投资的损失。再次,匹配投资是指投资人在对项目或企业进行投资时,要求项目的经营管理者或创业企业要投入相应的资金。匹配投资将风险投资者与创业企业捆在了一起,促使创业企业或项目经营管理者加强管理,从而降低投资风险。最后,投资人在进行投资时一般不把资金全部投向一个项目或企业,而是分散投向多个项目或企业。这样一来,一个或几个项目或企业的损失就可能从另外的项目或企业的成功中得到补偿,从而就可以避免风险投资公司全军覆没的危险。因为一般说来,几个项目同时失败的可能性较一个项目失败的可能性要小得多。

通过前面对阿里巴巴投资过程的介绍可以看出,私募对阿里巴巴的投资融合了分段投资以及联合投资的策略。分段投资体现在:私募的投资过程,随着阿里巴巴的发展阶段的不同,分为3个阶段,共4轮。其中,第一轮与第二轮投资,处于企业发展的早期,因此投资风险最大;第三轮投资处于企业的成长期,投资风险随之缩小;而第四轮则是由软银牵头,美国Fidelity、GGV和新加坡科技发展基金共同参与投资的。通过不同投资策略的组合,私募投资人可以更灵活地应对企业变动,有效降低了风险。

3. 私募退出

(1) 并购

2005年,阿里巴巴已经成为全球最大的B2B电子商务网站,淘宝也在短短的两年内在中国C2C市场战平eBay。但是,随着电子商务领域内日趋白热化的竞争,阿里巴巴急需在短时间内给竞争对手设置一个更高的门槛,以强化其在电子商务领域内的领先地位,这无疑给阿里巴巴带来了巨大的资金压力。而与此同时,自企业接受VC的第一笔投资起,就注定有一天要面临投资者退出套现的压力。一般VC的投资期限为3~5年,即使是按照5年来算,到2005年,包括高盛在内的早期对阿里巴巴的风险投资也已经全部到期,风投当然希望阿里巴巴能够早日上市,实现退出套现。但马云却一直认为阿里巴巴上市的机会还不成熟,坚持要等淘宝战胜eBay、阿里巴巴和淘宝垄断B2B和C2C市场后再上市。那到底是支持阿里巴巴继续发展,还是享受阶段性成功套现退出?不同的私募投资者,因为其投资风格以及面临的资金压力的不同而采取不同决策。投资者上市的压力可以不管,但是其套现的要求却不能拒绝,面临着资金和套现的双重压力,2005年,马云做出了阿里巴巴成长道路上又一次重大的决策——与雅虎"联姻"。2005年8月11日,阿里巴巴和雅虎在北京宣布签署合作协议。阿里巴巴收购雅虎中国的全部资产,这里面包括雅虎的门户、一搜、3721以及雅虎一拍网上所有的资产。除此之外,阿里巴巴还将得到雅虎10亿美元的投资,以及雅虎品牌在中国无限期的使用权。但与此同时,雅虎将拥有阿里巴巴40%的股权、35%的投票权,董事会中阿里巴巴占两席,雅虎占一席,软银一席。经过这次并购以后,阿里巴巴管理层和其他股东可以套现5.4亿美元,这一价格完全可以让阿里巴巴早期的风险投资全部退出。这样一来,部分早期创业者的股权得以变现,对整个团队是个很大的激励。此外,通过并购,阿里巴巴公司将得到 2.5 亿美元的现金投资,有了这笔钱,马云可以进一步发展淘宝,巩固其电子商务的龙头地位。

(2) 香港上市

2007 年 7 月 29 日,阿里巴巴创始人马云在集团年会上,首次向员工确认阿里巴巴即将启动香港联合交易所上市程序。至此,创建了 8 年的阿里巴巴终于走上上市之路。2007 年 11 月 6 日,阿里巴巴 B2B 在香港挂牌上市,当日以 39.5 港元收盘,较发行价涨 192%,创下港股当年新股首日涨幅之最。阿里巴巴也以近 300 亿美元的市值成为中国最大的互联网公司,整个阿里巴巴集团也成为中国首个跻身全球互联网五强的网络公司。在私募的帮助下,阿里巴巴从创建之初的 18 人发展到 2007 年的 1 200 多名员工,从公司与公司之间最大交易平台的形成,到个人与个人之间交易平台的迅速崛起,成就了中国最惊人的互联网传奇。在辅助阿里巴巴成长的过程中,风投也从中获取了高额的回报。

(3) 退出收益分析

阿里巴巴上市后,软银间接持有的阿里巴巴股权价值为 55.45 亿元,加上 2005 年雅虎入股时套现的 1.8 亿美元,软银当初投资阿里巴巴的回报率已高达 71 倍,创下了投资的神话。而高盛作为最早领投阿里巴巴的 VC,并没能享受到如此高额的收益。这是因为除软银以外,其他 VC 都没有能够坚持到阿里上市。早在第四轮投资的时候,高盛就没有跟投,并且已套现部分股份。而此时,多家 VC 也已经开始着手安排逐步退出。到阿里巴巴和雅虎联姻以后,除了软银继续增持阿里巴巴股份以外,其余 VC 也都陆续进行套现。因此,到阿里巴巴上市之前,只有软银一家 VC 还一直在阿里巴巴的股份中牢牢占据主要地位,其他风险投资商已经全部退出。

4. 投资总结

(1) 投资应以"人"为本

风险投资之所以选择投资阿里巴巴,只是因为看中了马云这个人。敏锐的市场洞察力,让他看到了 B2B 模式在中国的广阔发展前景。出色的创意意识和丰富的创业经验,使得他对中国市场有更为深刻的理解,进而才能够在总结国外电子商务成功经验的同时,开拓出具有中国特色的电子商务之路,构建享誉世界的"阿里巴巴模式"。马云的身上,闪耀着一个创业者所应该拥有的所有优良品质:执着、坚持、毅力、意志与魄力。正是这股干劲带领阿里巴巴走过了创业的艰难,走过了互联网寒冬。自信但不自负、坦诚并且守诺,正是这种品质,让阿里巴巴抵御住了各种诱惑,坚持电子商务之路,最终步入成功的殿堂。

(2) 私募是一轮双向选择

在阿里巴巴创建之初,马云就定下了选择私募基金的标准。他不仅仅需要资金,更重要的是要引入战略投资者,资金的引入要符合公司的长远发展,短视的投资者不能满足阿里巴巴发展的长期需求,阿里巴巴需要拥有强大资金和技术实力的投资者助它展翅高飞。正是阿里巴巴的耐心坚持,才让他等到了软银这个优质的投资者,才有了后来令人称奇的神话。在第一轮融资中,马云选择了国际风险资本的介入。之所以这样,主要有两个原因:一是阿里巴巴的目标是要成为一个国际性的公司,因此在公司资本的结构设计上,就需要为国际资本的介入预留空间;二是风险投资的引入需要一整套的导入、推出机制,而此时国内相应的法规、制度尚不健全,国内私募也缺乏相关经验。从阿里巴巴的第二轮融资开始,软银正式介入,从而开始了和阿里巴巴长达 10 年的合作。

(3) 私募对阿里巴巴的支持

回顾软银对阿里巴巴的投资过程,从 2000 年软银注资,到 2007 年阿里巴巴上市,中间一共经历了 7 年时间。对于私募基金通常 3～5 年的投资期来说,软银投资阿里巴巴,可谓路漫漫兮。但是,孙正义用他的耐心,换来了近百倍的投资回报率。耐心创造奇迹,在投资者身上,也得到了验证。有前景的发展模式,卓越的领导者,无疑都是软银投资阿里巴巴的重要因素。软银从初期开始,不仅多次向阿里巴巴注资,解其燃眉之急,还利用其自身的优势,为阿里巴巴的发展提供市场资源。当互联网进入寒冬时期,阿里巴巴迟迟不能实现盈利的时候,软银并没有像其他私募一样捂紧口袋,匆匆撤资,而是耐心地支持阿里巴巴渡过难关。随后阿里巴巴的发展步入正轨,开始实现盈利,软银也不急于催促阿里巴巴上市,套现资金,而是根据其发展策略,成功地帮助阿里巴巴实现对雅虎的收购。2007 年,阿里巴巴 B2B 业务成功上市,软银也并没有立即套现,退出对阿里巴巴的投资,他们看中的是阿里巴巴集团下淘宝、支付宝、阿里妈妈等广阔的发展前景,"放长线,钓大鱼",软银期待阿里巴巴能给他们带来更大的奇迹。

【案例讨论】

1. 本案例中,风险投资对企业发展的初创阶段和扩张阶段投入资金时,提供了哪些增值服务?这些增值服务有何价值?

2. 阿里巴巴的商业模式有何特点?世界著名风险投资机构对阿里巴巴的投资过程各有什么特点?

3. 私募股权投资是如何作为阿里巴巴发展的幕后推手,伴随其成长,最后走向成功之路的呢?

4. 请对本案例中私募股权投资的退出渠道及投资收益进行比较分析,并指出哪种退出可获得最大投资收益?

案例 4　KKR 杠杆并购案

【案例内容】

1. KKR 公司简介

KKR 的是 Kohlberg、Kravis 和 Roberts 3 个人名字的缩写,KKR 公司的全称是科尔伯特、克拉维斯和罗伯茨公司(Kohlberg Kravis Roberts & Co.),它是老牌的杠杆收购天王,是金融史上最成功的产业投资机构之一,是全球历史最悠久也是经验最为丰富的私募股权投资机构之一。仔细研究和剖析 KKR 这家堪称华尔街传奇的私募股权基金,我们还是可以从中收获良多。

KKR 的投资者主要包括企业及公共养老金、金融机构、保险公司以及大学基金。从 1976 年成立时起到 2004 年 9 月,KKR 共成立了 10 个基金,将从投资者手中筹集到的 210 亿美元,包括来自 KKR 合伙人及其他内部人员的 5 亿美元,投入到 93 家公司。如果将负债融资也算在内,KKR 共向这些公司投入 1 300 亿美元。截至 2004 年 9 月,KKR 从这些公司获得的利润共计347亿美元。其中,260亿美元是已经实现的利润,其余87亿美元是预计在28家公司的持股所产生的利润。在KKR投资的93家公司中,在62家公司中的投资赢利,在22家公司的投资亏损,其中3家破产,即西曼家具公司(Seaman's Furniture)、超市连锁企业Bruno's以及帝王戏院,在9家公司的投资盈亏平衡。到了2006年9月30日,KKR累计完成146项私募投资,交易总额超过2630亿美元,KKR投下去的270亿美元资本已经创造了大约700亿美元的价值。除去费用,其平均年回报率为20.2%。2006年,KKR的资产管理费用所得和投资收入为44亿美元。从2002年年末到2006年,KKR管理下的资产从183亿美元增加到534亿美元。KKR资产中有68亿美元已经成为"永久收益",即这些资金不必归还给由捐赠基金、养老金基金和一些个人组成的投资团队。截至2008年6月30日,KKR旗下有14只私募基金,管理的资金超过598亿美元。

2. KKR杠杆收购

杠杆收购(leveraged buy-out,LBO)是指公司或个体利用收购目标的资产作为债务抵押,收购另一家公司的策略。交易过程中,收购方的现金开支降低到最低程度。杠杆收购是一种获取或控制其他公司的方法。杠杆收购的突出特点是,收购方为了进行收购,大规模融资借贷去支付(大部分的)交易费用,通常为总购价的70%或全部。同时,收购方以目标公司资产及未来收益作为借贷抵押。借贷利息将通过被收购公司的未来现金流来支付。

KKR以杠杆收购而闻名世界,其创办人克拉维斯则因为成就了KKR在华尔街杠杆收购中的大佬位置而被人们尊称为"亨利王"。"杠杆收购"与KKR的成立动机是一脉相承的。科尔伯特在三人中最为年长,他早在20世纪60年代便开始从事收购交易。当时,已有了包括现代杠杆收购(LBO)的一些特征的"鞋带收购"(Bootstraps)技术,它主要涉及二战后资产从几十万美元到几百万美元的英美小企业。投资者收购目标公司股权通常把它们转变为私人公司,在交易中尽可能少地投入买方自己的钱,所以最好是寻找有高现金流特征的公司。所谓"鞋带收购",就是要像鞋带那样把公司从债务中拉出来,使其更富有效率。而科尔伯特的创举是将目标公司的管理层也拉入"鞋带收购",成为金融收购者的合伙人。科尔伯特的第一笔杠杆收购业务发生在1965年夏天,他很幸运地遇见了牙科产品制造厂老板斯特恩。已经72岁的斯特恩由于子女对家族事业不感兴趣,便想把公司股权变现,但又担心买主把公司给毁了。科尔伯特经过一番思考后,提出将公司作价950万美元卖给斯特恩和一小群外部投资者,后者只投入了150万美元,剩余部分全是借款。8个月后,公司公开募股,原始股权2.5美元,IPO价已是11.75美元。经过持有股份的新公司管理层的努力,4年后,公司以8倍于原始成本的价格出售。科尔伯特照此模式又进行了多笔小规模的杠杆收购。1969年,科尔伯特雇用了年轻的罗伯茨(Roberts),第二年罗伯茨又把仅比他小一岁的克拉维斯(Kravis)引进公司,于是,这个杠杆收购"三人帮"成立。1976年,科尔伯特、罗伯茨和克拉维斯三人离开贝尔公司,建立了KKR。经过多年的经验积累,KKR形成了一些收购原则:第一,目标公司必须有好的现金流特征,即现金流必须稳定,至少是可以预测的;第二,目标公司必须有在3~5年的时间里大幅度降低债务水平从而提高股权价值的潜力;第三,目标公司有一位好的CEO或者至少有一位这样的人选;第四,收购建议必须被目标公司的董事会接受(没有硬性袭击),必须说服经理们入股。

虽然杠杆收购没有固定的融资模式,KKR还是形成了一个基本框架,用大约10%~20%的股权资金和80%~90%的债务资金收购公司。股权资产主要来自KKR筹措的基金,KKR自身对每个项目进行1%的股权投资,却要拿走20%的利润。在债务资本中,优先级银行债务的偿还期限必须较短(5年),而次级债务一般期限较长。典型的KKR收购方案要求公司在5~7年里偿还收购时发生的债务。

【案例评析】

让KKR公司变得大名鼎鼎的是20世纪80年代末劲霸电池、西芙韦连锁超市和安费诺公司等的杠杆收购案。下面就案例进行详尽分析。

1. 最完美的收购:劲霸电池

在收购前,劲霸电池的业务和管理层都非常不错,但它仅是食品加工巨头克拉福特的一个事业部,而且规模太小,与总公司业务风马牛不相及。当劲霸CEO鲍伯·坎德得知克拉福特要将公司卖给柯达和吉列等战略性买主时,他向KKR等金融性卖家咨询MBO的可能性。经过众多买家5个月的角逐,KKR于1988年5月得到了劲霸电池。当时的分析普遍认为劲霸总值超不过12亿美元,但KKR出价18亿美元,至少高出竞争对手5亿美元,震惊了业界。KKR的方案也十分有利于劲霸的管理层,公司的35位经理共投入630万美元购买股份(其中鲍伯·坎德投入100万美元),而KKR给每一股分配5份股票期权,这让他们拥有公司9.85%的股权。这大大出乎管理层的意料。劲霸的管理层没有辜负KKR的期望,买断后的第一年现金流就提高了50%,以后每年以17%的速度增长。如此高速增长的现金流当然是好事,因为它便于偿还债务,但KKR并没有阻拦经理们扩张企业的冲劲。KKR把CEO坎德的资本投资权限从收购前的25万美元提高到500万美元的水平,同时把管理下级经理报酬的权利完全交给了他。

1991年5月,劲霸的3 450万股股票公开上市,IPO价格是15美元,KKR销售了他投在公司的3.5亿美元资本金的股票。1993年和1995年,劲霸又进行了二次配售股票,加上两年分红,KKR在1996年的投资收益达13亿美元,并将收购劲霸时借贷的6亿美元债务偿清。1996年9月,KKR把劲霸卖给了吉列公司,每一股劲霸股票可得到1.8股吉列股票,总价值相当于72亿美元。交易结束时,KKR仍拥有劲霸34%的股权。1998年2月,KKR公司将2 000万股股票以10亿美元的价格出售,到2000年9月,KKR仍拥有价值15亿美元的5 100万股吉利股票。到此时为止,KKR及周围的投资商得到了23亿美元现金和15亿美元股票。劲霸的管理层也赚了大钱,劲霸的坎德早在1994年年底就自动退休了,靠着丰厚的回报,到酿酒业进行第二次创业。

2. 获利最丰厚的交易:西芙韦连锁超市

KKR收购西芙韦连锁超市也是影响力巨大的案子,所谓"影响力巨大"缘自他在1990年5月6日的《华尔街日报》上被曝光,揭露了西芙韦被收购4年后员工们所遭受的苦难,因此获得普利策奖。此案也成为讨论效率和公平孰先孰后的商学院案例。这让KKR和西芙韦管理层大触霉头,他们刚刚对公司的10%股份进行了成功的IPO,收入是原始股投资价值的4.5倍,这是一起价值41亿美元、杠杆比率高达94%的交易,利润十分惊人。

20世纪80年代中期,美国食品连锁店成为大企业兼并的受宠对象,原因是收购者从连锁店高额的人力资本和经常资本的投入中看到大幅削减成本的机会,而连锁店又很容易被分割出售。西芙韦就是一个理想的猎物,它拥有遍及美国本土29个州以及欧洲、中美洲和中东等地的2 300多家连锁店。1986年,由哈福特家族控制的达特集团购买了1.45亿美元的西芙韦股票,提出以每股 64 美元购买公司的 6 110 万股票,而西芙韦深知哈福特家族并非善辈,赶紧请 KKR 救助。1986 年 7 月下旬,KKR 以每股 69 美元的价格买下了整个公司,交易额达 41 亿美元。其中 KKR 的管理人员只筹集了 150 万美元,却按他们与投资者达成的惯例,拥有了被杠杆收购公司 20% 的股权。西芙韦在 1990 年重新上市,但 KKR 公司并没有出售其股票,只是在此之前,通过销售不属于西芙韦连锁店的资产以及在欧洲的业务部门共得到了 24 亿美元,超过估价的 40%。KKR 的耐心在 20 世纪 90 年代后期得到了回报。他们在 1996 年至 1999 年的二级市场销售中,出售了 50 亿美元的西芙韦股票,但仍然持有 20 亿美元的股票。

这起经济意义上的"成功"交易却让 KKR 的声誉受到重大损失,他们从此保持低调。但在 1998 年,两位哈佛大学博士写了一本《新金融资本家》,为 KKR 在西芙韦的行为辩解。例如,1980 年西芙韦的工资水平高于行业平均水平的 33%。在一个利润率只有 1% 左右、劳动力成本一般为非商业经营费用的 2/3 的行业中,这是个十分糟糕的信号。

3. 最完美的交易:安费诺公司

安费诺公司(纽约证交所代码 APH)在美国《商业周刊》"2005 全球 IT 企业 100 强"中排名第 60 位,是世界著名的接插件制造商,产品主要用于通信、有线电视、商业和军事航空电子,其子公司 Times Fi-ber 是世界第二大有线电视同轴电缆生产商。安费诺在 1987 年以 4.39 亿美元的价格出售给 Lawrence J. DeGeorge 个人。1991 年公司在纽约证券交易所上市。上市后,DeGeorge 家族合计拥有安费诺约 30% 的有投票权股份,为第一大股东。1996 年,80 岁的 DeGeorge 打算退休,将持有的股份变现,但又不希望把公司交给竞争对手或者不懂经营的人。1996 年年末,在与一些潜在的买家沟通后,DeGeorge 选中了 KKR。KKR 一向只对能够产生稳定现金流、负债率低、资金充足的公司感兴趣,安费诺公司正好符合他们的要求。而 KKR 的方案也符合 DeGeorge 的要求:他们希望保留大部分现有管理团队,并希望公司能在财务杠杆压力下发挥更大的潜力。

KKR 进行杠杆收购的做法是:由众多有限合伙人(包括退休基金、投资公司等)出资成立的、由 KKR 管理的基金购买目标公司,通过将目标公司 IPO 或其他退出机制出售股份,为基金的有限合伙人提供流动资金和投资回报。在与安费诺谈判时,KKR 刚刚募集完成了规模为 57 亿美元的 KKR1996 基金,KKR 希望安费诺公司成为这只基金的第一位投资者。最初,DeGeorge 建议 KKR 只购买安费诺公司一般股权,但 KKR 不肯接受。由于 DeGeorge 很渴望将所持股份变现,他最终同意了 KKR 的收购方案。

1997 年 1 月 23 日,安费诺公司董事会投票通过了 KKR 提出的收购议案(仍需股东大会批准),包括承担安费诺公司的当前债务在内,本次交易总价格约 15 亿美元。同时,KKR 和安费诺公司公布了该交易结构。

(1) 安费诺公司要约收购已发行的 4 400 万美元的普通股的 90%,所有安费诺公司股东有权以 26 美元/股(安费诺收盘价为 23.125 美元)的价格将股票变现。假如少于 90% 的股份接收要约,KKR 则同意把 440 万美元股份(4 400 万美元的剩余 10%)按比例分配给每一个希望保留股票的股东,并以现金补齐这些股东目前持股和 440 万股股份之间的差额。也就是说,如果股东投票结果是愿意保留超过 440 万股的已发行股份,那么 440 万股将在那些投保留票的股东间按比例分配,其余所有股份将获得现金。

(2) 由 KKR 及有限合伙人(包括 KKR 1996 基金)专门为本次收购成立壳公司"NXS

收购公司"。以 KKR 为首的财团通过向该公司注入一系列股东本金,并通过为安费诺公司安排一系列债务资本,为这次收购提供资金。根据协议,财团将提供 3.74 亿美元的股本金,其余资金来自垃圾债券发行及纽约银行、银行家信托银行和大通曼哈顿银行的银行债务。

(3) 人们通常认为,在杠杆收购过程中,由于被收购公司债务急剧增加,原债权人的利益受到侵害。为避免原债权人的反对,KKR 同意安费诺公司先行偿还全部的 1 亿美元 10.45% 优先票据和 9 500 万美元 12.75% 的次级债。1997 年 4 月 15 日,安费诺开始对 12.75% 的债券进行要约收购,要约至 1997 年 5 月 19 日失效。截至失效前,全部 9 500 万美元中有 9 373.4 万美元接受要约。

(4) "NXS 收购公司"并入安费诺,安费诺公司的法人地位得到保留("新安费诺")。全部 NXS 的股份按比例转换成 13 116 955 股"新安费诺"普通股,注销全部公司库藏股、由母公司或其关联公司持有的及由 NXS 持有的原安费诺股份。

(5) 安费诺公司同意支付"分手费"。假如交易在 1997 年 6 月 30 日前不能完成,或者安费诺公司股东大会否决了该项交易,或者其他任一收购者购买超过 20% 的公司股份,安费诺公司将支付 KKR 以 3 750 万美元作为补偿。

(6) 更换管理层。Martin H. Loeffler 从 1997 年 5 月开始担任董事会主席、CEO 和总裁。他于 1987 年就开始担任安费诺公司董事、总裁、首席运营官等职务。

作为本次收购的前期安排,1997 年 5 月 13 日,安费诺公司实施了第一项与收购相关的债务融资,通过牵头承销商帝杰公司(Donaldson Lufkin & Jenrette,2000 年被瑞士信贷集团收购)和雷曼兄弟公司,安费诺公司发行了 2.4 亿美元 9.875% 优先次级票据。这些票据被认为是高收益,被穆迪公司评为 BB 级,被标准普尔评为 B-级。此外,公司根据这一项 9 亿美元的银行协议,通过一项有抵押定期贷款借入 7.5 亿美元。该银行协议还包括 1.5 亿美元的循环信用额度贷款,此种联合贷款形态指在契约规定的固定期间及额度内,由贷款银行提供资金予借款人,并提供借款、还款、再借款的承诺,亦即在其间与额度限制内,借款人可就已偿还部分再行动用,而借款人仅需对已借用之部分负担利息即可。在公司的债务协议中规定,公司在清偿债务前不得支付现金股利或者回购公司股份。

杠杆收购经常遇到阻力。安费诺公司的一些股东在董事会通过决议当天就向特拉华州法院起诉公司的董事们,控告他们在批准这项交易时违背了"信托责任",大型投资银行的分析师们对这次收购也有很大的意见分歧。但是,由于 DeGeorge 家族持有的 30% 股份的支持,这项交易最终获得了股东大会通过,合并最终于 1997 年 5 月 19 日完成,收购工具"NXS 收购公司"与安费诺公司完成了合并。安费诺公司保留了法人实体,成为"新安费诺"。当合并完成时,KKR 财团合计为 13 116 955 股"新安费诺"股份出资 3.41 亿美元。安费诺公司用这 3.41 亿美元的股本金,以及其通过发售 2.4 亿美元债券(2007 年到期的 9.875% 优先次级债)和 7.5 亿美元定期贷款(根据 9 亿美元的银行协议)获得的收入,从安费诺公司股东手中以每股 26 美元回购了 4 030 万股股份(10.48 亿美元),回购了 12.75% 次级债和 10.45% 优先票据的债务(2.11 亿美元),并支付了和本次交易相关的费用(5 944 万美元,包括支付给 KKR 的费用 1 800 万美元,发行新债务的费用 3 929 万美元)。资本重组后,"新安费诺"已发行的股份合计约 1 750 万股。留存的原安费诺股东拥有约 440 万股(约占并购后的25%），KKR财团拥有剩余的1 310万股（占并购后的75%）。

通常情况下，在杠杆收购中，如果目标公司是一个上市公司，那么其股票将终止上市，原上市公司被私有化；如果公司在管理者的经营下日益强大，投资者通常会把公司再度公开上市，这被称为"二次IPO"。在安费诺公司收购案例中，KKR设计并采用了目前越来越流行的"杠杆资本重组"的方法。理论界认为，杠杆收购的利润很大部分来自减少的代理成本。通常收购者都会与收购前的管理层合作收购，使股东和管理层的利益更为一致。但有时并非如此，比如，华尔街有史以来最大的杠杆收购——KKR于1989年以320亿美元收购RJR Nabisco就是如此。RJR作为美国仅次于菲利普·莫里斯的烟草生产企业，每年能产生10亿美元现金利润，而公司原CEO罗斯·约翰逊（Ross Johnson）挥霍浪费，不懂得节约开支，不重视股东利益，经理津贴高得过分，最终KKR通过杠杆收购重组了RJR Nabisco并委任了新的管理层。

收购后的安费诺公司董事会共设董事7人，除执行董事Martin H. Loeffler外，KKR方人员占了4名，另有2名独立董事，但公司的执行层基本保持不变，4名高级执行官都是公司的老员工。这一方式是KKR收购的惯例，KKR的核心人物Kravis和Robert同时担任着其他16家所收购公司的董事（另一核心人物Kohlberg于1987年离开）。在安费诺收购案中，KKR对管理层主要通过认股权方式进行激励。1997年9月，安费诺公布了新的员工认股权计划。认购权行权价为26美元，与KKR的买入价一致。Messrs. Loeffler和4位高级执行官Jepsen、Cohane、Wetmore和Reardon女士在收购后签署了管理层持股协议，分别同意在合并后至少持有94 849、76 923、76 923、2 000和2 000股安费诺股份。在股东大会批准后，当年他们分别被授予336 538、230 769、230 769、17 000和17 000份可以在5年内买入的安费诺股票期权。据统计，KKR公司在1976年至1989年间的杠杆收购中，管理层在收购完成时，持有的目标公司中的股份所有权从不到2%提升到约25%不等。

安费诺的长期贷款从交易后第3年起开始进入偿还期。一年内到期的长期负债主要集中于1999年至2002年。在7.5亿美元定期贷款额度中，3.5亿美元为2004年到期（7年期），2亿美元为2005年到期，2亿美元为2006年到期。通常，杠杆收购后，目标公司将出售20%左右的盈利偏低的业务和资产以支付债务，但安费诺并没有大额的资产可供出售。在收购完成后，1997年至1999年，公司净销售额分别比上年有所增长，但由于成本上升，毛利率下降，公司的盈利指标连续两年下降。从1999年开始，利润指标开始回升，2000年回升速度进一步加快。这种回升并非来自成本的降低，而主要来自费用的减少。具体来看，公司的销售费用和管理费用基本保持稳定，而利息费用在收购当年大幅增加，从1996年的2 460万美元增长到1997年的6 470万美元，1998年又增长到8 120万美元。但是从1999年开始，由于公司定期贷款协议的利率享有优惠条件，相对较低，利息费用开始下降，2000年以后下降幅度更大。在收购当年，由于需要支付与收购有关的费用，公司出售了390万美元的证券投资，所得收益冲减了公司的其他费用。安费诺的财务状况在收购完成后的前3年比较困难，从第4年开始逐渐好转。

公司的现金流情况也证明了这一好转。1996年至1998年，公司经营活动产生的现金分别为6 820万美元、8 630万美元、5 320万美元，这种下降主要缘于利息支付的增长。在债务偿还的高峰年(1999年),安费诺销售收入实现10.11亿美元,增长11%,每股收益较上年增长19%,减缓了偿债压力。1999年12月,公司还向公众发行了275万股公司普通股,获得资金1.181亿美元,不仅增强了股票交易的流动性,也为公司带来了现金流,降低了公司的负债水平。公司发行收入的1.055亿美元用于按109.875%的价格赎回9 600万美元票据,其余部分的收入根据银行协议被用于偿还定期贷款。

在收购完成后的几年,KKR运用董事会的权利审查和帮助贯彻战略财务决策,就会计和控制体系提供咨询。据统计,仅2001年至2004年间,安费诺公司就分别付给KKR以100万美元、100万美元、90万美元、50万美元的管理和咨询服务费。从1991年IPO起,安费诺从未支付股息,到2005年1月19日,公司债务完全恢复到正常水平,董事会宣布将支付季度股息每股0.03美元。

在公司度过债务支付难关后,随着股票价格上涨,KKR开始逐步出售股份,而公司管理层通过股票期权计划不断增加持股,并扩大员工持股范围。在此期间,Fidelity等共同基金开始增加对安费诺公司股票的持有。在2004年第三季度,KKR的合伙附属企业出售了全部股票,截至2004年12月末一股不剩。随着KKR的完全退出,安费诺公司已经成为公众控股股东,公司实际处于管理层控制之下。

4. KKR的补充资料

(1) KKR的基本操作方式

KKR通过大量的债务融资和包括自己在内的股权投资团体的少量股权资本,把企业买下,形成高股权集中度的股权结构,将企业重组或业绩改善后,再进行出售。KKR的优势是从金融投资者角度分析企业,了解企业产生现金流的能力,从而判断企业承受债务的能力与规模,最后选择适合的管理人员,来实现控制现金流并且偿还债务。收购完成后,KKR并不参与企业的实际经营管理,与企业的经营管理层通常只是在每月一次的董事会上见面,讨论经营结果。通过MBO,被并购公司的管理层拥有了一定股份,目标公司管理人员和股权投资者对KKR充当财务顾问和投资监管代理人十分信任。

(2) KKR的早期基本融资结构

KKR在融资中,债务融资(包括高级债务、次级债务和流动资金贷款)占收购融资比例超过80%。很多企业被其杠杆收购前债务与股权的比例通常为2:1。在被KKR收购后往往急剧上升为8:1,甚至9:1。KKR的债务融资中高级债务和流动资金主要来自大的商业银行,由被收购公司的资产担保。次级债务主要来源于保险公司,以企业的现金流而不是资产价值为抵押。

(3) KKR并购目标的选择

由于LBO以债务融资为主,企业债务比例非常高,债务负担沉重。LBO企业必须具有承受较高的债务和安全偿还债务的能力。因此,LBO模式并非合适所有企业。20世纪80年代以前的LBO主要集中在零售、纺织、食品、服装和饮料行业,这些行业的需求收入弹性和增长余地较小。KKR选择并购目标时,目标企业的主要条件有:企业具有比较强且稳定的现金流产生能力;企业经营管理层在企业管理岗位上的工作年限较长(10年以上),经验丰富;企业具有较大的下降成本、提高经营利润的潜力空间和能力;企业债务比例低。

(4) KKR 基本的控制结构

杠杆收购后,企业的股权控制结构通常分为:一般(普通)合伙人,通常由 KKR 充当,负责发起杠杆收购,作为企业经营业绩的监管人;有限合伙人,负责提供杠杆收购所需要的股权资本,并主持企业的审计委员会以及薪酬委员会;企业高层管理人员,持有一定比例的公司股份。

(5) KKR 在收购中的角色

KKR 在杠杆收购中具有三重角色,其收益也来源于这几个方面:作为财务顾问;投入资本和作为合伙人,与其他的有限责任合伙人(通常是机构投资者)共担风险;作为 LBO 股权投资团体的监管代理人(作为投资者管理代理人,KKR 收取 1.5% 的投资者管理费,同时收取 1% 左右的融资和交易安排费)。

(6) KKR 的决策和管理特点

① 持股时间长:他在西芙韦公司的持股时间长达 17 年,最终实现了 74 亿美元的利润,是 KKR 迄今为止最大的一笔投资收入。

② 关注运营专长:克拉维斯和罗伯茨的一个看法,即随着私人股本行业竞争的加剧,能够取得最佳收益的关键是找到那些以事必躬亲的态度管理企业的优秀管理者。

③ 合作投资:以前通常是单枪匹马的独行侠,但现在他越来越多地与其他企业联合发起风险较小的收购交易。

④ 决策团队:6 位 KKR 合伙人组成的投资委员会负责投资决策以及一个由 13 人组成的投资组合委员会监管投资运作成效。

⑤ 演进的利益架构:允许较为年轻的合伙人分享成功交易带来的更多收益。KKR 最初的两位合伙人在附带权益(即投资目标完成后合伙人共享的利润)中的份额已降至 50% 以下,这反映了 KKR 合伙人数量的不断增长。在最新一次年度会议上新增 9 位合伙人之后,现在被 KKR 称为"成员"的全职合伙人数达到 23 人。

⑥ 每周和每季的例会:两位老板放弃亲自拍板决策所有投资决定的传统。他们现在只是投资委员会的两名成员,投资委员会每周一举行例会,所有成员都必须将出席会议放在第一位。投资组合委员会,每季度召开一次会议,详细审议 KKR 投资的各个公司的业绩、经营状况以及可能的销路。

⑦ 产业小组:每个小组包括一个合伙人、一个执行董事、一个准合伙人和一个分析人员,该小组的任务之一是不间断地考察有可能产生廉价投资机会的冷门行业。

⑧ 实施"百天计划",听取专家意见:在获得某个公司的控制权之后立即付诸实施的计划,之后一个接一个地推行这种百天计划。

【案例讨论】

1. 杠杆收购的一般融资模式是如何设计的?它具有什么特点?
2. 有限合伙人(出资人)为何愿意为 KKR 买单?
3. 通过 KKR 对安费诺公司杠杆收购案例进行分析,请你阐述杠杆资本重组的一般方法。
4. 资本重组的交易结构对目标公司原大股东和金融买家来说有吸引力吗?为什么?

案例 5 花旗银行与旅行者的"分与合"

【案例内容】

花旗集团一直是跨国银行成功的典范。通过大规模购并,花旗集团实现资产规模、客户基础和产品条线的迅速增长,并部署了全球化的战略,成为国际金融市场的巨头。尤其是1998年花旗集团与旅行者集团的合并,直接推动了《金融现代化法案》出台。

次贷危机后,曾是全球市值最大银行的花旗集团接受了美国政府450亿美元的救助,政府还向花旗提供总额为3 000亿美元的资产担保,美国政府成为花旗的最大股东,花旗集团被迫一分为二。随着花旗集团改革的推进和预期盈利状况的改善,2010年3月美国财政部宣布今年将以循序渐进的方式出售在花旗集团拥有的27%的股份,获利68.5亿美元。

花旗集团以多元化的产品线作为交叉销售的基础支持。花旗集团起家于商业银行业务,在花旗银行的基础上,通过一系列的大规模改组和并购,建立起跨越银行、证券、投资信托、保险、融资租赁等多元化的金融业务体系。1998年,花旗银行与旅行者集团两大金融巨头的合并更是受到多方瞩目。

1998年至今,花旗集团的发展经历了3个阶段来扩大和完善自己的产品线。

第一阶段是1999年至2004年的快速并购扩张期:此阶段花旗集团共进行了16次金额在1亿美元以上的并购,并购对象包括零售银行、投资银行、信用卡机构等,并购总金额大约为700亿美元。并购使得花旗的产品线和经营范围急剧扩张,但是,频繁的并购同时也对集团管理能力形成严峻的挑战,特别是投资银行部门,因此在2002年至2004年间出现了安然事件、美国电话电报公司误导性评级、非常规交易、协助洗钱等丑闻,严重影响了花旗集团的信誉和整体形象。出于对这些问题的反思,花旗也逐渐对快速的大规模扩张战略进行调整。

第二阶段是2004年至2007年的调整优化并购期:为了巩固已经取得的市场地位,减少合规性风险和严重的信誉损失,2004年,花旗提出了新的发展战略,明确提出要对以大型并购交易推动业绩提升的业务发展模式进行调整,集团将战略转向以注重效率、优化结构和强化管理为特征的稳健增长战略,将更加突出核心业务、优化经营结构。2005年,花旗集团明确了未来几年业务发展的目标,即保持18%~20%的股东回报率,实现中高等程度的一位数收入增长率。集团的增长路径也由以往的大型并购转型为内生增长,增长模式由规模扩张转向突出核心业务。在此期间,花旗集团也没有完全停止并购步伐,只是并购规模较小、针对性较强,将并购方向转到高回报业务上来,如信用卡、消费信贷零售银行和企业银行等。

第三阶段是集团拆分、战线收缩期。受次贷危机的冲击,花旗集团损失惨重,在政府的压力下被迫分为花旗银行和花旗控股,以此缩减规模、回归核心业务、集中优势并降低风险。2008年至2009年花旗银行先后19次出售某些业务,进行拆分,2009年的组织结构重组也是为了配合拆分的需要。

直到目前,花旗集团仍然保持商业银行、投资银行、财富管理等业务的多元化经营格局,为集团内交叉销售打下了基础。三个阶段并购和调整进程则体现了花旗集团在多元化策略的动态调整,从所收购对象的业务范围来看,主要集中在零售金融、信用卡、投资银行方面。

而旅行者集团一案则体现了先进、后出的动态调整策略。

随着经营环境的变化,花旗不断调整其组织结构、配合经济环境与经营战略的调整,由最初的三大板块(全球消费者金融业务、全球公司金融业务和全球资产管理)调整为2004年年末的五大业务集团(全球消费者金融部、全球企业金融及投资银行部、全球财富管理部、全球资产管理部、美邦私人客户服务以及国际业务部)。2007年,花旗进行组织结构重组,五大业务集团调整为全球卡类业务部、消费者银行部、机构客户部、全球财富管理部、公司和其他业务。

2009年1月,在美国政府的迫使下,花旗集团再次对组织架构进行调整,为了突出核心业务,重组后的花旗集团分为两个部分:花旗银行(Citibank)和花旗控股(Citi Holdings)。

客户资源和销售渠道是花旗集团交叉销售的优势所在。客户资源对于交叉销售来说是第一要素,而优质、广泛、高效的销售渠道则是交叉销售实施的最佳助推器。花旗集团广泛的客户群无疑为交叉销售奠定了最坚实可靠的基础。在花旗并购扩张史中,很多并购以丰富客户资源和销售渠道为目的,而多次的并购则是客户资源与渠道不断扩大和完善。

花旗的全球化战略通过"扎根式经营"(潘功胜,2008)将银行的全球化战略与各地区的地方经济紧密结合,自称"Global Local Bank"。在客户目标上,花旗不但关注大型公司客户,还充分重视当地中小企业和个人等零售市场,并根据不同的区域制定不同的发展战略。花旗全球消费者金融集团不但拥有广泛的客户基础,花旗信用卡业务也都居于国际领先地位,至2003年年末,花旗信用卡、转账卡和联名卡持卡人超过1.45亿人,这些客户群无疑是实施交叉销售的重要目标,信用卡也是交叉销售效果最好的渠道之一。花旗集团的全球公司及投资银行部(GCIB)在全球固定收益业务、债券承销业务方面具有较强的竞争优势,2002年和2003年,其连续获得"全球最佳现金管理银行"和"最佳企业/机构网络银行",2007年被评为全美最佳网络银行。集团以"Citi"品牌统一各个业务条线,使客户资源做到集团共享,针对客户需求,跨业务实施交叉销售。通过消费者金融集团深化客户关系,向信用卡客户销售花旗的住房贷款,向特定的花旗财务(CitiFinancial)客户销售花旗银行的产品,向所罗门美邦客户销售住房贷款和花旗信用卡。

在交叉销售实施过程中,客户资源和渠道资源都是有形的,当然也是最有效的要素和动力,可以通过集团内生增长和外部并购来实现,这种实现是快速的、客观能见的,是交叉销售实施的必要条件,但却不是充分条件。

商业银行始终是实施交叉销售的核心,零售银行业务是交叉销售的重点。交叉销售需要一个平台汇集客户资源和销售渠道、优化流程,商业银行自然是首选。商业银行不但可以吸收存款获取资金,还可以凭借广泛的营业网点、客户资源,来销售投资银行、保险、理财、基金等产品,2009年年初,花旗集团资产负债表的三分之二都来源于客户存款,这是低风险高回报的资产。花旗集团通过花旗银行这个平台将商业银行、投资银行、财富管理、保险等业务汇集在一起,针对机构客户和个人客户实施交叉销售,尽可能增加集团收入。在商业银行业务内部,花旗银行坚持稳健发展存贷业务、大力拓展收费业务,使非利息收入也节节攀升。

零售银行业务尤其是交叉销售的重点,全球消费者金融集团的收益贡献占到半壁江山,再加上私人客户集团的收益贡献,花旗集团对个人客户的银行服务收益达到近60%。尤其是银行卡和按揭贷款等具有"客户黏性"的产品,是花旗集团发展的重点,其信用卡业务占到全球消费者集团总收益的1/3。在客户目标定位方面,花旗由高端客户逐渐过渡为更加亲民的市场定位,在继续巩固高端客户的同时,不断向中端市场甚至新型市场的低端客户延伸。

资源获取只是交叉销售的一个必要条件,而不是充分条件。要使交叉销售的业绩提高并为集团带来切实的利润,还需要部门间、业务间的协同效应和相互配合,而这些都是无形的、难以直接考察的企业核心能力,但却是交叉销售是否能成功的关键。从现实上看,这也是最难以实现的,需要长时间摸索磨合并不断调整。

花旗集团一贯追求"金融超市"模式的全功能银行发展模式,在集团内部尽量铺设品种齐全的产品线,实施集团内部多元化经营,以此来服务于客户的多元化需求。无可厚非,这种模式下可挖掘的交叉销售潜力巨大,但是对集团的管理能力形成较强的挑战。通过并购迅速获得的业务,需要在组织、管理、流程上不断协调,优化设置才能实现资源共享和协同效应,交叉销售才能从可能转化现实。然而,这样的过程是缓慢的,在天时、地利、人和方面的要求更高。从花旗银行和旅行者集团并购案的始末可见这个过程的艰难。

1998年,花旗与旅行者合并案不但是美国有史以来最大的一宗并购案,而且直接推动了美国《金融服务现代化法案》的出台,彻底结束了美国分业经营、分业管理的金融制度。合并后的花旗集团的保险业务分为两个部分:财产保险以及意外保险业务;人寿保险及年金业务。后者地位更加重要,尤其是年金业务于2004年占到保费收入的80%。

此次合并是看重了二者之间的产品互补和可以挖掘的交叉销售潜力:花旗集团有着广泛的客户基础和销售渠道,但在保险方面却缺少自己产品;旅行者集团拥有多银行的保险和年金产品,但却缺乏像商业银行那样的销售渠道。

在花旗公司和旅行者集团合并之际,花旗集团董事长Sandy Will致辞:"二十世纪八九十年代,花旗集团促进创造了一种未来金融服务的典型模式,那就是集金融产品的生产和销售为一体。"

表5-1 花旗与旅行者的优势互补

单位:亿美元

项目	花旗公司	旅行者集团
消费者金融		17
企业贷款	12	
信用卡	69	
投资服务		21.5
投资银行	16	
交易	25	
人寿保险		4.4
私人银行	11	
财产保险和意外保险		9.9
银行零售业务	6	

资料来源:"Citygroup-Just the Start". Business Week, Apr. 20, 1998

从表5-1可见,花旗公司和旅行者集团具有优势互补的可能:花旗银行的优势在消费者金融领域,是全球发行信用卡最多的银行;旅行者集团的优势在保险和资产管理方面。二者通过合并可以为花旗集团注入优质的保险产品线,将花旗的商业银行业务与旅行者的人寿保险、年金、投资等业务结合起来,可为客户提供综合化、个性化的财富管理规划,发挥多元化金融控股集团的综合优势。

在合并后的数月里,通过花旗银行分销渠道销售的旅行者公司的年金为集团带来了 7.5 亿美元的收入。就旅行者集团来说,通过花旗的分销渠道销售年金和保险,可以降低成本,提高销售的盈利能力。但是,进一步的整合却未能如愿以偿地顺利进行,原因如下。

第一,"双巨头"的管理模式为两大集团的整合增加阻力。花旗银行与旅行者集团合并后采用"双巨头"方式管理,从合并后花旗集团的首席执行官到各主要部门的建立都是由原花旗银行和旅行者集团平等掌权的,由于双方为争夺领导权进行的斗争导致合并后集团一体化竞争进展缓慢,影响了金融产品的交叉销售,也影响了公司互联网战略的实施。

第二,保险业务的专业性给并购后的进一步整合增加难度。花旗集团通过并购将旅行者集团的保险生产环节和销售环节一并获得,但必然注定花旗集团的银行业务与保险业务采取分线管理的策略,难以做到像欧洲银行业那样前、中、后台充分融合,显现出并购获得与集团内生增长业务融合程度的差别。

旅行者集团并入花旗集团之后,保险业务在集团组织结构中的定位几经变迁。详见表 5-2。

表 5-2　旅行者在集团组织结构中的变迁

时间	内容	策略目标
1998 年合并之初	• 将保险的生产环节——旅行者财产保险业务和泛美金融服务隶属于消费者金融集团	• 以消费者金融集团的零售客户为主要目标客户群 • 将保险的生产和销售两个环节进行分线管理;销售环节分布于消费金融集团、全球投资管理与私人银行业务部门
1999 年至 2002 年 3 月	• 人寿保险及年金部、旅行者财产保险业务并入旅行者保险公司,从事财险、寿险、年金业务的生产环节,在组织结构上隶属于全球资产管理部 • 泛美金融服务隶属于消费金融集团	• 将保险业务纳入资产管理部进行专署管理,使客户对象更加多元化,如公司客户等
2002 年 3 月至 2005 年 1 月	• 分拆旅行者财产及意外保险公司 • 仍使人寿保险和年金部门隶属于全球资产管理部	• 退出财产及意外险业务,将保险的业务领域收缩到寿险和年金范围
2005 年 1 月	• 将人寿保险和年金部门出售给大都会保险公司	• 基本退出保险业务的生产环节,但仍以分销的方式提供保险产品

虽然保险业务在花旗集团的组织机构定位几经变迁,但仍然没有切实实现银行与保险的融合,如和银行渠道相关的信用保险(包括与信贷业务相关的抵押贷款保险、卡类保险、循环贷款保险等)始终增长有限,2004 年,仅占保费收入的 4%。在销售渠道和客户管理方面,

二者的协作范围受到局限。

第三,未充分发挥花旗集团的渠道优势。虽然旅行者人寿保险及年金借助了花旗集团遍布全球的销售网络,但是却未曾建立"一对一"完全排他性的合作关系,而是运用一切可用的资源,包括外部资源进行产品的分销。2004年,旅行者人寿及年金业务的内部分销渠道所占的销售份额为69%,其中包括CitiStreet(27%)、泛美金融公司PFS(17%)、美邦Smith Barney(16%)、花旗银行Citibank(9%);而外部分销渠道所占销售额达31%。人寿保险和年金的客户对象也主要定位于上述渠道的高端客户(如CitiGold),对其他零售客户未能充分挖掘。

第四,保险业务对集团的利润贡献度始终有限,使花旗集团失去了进一步整合的动力。1998年至2004年期间,保险业务在集团利润中的比重始终未突破0.85%(见表5-3)。2004年,旅行者人寿的总收入是52亿美元,每股收益17.3%,低于银行业23.5%和投资银行业30.9%的收入水平,且保险业的专业性较强、盈利波动大,难以与其他金融业务有效融合。因此,花旗在2005年出售了几乎所有的保险业务。

表5-3 1998年至2004年保险业务在花旗集团的比重

单位:亿美元

项目	年份						
	1998	1999	2000	2001	2002	2003	2004
保险业务净收益	0.59	0.70	0.76	0.87	0.62	0.75	1.1
集团净收益	70	112	135	141	153	179	170
保险业务所占比重	0.84%	0.63%	0.56%	0.62%	0.41%	0.42%	0.65%

资料来源:花旗集团公开的各年年报

在剥离旅行者保险自营业务之后,花旗董事长Sandy Will又提出:"对于像花旗集团这样的大型全球性公司而言,分销渠道是更具能量的资产,能够比制造金融产品产生出更高的潜在回报。正是由于上述原因,全球金融的发展模式更多地倾向于分销渠道……,事实上,全球金融产业至今还没有,以后也不会也有一种固定不便的模式,任何模式都在与时俱进,随情况发展不断发生新的变化……"

花旗在将旅行者人寿剥离之后,并未停止保险产品的销售,而是与大都会保险集团就后者产品在花旗网点销售事宜签订了为期10年的协议。其交叉销售模式虽然从集团内部回到了交叉销售协议模式,但降低了花旗经营保险的风险,增加了代理费等中间业务收入。虽然花旗集团退出了保险产品的生产环节,但对客户来说并没有实质的影响,客户仍然可以在花旗的金融超市购买包括保险业务在内的一揽子金融产品。

次贷危机后,花旗集团的拆分体现了多元化边界的收缩。次贷危机中,花旗集团受到重创,其损失的主要来源是复杂结构性金融产品资本市场交易的减值损失。其原因是花旗集团违背了"承销—出售"的经营模式,在高利润的诱惑下承销了大量CDO,并以投资者的身份持有。次贷危机的严重后果直接导致了花旗集团的拆分。

其实,早在次贷危机之前花旗集团已经开始调整其多元化边界,次贷危机只是一个使问题暴露无遗的契机。危机前,虽然花旗的净利润较高,但其资产回报率和净资本报酬率表现并不出色,反映传统业务盈利能力的净息差水平与同业相比也没有优势。这在一定程度上反映了花旗的多元化仅为外延式扩张,缺乏对业务条线的整合,对其核心的商业银行业务也没有足够的重视。而且机构规模过大,也导致了规模不经济和范围不经济。国际化的扩张路线也并没有给花旗带来应有的利润回报,除了在墨西哥市场之外,很多其他市场上仅能勉强盈利甚至面临亏损。次贷危机不过是个导火索,将花旗长期实施快速扩张、忽略核心业务的多元化模式的缺陷暴露无遗。

在次贷危机中,花旗集团内部的各条线之间的风险相关性增强,抵消了多元化降低风险的效应,如财富管理一向是其优质业务线,但由于其中包含了对冲基金这些另类投资产品交易,当花旗的另类投资部门遭受损失时,财富管理部门为了帮助客户规避损失紧急出售头寸,结果仅此一项便导致 2.5 亿美元的减值。

复杂的多元化条线,逐步使花旗集团丧失效率,且难以获得期望的协同效应,回归核心业务、收缩多元化边界是其必然选择。2009 年在政府的敦促下,花旗银行被迫一分为二:花旗银行保留了该集团在 100 多个国家的传统银行业务;花旗控股则收纳了一些"非核心"的资产管理、消费金融业务和经纪业务等,主要包括 CitiFinancial、Primerica 金融公司以及花旗在日本的子公司——日兴资产管理公司。花旗下辖的 Smith Barney 财富管理部门,目前已有 51% 的股份分别卖给摩根士丹利、花旗德国分行、日本控股公司和商业信贷部门。同时,花旗正筹划将人寿保险公司 Primerica 分拆上市。自 2007 年年底到 2009 年年底,花旗已经实施了 35 项的资产剥离,资产减少了 3 510 亿美元,降幅近 40%。

【案例评析】

第一,成功的组织模式和销售模式没有统一标准。从花旗集团案例可以发现,"大而全"地铺设产品线,拓展多元化经营范围并非交叉销售的上上之选。花旗最终出售旅行者和集团拆分的行为就是对这种策略的调整:集团内部产品线设置从"大而全"转向"少而精"的核心业务;集团经营目标从单纯地强调经营多元化过渡到提高效率、增加收入上来;集团经营模式从强调产品内部化生产过渡到外部产品分销。也就是说,并非集团生产的产品越齐全、内部化程度越高的交叉销售模式更先进,退出保险生产环节、保留保险分销的以退为进策略不失为一种灵活的选择。

第二,产品、集团发展沿革对交叉销售模式的选择将产生重大影响。在花旗集团内部,商业银行、投资银行、财富管理等核心业务间的互动较好,兼容性较强,因而以集团内部化经营的模式实施交叉销售,而保险业务因专业性较强等原因则选择了集团外部代销模式。但这种选择并不具备普遍意义,不同的集团发展沿革对交叉销售的模式将产生不同影响,花旗集团难以实现的银行保险一体化在欧洲的银行保险集团却正在进行。可见,不同机构交叉销售模式的选择不同,而同一机构也可以同时存在不同的交叉销售模式。

第三,比较而言,利用渠道优势的交叉销售更容易实现。通过并购实现业务多元化仅仅是为未来交叉销售的增长提供了可能性和基础,而现实的交叉销售业绩是否能够如愿以偿地提高,则取决于机构、流程的全面整合,而这恰恰是最困难、最难以实现的。相对来说,利用渠道优势实现交叉销售更容易实现,更容易计算收益和成本,对机构管理、协调的要求更低。

【案例讨论】

1. 花旗集团与旅行者集团合并与拆分的原因是什么？
2. 对比富国银行与美联银行并购，分析两次并购的动因、结果和背后的原因。
3. 花旗集团在次贷危机后的并购与拆分如何？
4. 试分析我国金融市场中大的并购案，如中国平安收购深圳发展银行。

第6章 货币供给与货币需求

案例1 "直升机撒钱"

【案例内容】

1. "直升机撒钱"的由来

诺贝尔经济学奖得主米尔顿·弗里德曼,在长期观察世界经济运行周期的规律后,于1969年提出一个非常勇敢的策略:"直升机撒钱"。他在著作《The Optimum Quantity of Money》里是这么描述的:想象一下,有一天一架直升机飞过你住的社区,天上掉下来1 000美元。当然,居民们会把钱捡走。每个人都相信这种事百年一遇,可能有生之年再也不会遇到了……

当然,这还停留在幻想阶段,但是越来越多的经济学家、政治家意识到这种手段的有效性和必要性!

纵观人类社会10年以来的发展动向,各种迹象已经反复证明一件事:全球经济已经遇到了一个奇点,这个奇点是300年以来的资本主义制度导致的,它已经不是一个政策能够解决的。

放眼四周,如今全世界的经济体都陷入了一个恶性循环,即每当出现经济危机时,政府就发行货币,或者刺激经济流通,企图提升消费需求。最典型的就是美联储的降息、日本的安倍经济学、欧洲极度宽松的货币政策、中国的降息降准和货币超发等。

自2008年美国爆发金融危机以来,全球央行一共已降息637次,美国银行数据估计目前全球已有4.89亿人口生活在负利率国家!然而事实一再证明:量化宽松并不是灵丹妙药,而且它们的有效期越来越短,就像服用兴奋剂一样。甚至这些手段并不能跳出经济的恶性循环,只能使循环加速。

2. "直升机撒钱"又被提起

"直升机撒钱"这一概念,近期又被英国金融服务监管局前主席阿代尔·特纳(Adair Turner)在他的著作《债务与魔鬼之间》(Between Debt and the Devil,2015)中推崇。它还得到了其他一些重量级人物的认同,包括债券之王比尔·格罗斯(Bill Gross),甚至各国央行行长,如美联储(Fed)前主席本·伯南克(Ben Bernanke)和欧洲央行(ECB)行长马里奥·德拉吉(Mario Draghi)。

没有人真的设想钞票会从直升机上洒下来。他们真正的想法是,在经济衰退时期,政府应以一种能直接刺激私人部门支出的方式来扩大开支。而对政府所需资金进行融资的理想模式是发行纸币,纸币不用支付利息,也永远无须偿付。这是"直升机撒钱"的设想为什么具有吸引力的原因所在。

但是,即便那些捡到钞票的幸运者直接走进酒吧庆祝他们的好运,酒吧老板也会在一天营业结束时将现金存回银行系统,最终这些钞票将回流至央行的金库。家家户户不会因为直升机撒钱而在钱包里多装几张钞票,店铺不会因此在它们的收银机里保留更多的现金,银行也不会因此在它们的分行留存更多的纸币。

支持直升机撒钱的人似乎认为,以这种方式进行的政府举债并不真的做数——要么因为纸币是不可兑现的,不会真的增加任何人的债务;要么因为这些钱是通过央行输送的。马斯特里赫特条约规定的欧盟成员国政府赤字上限——由欧盟委员会(European Commission)整理——在计算中并不合并各成员国央行的资产负债表。

与之形成对比的是,英国政府债务总额的官方数字确实包括英国央行(Bank of England)的资产和负债(同样纳入统计的还有资产购买计划的数据,该计划持有英国央行以"量化宽松"名义购买的3 750亿英镑英国政府债券)。

假如你到现在还没有被搞糊涂,那么试图了解欧元区成员国央行在欧洲央行的各种正负账户余额与此有何关系,或者了解欧洲央行因把可疑抵押品纳入资产负债表而最终会遭受的亏损将如何入账,一定会让你头昏脑胀。

所有这些谜团来源于有关央行永远不会资不抵债的信念,因为它们总是可以开动印钞机,而纸币除了可以交换另一张纸币以外,与其他任何东西都不可交换。但事实上你可以通过用纸币缴税的方式兑现纸币;而且如果央行印刷的纸币过多,纸币将失去价值。

当假象被拨到一旁,真相再次变得清晰:直升机撒钱本质上是依靠短期借款融资的赤字财政。这也凸显了"直升机撒钱"计划支持者的一大目标:以更简单的方式说服政治人士和民众支持一项他们不会赞同的计划。非常规货币政策是时髦观念,凯恩斯主义的财政扩张已经过气,尽管这两者本质上是一回事。

3. "直升机撒钱"与恶性通胀

"直升机撒钱"通常与恶性通胀的意外联系在一起。在过去300年全球56次恶性通胀的案例中,Hanke和Kurs发现恶性通胀都是在极端的条件下产生的:战争、治国不善、从计划经济到市场经济转变等。相比之下,发达国家和发展中国家随着时间的推移广泛使用的货币融资却从未以恶性通胀告终。

1951年,美国《财政部和联邦储备系统协议》发布运行固定长期国债收益率的政策,扩张或收紧外在货币取决于私人部门对这些工具的需求。1975年前的40年,加拿大一直使用自由浮动汇率下的货币融资,从来没有产生灾难性的宏观经济影响。而印度直到2006年才开始债务货币化。当然例子还有很多,据IMF分析的152家央行的法律框架显示,有101家央行在2012年准许货币融资,但这并不是说"直升机撒钱"是令人向往的政策。

4. 小结

因为"直升机撒钱"的市场影响未知,通过债务注销,央行手中政策工具选择更少,而与直接财政扩张相比,"直升机撒钱"带来的经济益处微不足道,因此不清楚为什么政策制定者会选择"直升机撒钱"这条路径。也许真实的教训是货币政策有其局限,当经济增速下滑的时候，提升需求最好还是通过财政来支持，而非货币政策。新的财政扩张需要配合额外 QE 这种形式的支持。

因此，一旦我们理解货币是如何运作的，"直升机撒钱"就很好理解。"直升机撒钱"潜在的经济、货币和财政效果看起来和配合额外 QE 的常规财政扩张效果一样。我们可以说，英国、美国和日本实际上已经经历了"直升机撒钱"。但很难说欧元区的情况也是这样，因为欧元区包含着多个政府机构，他们不是一个货币主权。事实上，欧元区的情况更为复杂。

【案例评析】

用伯南克在"救市辩护"讲座中的话语背书，"直升机撒钱"就是在恐慌时期，中央银行应当大量放款，保持金融系统的稳定，保持金融系统的资金流动性。

"直升机撒钱"的理论与实践，从更宽泛的视野来说，可以理解为 20 世纪 70 年代以来，央行所执行的一般的温和通货膨胀政策与危机时刻的救市放水，也就是撒钱注入实体经济。

1. 在"信用阶梯"上撒钱加剧不平等

实际上"直升机撒钱"并不是随机的，它是在信用阶梯上撒钱。央行"直升机撒钱"，主要通过"央行—金融系统"传导，其中银行贷款是传统的重要渠道。

那么，央行撒钱给银行，银行是按什么标准来撒钱的呢？银行贷款给客户，不是按照概率来分布的，而是按照信用来分类的。银行对公司客户一般都有评级体系，对个人消费者，比如信用卡持有者也有评分。

稍经研究即可发现，公司客户的信用等级和其财务负债表、现有财富状况紧密相关。而银行对个人客户的评分也是和个人的现有财富状况密切联系的。

在个人贷款方面，大多数银行都会避免让特别贫困的人贷款，因为它们害怕违约率过高，而且小型贷款所支付的利息，还不够弥补筛选和监控借款人所产生的成本。对女性而言，性别歧视的存在，让她们更难获得贷款。在中国，以"中"字头为代表的国有企业，因其特殊的国有企业身份，被广大的银行争相放款。"直升机撒钱"在信用阶梯上加剧了财富分配的不平等。

2. 央行是正义和与专家相结合的天使吗？

如果将"直升飞机"理解为是央行、金融机构及从业人员，他们是正义与专家相结合的天使吗？有没有理性局限和个人私利？

专家运用货币政策操控经济周期，与计划经济的思维有共通之处。我们要记住，"格林斯潘"们也会错，他们不是神秘的天使，应该限制中央银行相机抉择的权力。

央行的领导者往往在"旋转门"之间转换身份。他们既是政治动物，也都是经济动物。这就是一个圈子，很多官员都直接或者间接地与金融业有瓜葛，而他们却被要求去为金融业（他们自己的行业）制定规则。当负责为金融部门设计政策的官员都来自金融部门内部时，我们又怎么能指望他们来提出什么明显有别于金融部门自己想法的观点来呢？

当个人财富和未来工作的保障都依赖银行表现的好坏时，那他会更易于附和这样一种观点：对华尔街有好处的对美国就有好处。

3. "知识阶梯"上的信息不对称

对于公众，每一个经济市场的参与者不是同一时间知道"撒钱"，也不是同等了解"撒钱"的知识，我们可以把市场参与者了解信息的先后、知识的多少，也就是信息不对称的分布情况,称为"知识阶梯"。

在这样一个阶梯上面,央行居于顶端,金融系统次之,而有理财顾问的10%富人紧随其后,接下来便是有一定知识结构和闲暇时间学习的中产阶级,而金融知识匮乏且金融专注度较差的一般民众可能就要居于末端。

总结而言,传统货币传导机制分配非中立,"直升机撒钱"加剧了不平等,将导致在信用阶梯上富人更富,穷人更穷,也将产生"越靠近金融越赚钱"的现象,也就是人才、知识、资源的过度配置。那么如何来实现给每个人发钱的构想呢?

4. "给每个人发钱"的构想和好处

与其通过传统的"银行—金融系统"的货币传导机制,不如直接"给每个人发钱",也就是建立"央行—个人"的直接传导机制。

"给每个人发钱",要有严格的程序,也就是经国会或人大(一国最高的民主程序,甚至是全民公决的方式)事先授权,一国央行每年例行或在经济危机爆发时,给一国的公民或经过民主程序指定的公民群体的金融账户直接发钞。

每年例行发钞的额度可以考虑弗里德曼曾经提出的以GDP的3%~5%为限。如果我们从另一个角度,从世界银行近期调整的贫困线标准出发,每人每日生活费1.90美元,那么一年约693.5美元,按汇率6.4折合约人民币4 438.4元。建议在普通年景,考虑将发钞额度定在GDP的3%或以下;在经济危机时,可以在一国的最高民主程序中考虑追加额度,到5%。

这是乌托邦的构想。给每个人发钱的好处有哪些?"给每个人发钱"可以打破传统货币发行传导机制中银行的顺周期行为,可以不理会银行业的"惜贷",解决货币政策的"时滞",直接解决中低端阶层的"消费不足",从而刺激经济,真正摆脱全社会的"流动性陷阱"。

有了"央行—个人"的货币发行传导机制,人们大可以放心地放弃银行、金融机构"大而不倒"的观念,放弃"沉没成本"拯救倒闭银行与其从业人员等概念。被弱化独占地位的金融系统,将不得不建立足够的"风险意识",从而避免金融机构对赌、倒逼央行出手相救。

给每个人发钱后,整个社会就有了流动性。每个人的消费,便是一张对市场企业优胜劣汰的"投票"。这个投票会使有市场销路的企业迅速获得现金。这个投票应该比信贷审核更直接。

在"央行—个人"传导机制下的"给每个人发钱",是直接浇灌在中低层的"及时雨",使中低层拥有实际的消费能力。"给每个人发钱"可以是凯恩斯的财政"挖掘窟窿"之外另一个有效的、直接的刺激消费的工具。

央行直接"给每个人发钱",可以弱化"在信用阶梯上撒钱",信息简单化也可以降低金融"知识阶梯"上的各参与者之间的信息不对称。从正义论的角度,"给每个人发钱"也就是在货币发行的分配上尝试靠近"无知之幕"。

【案例讨论】

1. "直升机撒钱"的本质是什么?
2. 如果将"直升机"理解为央行、金融机构及从业人员,他们是正义与专家相结合的天使吗?有没有理性局限和个人私利?
3. 每一位经济市场的参与者是不是同一时间知道"撒钱"?捡钱的信息与知识是否每

一个个体都可以获得？

4. 如何构建科学合理的货币供给机制？

案例 2　中国货币之谜

【案例内容】

货币、物价和生产之间的关系是货币经济理论中最重要的问题之一。不仅在于其对实际货币政策的巨大指导价值，还在于其理论本身中一些关键命题的争议和不确定性，这是几个世纪以来货币理论不断发展和繁荣的动力。我国不少经济学者以我国货币供给量与国内生产总值的比例过高为由，认为我国货币当局投放了过量货币，可是在中国的经济中没有货币超发造成严重通货膨胀的现象。

1. 什么是中国货币之谜

自 20 世纪 90 年代开启货币化进程以来，我国的广义货币总量 M_2 一直呈现出逐年上涨的趋势，甚至在很长一段时间里出现了加速增长。其中在 2000 年以前，M_2 虽然每年都经历了高速增长，但是总量并不庞大。在 2000 年年初，人民银行公布的广义货币为 12 万亿元，然而到了 2008 年年末，这一数值激增到了 47.5 万亿元，除了 2000 年当年 M_2 的增长率低于 15%，为 12.3% 以外，其他年份的增长率均高于 15%，年平均增长率为 16.5%。2009 年，为了应对美国金融危机对我国实体经济造成的冲击，人民银行主动向市场注入流动性，当年 M_2 的增长率更是高达 27.6%，从 47.5 万亿元猛增到 60.6 万亿元，创下了历年广义货币增量的最高水平。之后几年，虽然 M_2 增速有所放缓，但是面对已经十分庞大的广义货币存量，每年的 M_2 增量仍然保持在较高水平，到 2014 年年末广义货币数量为 122.8 万亿元，平均每年增加 12.4 万亿元，与其他大型经济体相比，不论是 M_2 总量还是 M_2 增量，我国都位于最高位。

我国广义货币除了数量庞大之外，还有一个引人注目的特征，即与国内生产总值的偏离不断扩大。从 1996 年 M_2/GDP 比值首次超过 1 开始，到 2003 年，这一数值不断处于上升趋势，直至 2003 年年末已经到达 1.62，这在世界范围内亦是较高水平。虽然进入 2004 年之后，M_2/GDP 一直稳定在 1.6 上下，其中 2006 年至 2008 年甚至出现了连续 3 年的下降，到 2008 年年末 M_2/GDP 为 1.5。但是，随着 2009 年人民银行巨量流动性的注入，当年 M_2/GDP 升到 1.75，之后伴随着持续宽松的货币政策，截止到 2014 年年末，M_2/GDP 已经到达 1.93，位列主要经济体第一位。

根据欧文·费希尔提出的现金交易方程式 $MV=PY$，在货币流通速度相对稳定的条件下，由于消费体系和交易习惯等长期因素，在均衡市场（包括货币市场的均衡和商品市场的均衡）理论上，货币供给增长率应该等于产出增长率和物价水平增长率之和。如果前者大于后者之和，则表明存在一种加速货币供应，研究人员称之为"超额货币"。相反，这意味着货币供应率较低，或有一定的资金短缺。根据货币主义的长期中立性，货币供应过剩最终将表现为价格水平的上升，这对实际产出没有影响，换句话说，货币供应过剩必然导致与其水平相对应的通货膨胀。然而根据统计局网站上显示的数据从 2000 年到 2014 年，除 2007 年和

2008年出现少许的需求拉动通胀外,其余年份均没有出现通货膨胀高企的现象,并且由统计局公布的通货膨胀口径中食品类项目占到30%上(张成思,2009),如果单从非食品类价格指数来看,国内的通货膨胀率将进一步降低,这就形成了高M_2/GDP,高流动性和低通货膨胀共存现象。简单来说就是中国货币供应量的持续快速增长为什么没有造成市场的恶性通货膨胀?这一问题由易纲较早提出,后被著名经济学者麦金农称为"中国货币之谜"。

2. 两个关于广义货币供应量M_2的基本问题

(1) 中国巨大的M_2是如何"释放"的?

货币供过于求的压力持续加大,货币超支的压力伴随着当前的经济金融体系。银行贷款的快速扩张是我国近两年M_2快速扩张的主要原因。当前特定的政府体制和经济金融机构安排造成政府在高增长偏好的背景下制定了巨大的经济刺激计划,因此最后造成了银行贷款的快速扩张,释放出了大量的M_2。

现行中国外汇管理制度下的外汇储备逐年的刚性增长,是货币持续超发的另一个关键因素,外汇储备的持续增长与现行经济金融制度密切相关。我国自2011年年底以来,外汇储备的增长率虽然有所下降,但是绝对值依然在上升。

(2) 我国巨量的M_2流向何方?

非货币资产市场的"蓄水池"效应使巨额资金流入了房地、基建、股票市场。

虽然房地产泡沫可能造成巨大风险,例如香港发生过房地产泡沫危机,对经济造成了极大影响,但由于各个地方政府对土地金融的依赖,导致中央政府对房地产市场的调控措施难以落实,相当一部分居民仍看好房地产市场,因此房地产市场在很大程度上吸收了大量的超发资金。随之带来的是房地产的价格走高,引发了房地产业高水平的通货膨胀现象。近年来,随货币超发,即使国家出台了多项政策调节房地产市场价格,房价上涨的压力也没有得到明显缓解。

大量超发货币通过地方政府的融资平台,进入了低风险收益的基础设施项目和高风险收益的国有资本经营项目,减缓了货币流通的速度,进而也接收了大量超发货币,有利于降低市场的通货膨胀。

随着2008年熊市以来,股票市场渐渐迎来寒冬,因此股票市场的"蓄水池"作用已经减弱,但它仍然吸收了一定数量的超发货币。在金融危机期间,股指单向下跌,导致投资者心理预期逐渐发生变化,伴随着之后连续近半年的股价波动,投资者对股票市场丧失了信心。财富的迅速缩水开始引起投资者的心理恐慌,由于投资者判断其财富将在股票市场进一步贬值,因此他们抛售了股票。投资者集体抛出股票会进一步加剧投资者的恐慌情绪,导致股票加速下跌。货币量表现为流通市值随之迅速下降,资金已从股市撤出进入实体经济。即使我国整体经济运行状态良好,但由于我国股市出现的不规则性震荡,投资者只能盲目趋同于股价的涨跌进行不合理的操作,而不是通过上市公司对自身业绩进行详细分析。

因房地产市场、股票市场等非货币资产市场都有一定的"蓄水"能力,有利于吸收超发的货币,并缓解过多的流动性对商品价格上涨的影响,可以充当超发货币对物价上涨的"减速器"。

【案例评析】

自2000年,基本抛弃了货币化进程理论之后,国内学者对于这个问题的解释可以大致分为 3 个方面。

1. 高储蓄率与"中国货币之谜"

在"中国货币之谜"的相关研究中,通常以 M_2/GDP 比率作为研究对象,原因在于我国 M_2/GDP 比率的不断上升与传统货币数量论的研究结论存在矛盾。传统货币数量论认为货币具有交易的便利性和安全性,经济主体为交易而持有货币,因此存在货币数量方程 $MV=PT$,其中 M 是一定时期内所流通的货币数量,V 代表货币的流通速度,P 为商品平均价格,T 为交易数量。出于测算便利性等原因,通常用实际产出 Y 替代交易数量 T,在 V 稳定的假定下,货币存量(M)与物价总水平即通胀率将保持一致,货币供给过多必将引发高通胀。"中国货币之谜"的相关研究中通常使用的货币数量指标 M_2 与传统货币数量论中所定义的货币职能(M_1)存在差异,传统货币数量论假定货币只具有交易媒介作用并且金融机构不存在货币创造功能,而 M_2 同时行使了资产性货币和交易性货币的两项职能,并且存在银行等具有货币创造职能的金融机构。余永定(2002)通过构建一个包含有银行、企业、家庭 3 个部门的经济模型,解释了传统货币数量论假定与真实经济运行之间的差异。他认为 M_2 中包含的储蓄资产(准货币)并没有进入货币流通领域,储蓄资产(M_2-M_1)的上升导致 M_2/GDP 比率随之上升,这与传统货币数量论并不矛盾。

我国不断提升的储蓄率是造成"中国货币之谜"的重要原因。近 20 余年里,我国储蓄率的不断上升,提升了经济主体所持有的资产性货币,进而导致了"中国货币之谜"。曾令华(2001)认为,储蓄率的差别是造成中国与其他国家 M_2/GDP 比率差异的重要原因。近些年来,随着储蓄率的不断上升,我国已成为世界上储蓄率最高的国家之一,而银行存款是我国储蓄资产的主要形式,因此储蓄率的上升提升了我国 M_2/GDP 的比率。曾令华进一步对比了中国与其他国家储蓄率、M_2/GDP 比率的差异,印证了这一观点。总的来说,由于我国储蓄率的不断上升,经济主体持有的货币资产不断增加,新增的储蓄资产以资产性货币的形式保存了下来,并没有进入货币流通领域,所以 M_2 的快速增长并没有引起相应的通胀。

不断上升的储蓄率提升我国 M_2/GDP 比率的逻辑包括两方面的内容。首先,我国储蓄率不断提升改变了经济主体所持有的资产总量。学者们已经对我国储蓄率不断攀高的原因进行了广泛深入的研究,如王海燕(2008)等,这一内容并非本文重点,此处不再赘述。其次,在现有制度下,资产持有者偏好以银行存款的形式保有其储蓄资产,不断上升的储蓄率带来了 M_2/GDP 的不断上升。

2. 金融抑制与"中国货币之谜"

现代货币理论认为经济主体在多种金融资产中选择其资产持有形式,并且各种金融资产之间存在着相互的替代关系。MQ/GDP 的不断上升说明我国居民和企业选择储蓄资产类型时偏好持有准货币而非其他金融资产。我国金融市场不完善,金融投资渠道窄是居民偏好准货币资产的重要原因,金融抑制强化了经济主体的资产性货币需求,进而导致了"中国货币之谜"。

发展中国家普遍存在明显的金融抑制现象,如发展中国家通常具有不完善的金融市场和相关制度法规,导致资本不能自动顺利地流向利润率高的经济部门,资本配置效率低下。同时,发展中国家的政府往往倾向于对金融部门进行过多干预,如控制汇率、利率等,这又导致了资本配置的扭曲。金融抑制也是经济转型时期我国金融体系的重要特征,主要表现为金融市场发展的滞后以及政府对市场准入、利率和资金规模的三重管制。

首先,金融抑制背景下的融资约束提升了资产性货币需求。按照 Mckinnon(1973)提出的"最优货币化理论",发展中国家的金融市场往往无法起到资金融通的作用,受到融资约束的企业不得不用自有的货币去投资,存在"自我融资"的现象。这一论述与改革开放以来我国的实际情况基本相符。彭方平、连玉君(2013)认为融资约束是造成"中国货币之谜"的重要原因,他们建立一个非线性面板转换模型,采用1999年至2007年间中国工业企业数据库的数据对我国工业企业的持币行为进行分析,结果表明:(1)我国企业货币需求普遍存在规模不经济,受融资约束的影响,中小企业有着更高的货币需求规模弹性,中小企业数量占比的快速上升造成了货币需求的快速上升;(2)我国企业存在着显著的非对称卡甘效应,通胀达到一定程度之后,才会对货币需求产生负向影响,20世纪90年代后期以来,持续稳定的通胀加强了经济主体的持币愿望。此外,融资约束同样影响着家庭部门的资产性货币需求。

其次,金融抑制背景下的投资渠道缺失增加了财富持有者的资产性货币需求。曾令华(2001)认为"中国货币之谜"是我国经济主体对其资产形式选择的结果。长期以来我国居民保持着较高的储蓄率,居民只能以银行存款的形式保留其新增储蓄资产。储蓄存款的不断增加造成了 M_2/GDP 比例的不断上升。甘犁等(2013)通过"中国家庭金融调查"数据发现,银行存款仍旧是我国居民的主要金融资产,占居民金融资产的57.8%,其次是现金和股票,分别占17.9%和15.45%。长期以来我国居民的资产结构变化不大,居民不断积累的储蓄存款造成了 M_2/GDP 的持续上升。

因此,金融抑制是造成我国 M_2/GDP 持续上升的重要原因,一方面融资约束提升了企业等投资主体的资产性货币需求,受融资约束的企业比率上升进一步提升了 M_2/GDP 的比率;另一方面,投资渠道受限提升了财富持有者的资产性货币需求,我国居民不断积累的储蓄存款也在提升 M_2 与 GDP 的比率。

3. 金融创新与"中国货币之谜"

经济发展过程中必然伴随着金融创新,金融体系效率提升、可投资金融资产增多都会对货币需求产生影响。首先,金融创新可以降低金融市场所受的限制,从而减弱实物投资部门所受到的金融约束,并拓宽财富持有部门的投资渠道,降低经济主体的资产性货币需求。其次,金融创新主要通过拓宽投资渠道来影响财富持有者的货币需求。金融创新提供了更多可交易的金融资产,资产性货币需求将随之上升,交易性货币需求则相应下降。一般而言,金融市场发展初期,金融创新对货币需求的影响主要集中在交易性需求方面,表现为货币需求随着金融创新的发展而上升;只有当金融市场逐渐走向成熟,新的金融资产逐渐成为投资者重要的投资渠道之后,才会对货币资产起到替代作用。

自20世纪90年代以来我国金融市场发生了三项重要变革。第一,利率市场化进程,自1996年起,我国开始了渐进的利率市场化进程,按照先放开货币市场、债券市场的利率,再放开金融机构贷款利率,最后放开金融机构存款利率的顺序逐步推进,到目前为止,我国已逐步实现了债券市场、信贷市场、货币市场的利率市场化,仅存的管制就是存款利率的上限管制,下限管制已经放开,利率市场化进程已接近尾声。第二,资本市场发展,以股票市场和债券市场为代表的资本市场有了长足的发展,股票占金融资产的比重和直接融资的比率都在不断上升。第三,汇率制度改革,我国逐渐引入了有管理的浮动汇率制度,并逐步开放了资本账户,持有外汇资产便利性的上升拓宽了我国经济主体的对外投资渠道。金融市场的不断改革扩大了我国居民的资产选择和资产性货币需求,居民的货币持有也变得对利率更加敏感,因而也会对我国的货币需求行为产生深远影响。

我国金融创新主要集中在股票市场和外汇市场,在逐步开放并壮大的过程中,金融市场对我国货币需求的影响效果也在逐渐上升。然而金融市场虽然有了长足进展,其发展状况却仍然滞后,居民投资渠道依旧十分狭窄,这也导致了我国 M_2/GDP 比率持续上升。

【案例讨论】

1. 如何看待"中国货币之谜"?
2. 我国的 M_2/GDP 为什么偏高?
3. 试分析"中国货币之谜"的原因。

第7章 通货膨胀与通货紧缩

案例1 国民党政府后期的恶性通货膨胀

【案例内容】

　　1935年11月4日,国民党政府宣布实行法币制度。法币政策的实施,统一了当时全国紊乱的货币,对缓和当时金融危机、稳定经济起了一定的积极作用。但是,国民党政府以行政手段使法币的发行权完全集中于四大家族所控制的"中、中、交、农"四行手中,确立了四大家族官僚资本在全国金融界的垄断地位,并且,法币政策以法币作为流通中的唯一通货,而且不能兑现,这就为国民党政府实施通货膨胀政策奠定了基础。

　　自法币政策实施后,国民党政府就逐步增大了纸币的发行量,1935年11月法币的发行额为4.57亿元,到七七事变前的1937年6月,法币发行额已经增为14.07亿元。在一年零七个月中,法币增发了近10亿元,其中4亿元用于抵补从流通中收回的银圆,其余近6亿元是实际增发的纸币。从同期物价上涨情况来看,物价指数由1935年10月的94.1涨为1936年12月的118.8,到1937年6月更涨为126.1,自1935年11月到1937年7月,物价上涨34.03%,法币已开始贬值,通货膨胀已露端倪。抗战爆发后,国民党政府的军费开支大为增加,抗战期间平均上升为占支出的60%～70%,1945年甚至占到87.3%,而同期的财政收入却大为减少。抗战前,国民党政府的财政收入除田赋外,以关、盐、统三税为主,1936年三税收入占岁入总额的64.6%,实收10.14亿元。抗战爆发后,工商业较发达的东南沿海沿江地区相继沦陷,使其三税收入锐减,1937年三税实际只收了4.10亿元。1939年也只收了4.30亿元左右,与1936年相比,减少了五分之三左右。财政收入减少,军费剧增,使国民党政府财政赤字日益庞大。为了平衡战时收支,弥补财政赤字,国民党政府实施了通货膨胀政策,大肆滥发纸币。法币的发行额由1937年6月至12月的16.4亿元,增至1940年12月的78.7亿元,此后发行额更是直线上升,到抗战结束的1945年12月,竟高达10 319亿元。法币发行额如此剧增,加剧了物价的上涨,物价上涨指数亦急剧上升,1937年1月至6月为100,到1940年为513,到1945年竟达到163 160。可见,抗战初期通货膨胀还不是十分剧烈,处于通货缓和膨胀阶段,但到抗战后期,通货急剧膨胀,进入了通货恶性膨胀阶段。

　　中国人民经过8年艰苦抗战,终于取得了抗日战争的最后胜利。当战争结束时,国统区已是百业凋零、市场萧条。广大收复区百废待举,国民经济出现严重危机。但国民党政府在美国的支持下,又发动了大规模的反共反人民的内战,使本来已十分困难的财政支出绝大部分花在了军费上。1946年,国民党政府全年军费支出约为6万亿元,占该年实际支出总额7万亿元的86%,如此庞大的军费支出,必然导致国民党政府财政赤字极端严重。据当时国民党政府官方发表的财政收支来看,1946年财政赤字占岁出的70.2%,1947年为70.7%,1948年(上半年)则达76.5%。这一庞大的财政赤字如何弥补,国民党政府除了增加税收向人民尽量搜刮外,就是滥发纸币。法币的发行额从此无限制地增长。1945年8月,日本投降时法币的发行量为5569亿元,1946年12月为37261亿元,1947年12月为331885亿元,到1948年8月法币崩溃时已高达6636944亿元。短短3年时间,法币的发行量即增加了1190余倍。大量发行不兑现纸币,必然使币值猛跌,物价随之不断暴涨。1948年8月,上海、南京、汉口的批发物价指数已为抗战前上半年的600余万倍,天津的为750万倍,照上海的物价计算,全部流通中的法币总购买力只等于抗战前上半年法币的1亿元左右。此时,法币已贬值到不及它本身纸张和印刷费的价值了,从而彻底崩溃。

为了挽救濒于崩溃的财政经济,国民党政府又来了一次所谓的"币制改革",于1948年8月19日发布《财政经济紧急处分令》,发行金圆券。按国民党政府的规定,以金圆为本位币,发行20亿元,限期以金圆券1元分别收兑法币300万元和东北流通券30万元。在金圆券发行时,社会上法币的持有总额为6636946亿元,东北流通券发行总额为31918亿元,按此兑换率,两者合计约金圆券2.3亿元,而国民党政府发行20亿金圆券,一开始就已决定了金圆券至少膨胀近10倍。金圆券的发行仍然解决不了财政赤字问题,到1948年11月11日,国民党政府不得不取消了原定发行20亿元的限额。此后,金圆券发行额扶摇直上,至1949年5月下旬发行额已达68万亿元之巨,在短短9个月左右,金圆券的发行额就增加了30多万倍。发行额的激增,使金圆券迅速贬值。1949年6月25日,国民党行政院宣布金圆券5亿元总换银圆1圆。此时,金圆券500万元才值1948年9月的1元。金圆券贬值比法币还快,且物价飞涨更是无法形容,以当时上海市的物价为例,如以1948年8月总指数为标准,到1949年3月涨到4000多倍,到4月更涨至83800多倍。由于金圆券的迅速贬值,一些地区公开拒用金圆券,有的地区干脆直接采用以物易物的原始方法,金圆券事实上已失去流通的效力,至此,国民党政府的"币制改革"彻底破产。1949年7月,国民党政府又在广州发行银圆券,做最后的挣扎。银圆券一发行就遭到广大人民的抵制,连国民党军队也拒绝使用,中国人民解放军亦正式宣布不收兑华南、西南的伪币,仅仅只在西南、华南等地流通了三四个月的银圆券就宣告完全崩溃,国民党政府的财政经济随之全面崩溃。

实际上通货膨胀的整个过程,恰恰就是国民党政府对人民进行疯狂掠夺和积累四大家族官僚资本的过程。在这个过程中(从抗战开始到国民党政权灭亡),国民党政府纸币发行量增加了1445亿多倍,法币(后期金圆券折合法币计算)贬值为原值的一百万亿分之七。四大家族掠夺了中国人民200亿美元的财富,其中通过实施通货膨胀、增加纸币发行掠夺的财富就在150亿银圆以上。人民在通货膨胀的残酷剥削下,生活极度贫困,表面上工人按货币计算的工资是增加的,但工资的增加速度远远落后于物价的上涨,因此,造成实际工资的大幅下降。据《荣家企业史科》记载,抗战期间工人实际工资降到抗战以前的20%左右,解放战争期间又再降到15%左右。以天津启新洋灰公司工人的实际工资为例,若1936年7月到1937年6月工人工资为100元,那么1948年4月则降为之前的17.14%,到同年9月就只有之前的14.77%,并且,刚拿到手的工资转眼间还要负担货币贬值的损失,如1947年8月上半月计算工人生活费指数时,米价是4 000万元左右,按这个指数工资发下来时米价已涨至6 000万元以上,工人实际工资又贬去了三分之一。到1948年8月金圆券发行时,停止了按生活费指数发工资,并且当时市场物价是一天数价。工人实际工资下降更甚,生活日益赤贫化。农民在通货膨胀中也深受其苦,许多农产品的实际收购价格大大低于生活必需品的价格,使农民实际收入大为减少。例如,抗战以前,江浙一带的蚕茧每担50~60元,到1946年7月,涨至9万元,表面看来上涨了1 600倍以上,可是,抗战以前米才7~8元一担,当时一担鲜茧值7担多米,而抗战以后米价已涨到5~6万元一石,9万元一担的鲜茧只值一石五斗米。随着通货膨胀,物价飞涨,但农产品价格上涨的速度和程度,远远不如工业品价格上涨的速度快、程度高。1945年8月重庆主要商品趸售物价指数与1937年6月相比,食物价格上涨1 585倍,纤维价格上涨3 151倍,燃料价格上涨4 864倍,金属价格上涨2 744倍,木材价格上涨2 295倍,可见工业品的上涨快于食物等农产品,农民实际收入下降,困苦不堪。据1946年3月《新闻报》的记载:潮汕一个400人的村庄,10天中饿死了120人。同年5月《大公报》的报道:衡阳附近一个140人的村庄,饿死和逃亡的就达60人之多。当时的现象是饥民无数,孤魂遍野。此外,通货膨胀中生活发生变化最大是职员、公务人员和知识分子。他们在抗战前,生活水平与工人、农民相比较高,而在国民党政府实行通货膨胀以后,生活水平迅速下降,降到接近饥饿线上的水平。绝大部分中下级公务人员和知识分子单纯依靠工资收入生活,在如此恶劣的通货膨胀条件下,他们的生活赤贫化。就连闻一多这样知名的学者,也不得不靠刻图章来增加收入。广西大学经济系主任杜肃教授,由于贫病交加,于1948年遗下妻女四人自杀身亡。知识分子生活的赤贫化,在青年学生中表现更为突出,许多学校学生在饭馆吃伙食,几天前1 000元一顿,逐日涨为2 000元、4 000元一顿,不少穷苦学生因此吃不起饭,饿着肚子。由于国民党政府集中财力进行反人民的内战,加上恶性通货膨胀,学校所谓的公费制度、奖学金已根本不能解决学生维持最低生活水平的需要。公费生尚且如此,自费生的境况就更加糟糕。

由于国统区人民生活处于极度赤贫,生计难以维系,"要吃饭""要和平"成为各地各阶层民众的一致呼声。1948年,上海、南京、北平、天津、青岛、杭州、南昌、宁波、武昌等9个大中城市的工人展开反饥饿斗争。农民开展的抗粮抗税、暴动起义、抢米风潮到处发生。学生运动的规模和情绪也日益扩大和高涨,1946年12月爆发的反美示威运动,参加的学生达50万人,遍及全国各大中城市,1947年5月与反美运动结合起来,爆发了更大规模的反饥饿、反内战、反迫害的学生爱国运动。国统区人民的反抗斗争,开辟了在国统区的第二条战线,已日益成为瓦解国民党统治的重要力量,有力地配合了人民解放军在战场上的作战,加速了国民党政权走向崩溃。

【案例评析】

宏观经济学认为,通货膨胀率在100%以上时,被称为超级通货膨胀。恶性通货膨胀是一种超级通货膨胀,按照西方学者的定义,一国当年通货膨胀率达到100%以上时,就称该国处于恶性通货膨胀之中。恶性通胀具有4项特征:公众不愿持有现金,宁可把金钱投放于外国货币或非货币资产;公众利用外国货币,结算自己本国货币的资产;信贷是按借款期内的消费力损耗来计算的,即使该时期不长久;利率、工资、物价与物价指数挂钩,而3年累积通胀在100%以上。

国民党政府后期的恶性通货膨胀的特征就是发行屡创天量、物价疯狂上涨、通货不断贬值,货币逐渐丧失了价值储藏和交换媒介的职能,已经完全具有恶性通货膨胀的特征。

造成如此严重的通货膨胀,我们分析原因如下。

1. 政府财政赤字巨大,完全靠发行弥补

国民党政府时期的通货膨胀以及后期发展成恶性通货膨胀最主要的原因就是货币发行超量。印刷大量纸币,应付政府用款,这是恶性通货膨胀的源头。政府饮鸩止渴,一意孤行。关键是财政收支无法平衡,赤字巨大。南京政府的财政赤字自其存在之日起就一直存在,只是在抗战前,物价稳定,税收在总支出中占有相当的比重,不足部分向上海金融界发行公债募集,虽然不宽裕,但是还能应付。1936年,南京政府开始统一发行公债,自此开始,已经不能通过发行公债来筹措军费,弥补财政赤字。于是政府倾向于向国家银行垫款,国家银行为应付国家垫款,不得不大量发行纸币。

2. 货币流通速度加快

从1945年年底开始,上海的物价上涨指数远远高于通货发行量及其指数,若1937年6月的发行指数和物价指数都为100,那么1945年12月的发行指数为73 200,物价指数为88 500,物价指数是发行指数的1.21倍,到1946年12月物价指数是发行指数的2.16倍,1947年12月为3.56倍,1948年8月则增至10.47倍,1949年5月更是达到了25.16倍。同时,物价上涨的速度越来越高于货币发行的速度,货币流通速度不断上升大大增加了社会有效货币供应的数量,加速了物价的上涨。

通货流通速度加快,使物价上涨率是通货量增加率的几倍。物价上涨越快,"存款不如存货"的心理发展越快,存款的流通速度就更快,社会有效货币的供应量就更多,如此一来,物价上涨更快,形成螺旋式推进,加速了货币制度和国民经济的崩溃。另外,人们对通货膨胀的敏感度和心理预期也对货币流通速度具有一定的促进作用。经抗战后期的恶性通货膨胀后,当时的老百姓对通货膨胀已经相当敏感,物价一旦由跌转升,他们会马上做出反应,重物轻币,尽最大可能变钱为物。

3. 决策失误

抗战胜利初期,南京政府拥有黄金600万盎司,美元9亿元,接受的敌伪产业折合法币达10万亿元,相当于当时法币发行额5 569亿元的20倍。此外,还有美国给予的救济物资和美军剩余物资约为20亿美元,这些都为政府整顿税收、平衡财政支出、抑制通货膨胀,提供了很好的机会,但是当时国民党政府的失策丧失了这种机会。

首先,对中储卷处置失当。1945年9月28日,南京政府宣布法币和中储卷的兑换比例为1∶200,这一兑换比率的确定是不合理的。当时的实际物价水平,上海仅比重庆高约50倍,与整个法币流行区域的物价相比,上海物价只高约35倍,可见中储卷的购买力被严重低估了。法币的购买力无形中被增加了好几倍。不合理的兑换比率、过长的兑换期限(4个月)以及无根据的兑换限额(每人限兑换5万)等措施的出台,助长了抢购风,对战后的上海乃至全国的物价很快又"跌转升"起了相当大的作用。

其次,轻视了战时压抑的购买力在战后的喷发。在漫长的战争年月,物资的极度匮乏,人们的消费需求受到很大的压抑,随着胜利的到来,国际贸易次第恢复,战时长期积累下的消费需求在战后得到了爆发。旺盛的消费需求拉动了物价上涨,拉动了通货膨胀的进一步发展。对此南京政府因过高地估计了抗战胜利后的经济形势和社会的总供给能力从而在决策上做出了完全相反的决定,对战时采取的各项管制措施一律予以废除,从而使得通货膨胀更加漫无限制。

再次,不合理的汇率、进出口政策。1946年3月4日,南京政府正式开放外汇市场,把法币的兑换比率定为1∶2 020美元,中央银行奉命无限制买卖外汇。依照当时国内的物价上涨程度,法币的对外价值被严重高估了,加上巨额的延期购买构成的有效需求水平的提高,外国商品以汹涌之势进入中国市场,出口因汇率高估而不敷成本,处于停滞状态,外汇有出无进,国际收支急剧恶化,外汇储备逐渐枯竭。外贸不能成为战胜通货膨胀的有力武器。在动荡的社会背景下,反而滋生了对人们对外汇的偏好,资金外逃、外汇投机等行为加剧了国家外汇储备的耗费。南京政府不得不放弃原来汇率不变的政策而改为机动汇率。1946年8月19日,南京政府将官方汇率提高3 350元,上涨大约60%,市场汇率也随之从2 500元上涨到了3 700元,引起了整个物价的而波动。为了防止官方汇率低于市场汇率,利于吸收侨汇和出口结售汇,1947年8月,南京政府又设置了平准基金。由于物价不断高涨,基金汇率频繁提高,一方面刺激进口物价直接提高,在比价效应的驱使下,一般物价水平又随之上涨;另一方面由于进口物资越来越少,国内物资更是匮乏,较多的纸币追逐较少的商品,物价上涨进一步提高。汇率每一次调整,进出口政策的变动,都成为促进物价疯狂上涨的诱导因素。

总之,国民党政府后期推行滥发纸币政策,造成货币贬值、物价飞涨,人民生活日益贫困,国民经济逐渐崩溃。

【案例讨论】

1. 讨论国民党政府后期的恶性通货膨胀给我们什么历史教训。
2. 讨论国民党政府的官僚腐败和恶性通货膨胀之间的关系。

案例2 我国1997年至2002年的通货紧缩

【案例内容】

我国1997年至2002年的GDP和CPI指数如表7-1所示。

表7-1 1997年至2002年的GDP和CPI指数

年份	GDP指数	CPI指数
1997	9.3%	2.8%
1998	7.8%	−0.8%
1999	7.6%	−1.4%
2000	8.4%	0.4%
2001	8.4%	0.7%
2002	9.1%	−0.8%

为了抑制经济过热,我国自1993年开始实施了紧缩性的财政货币政策,GDP增长速度

持续缓慢下降,从1992年的最高点14.7%下降到1999年的谷底7.1%,7年之中经济增长速度下降了一半以上。与此同时,通货膨胀率(RPI)也从1994年的21.4%快速下跌。代表未来物价走向的生产资料批发价格指数(PPI)从1996年10月开始出现负增长,此后,在出现了持续47个月的负增长后开始小幅上升,但从2001年年底到2002年年底又出现了持续下跌。社会商品零售物价指数从1997年10月出现下跌,于1998年至2002年持续了5年的下跌。居民消费价格指数(CPI)自1998年4月出现下跌,1998年至2002年中有两年出现小幅正增长,但有3个年度指数出现更大幅度的下跌。所有这些都说明,我国已经发生了较为严重的通货紧缩。

1. 我国1997年至2002年通货紧缩的主要表现

我国1997年至2002年的通货紧缩主要表现在以下几个方面。

第一,表现为物价的持续下跌,我国社会商品零售价格指数涨幅从1994年的21.7%一路下滑,1997年10月首次出现负增长,当年同比增长仅为0.6,在随后的5年中持续5年负增长。1998年到2002年,零售价格指数(RPI)的增幅分别为−2.6%、−3.0%、−1.0%、−1.4%、−1.3%。居民消费价格指数(CPI)在1998年4月首次出现负增长,1998年、1999年的增幅分别为−0.8%、−1.4%,2000年和2001年出现轻微的正增长,增幅分别为+0.4%和+0.7%,2002年又出现了0.8%的负增长,2002年与CPI下降之前的1997年相比,物价下降了1.9个百分点。生产资料批发价格指数从1996年3月开始出现负增长,在2000年4月下跌之前已经出现了47个月的负增长,在经过19个月的正增长后,2002年1月开始出现负增长。

第二,表现为货币增长幅度下降,货币流动速度下降。自1998年以来,我国各层次货币供给增长速度明显放缓,从1998年到2002年,狭义货币供给M_1平均年增长为16.02%,广义货币M_2年均增长14.9%,而从1991年到1997年M_1、M_2的年均增长幅度分别为22.8%、26.9%。与此同时,货币流通速度也持续下跌。

第三,表现在企业开工不足,失业人口增加。通货紧缩不仅造成企业减少投资增量,还使当时现有的生产能力也得不到充分的利用,根据胡鞍钢博士计算,1998年我国社会闲置的生产能力达17.9%;而根据宋国青教授的计算结果,1999年全国47%的生产能力闲置;根据第三次工业普查数据,我国900多种工业品生产能力的利用率不足60%。另据有关部门统计,我国目前大约有80%的工业品出现了绝对过剩,在中国市场上几乎没有供不应求的商品。由于企业开工不足和投资增长放缓,下岗和失业人员不断增加。到2002年年末,城镇登记失业率已上升到4%。另外,每年我国下岗职工人数维持在1 500万左右,因此,我国实际城镇失业率已达10%以上。由于下岗和失业人口增加,下岗和失业人员收入锐减,购买力大大下降,从而加剧了有效需求的不足,使物价进一步下降。

第四,表现在社会消费需求增长趋缓。从理论上讲,消费需求的增长是比较稳定的,但是通货紧缩一方面会使人们形成对物价进一步下降的预期,从而会持币待购,推迟消费;另一方面通货紧缩使企业开工不足,投资增长趋缓,下岗和失业人口增加,人们会形成对未来收入下降的预期,因而不得不增加储蓄,减少当前消费,这都必然使消费需求的增长放慢。我国社会消费品零售额增长率从1994年的30.15%逐渐下降到1997年的10.2%,1998年至2002年社会消费品零售额更是低至6.8%、7.0%、9.7%、10.1%、8.8%,远低于"八五"时期年均23.2%的增长速度。

2. 通货紧缩对社会经济发展的影响

通货紧缩给社会经济发展带了深远影响,若处理不好,通货紧缩比通货膨胀给经济和社会发展的影响会更大。

(1) 通货紧缩会导致经济的衰退

通货紧缩是经济衰退的助推器。由于通货紧缩增加了货币的购买力,人们倾向于储蓄,而不是支出,尤其是耐用消费的支出。这样,通货紧缩会大大抑制个人消费支出。与此同时,物价的持续下跌会提高实际利率水平,而使得名义利率下降,资金实际成本仍然有所上升,致使企业投资成本大幅度提高,投资项目越来越没有吸引力,企业会因此而减少投资支出。同时,商业活动的萎缩会减少就业机会,从而形成工资下降的压力,而投资消费需求的下降会最终导致经济衰退的可能。通货紧缩导致企业收入减少或预期收入下滑,因此企业为了保持竞争优势就不得不裁减人员或压低工资。劳动需求的减少加深了劳动市场上的竞争程度,失业的压力越大,劳动者岗位选择的倾向越弱,劳动供给向下弹性越低,愿意接受的工资水平越低,雇主越压低工资,工人的收入就越少,工人为弥补收入的不足就不得不增加劳动供给,从而使劳动市场竞争更加激烈,工资进一步下降,最终会导致通货紧缩进一步的加强。

(2) 通货紧缩会加重债务人的负担

通货紧缩一旦形成,金融市场的名义利率虽然会下调,但由于价格的下降快于利率的下调,从而使得企业负债的实际利率会提高。与此同时,产品价格出现的非预期下降会造成企业进一步扩大生产的动机下降,生产力则随之下降,企业归还银行贷款的能力也会随之减弱。如果企业要通过降低产品价格来保留销售市场,会造成产品的实际质量难以保证,企业为降低成本,会减少就业,减少资本支出。而消费者产生的第一反应是减少消费,消费需求减少会促使企业进一步降低成本,竞争导致价格进一步下降,实际债务就会进一步加重。如此往复,企业负债会进一步加重,生产能力会进一步降低,经济发展越来越弱。

(3) 通货紧缩会加强消费者对价格降低的心理预期,会抑制消费

初看起来,通货紧缩对消费者是一件好事,因为消费者只要支付较低的价格便可获得一定数量和质量的商品,但是,在通货紧缩的条件下,就业预期、价格和工资收入、家庭资产和负债趋于下降,消费者会减少支出,增加储蓄。价格的不断下降使消费者的心理预期加重而进一步缩减消费。经济一旦出现通货紧缩,特别是在形成通货紧缩预期的条件下,居民就会形成对消费品价格下降的预期,从而推迟消费,等待消费品价格进一步下降,然后再去买"便宜货",这就是所谓的"买涨,不买跌"行为。通货紧缩导致居民收入下降,并且会形成对收入下降的预期,为保证基本生活需要以及预防性支出的需要,居民就要尽可能压缩消费支出,减少非必要消费支出,包括减少生活消费中的浪费,更加谨慎地使用原来的消费品,使用旧的生活用品,减少或杜绝享受性、奢侈性的消费,甚至会自己生产必需的消费品,自己提供消费服务等。总之,通货紧缩会使消费总量趋于下降。

(4) 通货紧缩会影响银行业的信贷或活动,加剧经济发展的恶性循环

通货紧缩一旦形成,会使货币的内在价值有所上升,实际债务负担会因货币成本的上升而相应上升。虽然名义利率没变甚至下调,但实际利率高居不下使企业的债务负担加重,而企业经营困难又会最终体现在银行的不良资产上,一旦银行资不抵债,会造成存款人的恐慌心理,引起对银行的"挤兑"并最终导致银行的破产。

通货紧缩往往导致银行信贷萎缩。商业银行的贷款对象主要是企业,在通货紧缩的条件下,企业销售收入减少,盈利减少,企业资产价值下降,负债率上升,越来越多的企业亏损、破产、倒闭,使得银行贷款的信用风险上升,呆账、坏账产生的可能性增加。在这种情况下,商业银行要保证贷款的安全性,对贷款的发放就会倾向于保守,贷款政策趋向于严格,贷款额度、规模趋向于下降,贷款期限趋向于缩短,抵押率趋向于上升,拒贷行为增加,结果就是银行给企业的贷款减少。同时,银行不但会减少信贷规模,而且可能会提前收回已经贷出的款项。因为通货紧缩导致贷款的信用风险增加,及时收回贷款和提前收回贷款有利于保障贷款的安全性。此外,通货紧缩导致流动性风险增加,银行资产的灵活性要求增加,及时和提前收回贷款会有利于降低流动风险,有利于提高银行资产的灵活性。通货紧缩会使银行面临的支付压力增加,及时和提前收回贷款是满足支付要求的重要保障,是增强公众信心,防止挤兑的重要条件。

在通货紧缩时,银行的"惜贷"和提前收回贷款对银行而言是理性行为,但对企业而言会加剧企业资金周转的困难。企业为偿还贷款不得不低价出售资产,从而导致资产的价格下降,加剧通货紧缩。同时,银行"惜贷"和催收贷款,还可能导致投资不足和企业的破产,进而使银行坏账增加,信用链条断裂,信贷进一步萎缩,经济衰退更为严重。

总之,在通货紧缩发生时,消费者减少消费、增加储蓄,企业减少投资,银行减少信贷的投放,都是微观经济主体的理性选择行为,都是符合他们利益最大化的行为。但是,符合微观利益的未必符合宏观利益。消费者减少消费、增加储蓄,企业减少投资,银行减少信贷的投放,这些行为的后果都造成了宏观的有效需求不足,加重了通货紧缩的程度,从而造成通货紧缩,加剧微观经济主体收缩行为的恶性循环,而且会造成这种恶性循环难以被打破。

【案例评析】

通货紧缩产生的原因如下。

1. 亚洲金融危机是引发国内通货紧缩的导火索

作为其他物价指数的先行指标,国内批发物价在 1996 年 10 月已经出现负增长,预示着中国 1993 年以来治理通货膨胀的宏观经济调控目标已经达到,并且物价可能继续下行。而 1997 年 10 月出现的零售物价负增长是经济运行的惯性表现,也预示着中国经济在"软着陆"过程中因调控力度过大,出现了通货紧缩的迹象。同时,1997 年 7 月爆发的东南亚金融危机对全球经济所产生的消极影响力度,是我们没有充分认识到、估计到的,因而反应不足,国家宏观经济政策未能做出必要的调整。此外,由于出口交货至少是 6 个月以前的订货,危机发生以后不久,东南亚国家和韩国对我们的订货量开始降低,因此东南亚金融危机对我们出口的影响是在 1998 年以后才开始显现的。出口减少,直接给生产企业带来损失,使其被迫减产或停产,或者出口商品转内销,从而加剧国内市场的供给过剩程度,迫使国内市场价格进一步下跌。这样,1998 年 4 月以后,中国的通货紧缩"迹象"开始加剧,变成了实实在在的通货紧缩。

2. 国内需求严重不足是通货紧缩的主要原因

国内需求不足,各方面都承认。1996 年我国成功实现"软着陆"后,经济实际上进入了新一轮经济周期的收缩期,经济增长幅度开始下滑。再加上我国经济改革逐步深化,职工养老保险、医疗保险、住房制度改革迫在眉睫,新一届政府精简机构的改革刚刚开始,所有这些都促使大众居民深感生活艰辛,对未来的收入预期趋低,不敢轻易消费,他们趋向于将收入用于增加积蓄以备不时之需。这一切都造成了比较严重的消费不足。

从1996年到2002年,我国8次降低银行存贷款利率,并大规模调低存款准备金率,以期启动消费和投资,但是,效果不是很理想。造成我国利率政策效果不好的原因在于我国投资的利率弹性很低,以及金融体制改革的紧缩效应超过了降低利率的扩张效应。在通货紧缩时期,由于物价下跌,实际利率上升,企业投资获利的机会减少,预期收入下降,因此,企业一般不愿意借贷;而另一方面,在1992年至1994年经济过度繁荣的时期,国有企业的负债率上升很快,随着经济发展的回落,许多企业出现偿债困难的现象,银行不良债权快速增加。随着国有银行商业化的不断推进,银行的风险约束增加。通货紧缩时期,由于企业投资预期收入下降和企业资产抵押能力下降,造成企业的偿还能力不足,银行信贷资金的风险上升,银行存在"惜贷"现象。最终导致降低利率也无法促进投资的大规模增长。

3. 当时的生产能力严重过剩是通货紧缩的一个重要原因

改革开放开始以后,为了解决长期的物质短缺带来的困扰,改革的首要目标就是解决人民最基本的物质生活需要,力求人民生活达到"温饱"。出于对物质短缺的恐惧,各地都产生了宁多勿少的观念,在所有制和投资体制等其他改革滞后的情况下,多年对基本生活用品生产的过量投资、重复建设,导致了全国生产能力严重过剩。据有关部门统计,到2000年我国约有80%的工业品出现了绝对过剩,在中国市场上几乎不存在供不应求的商品,90%以上的商品供过于求。生产能力的大量过剩,必然造成众多商品供大于求,引起价格下跌。这是改革的成就,也是改革不彻底的表现。

4. 当时全球通货紧缩是国内发生通货紧缩的国际背景

1997年以后,全球性的通货紧缩日趋明显。正如英国《经济学家》所指出的,世界在经历了20世纪30年代的经济大萧条之后,再次进入全球性的通货紧缩时期。亚洲金融危机不仅使得世界经济增长率和贸易增长率大幅度下降,还使生产能力大量过剩、需求锐减,导致国际市场上商品价格大幅下跌。原材料价格、生产者价格、消费价格都在下降,我国的经济对外依存度高达34%,全球都在患"通货紧缩"的"流感"的时候,对于在市场经济上刚刚出道的"新手"中国来说,不被"传染"是不可能的。

5. 对通货紧缩的认识不明确、对困难局面的估计不足是通货紧缩持续的主观因素

从宏观经济年度内的运行和政府的调控过程来看,政府对通货紧缩没有清晰的认识。1998年4月,当零售物价出现负增长达到6个月时,已有学者发出了中国出现通货紧缩的警告(樊纲,1998),但是作为国家宏观经济监测权威机构的国家统计局否认中国出现通货紧缩。1998年7月朱镕基总理在晋蒙视察时曾使用"通货紧缩"一词描述宏观经济形势。之后,学术界出现了关于通货紧缩的判定标准,即单一标准和多重标准的分歧,双方相持不下,而且愈加激烈,到2000年都未见分晓。由此,政府有关部门对"物价持续下降"是否是通货紧缩的判断也在变化。1999年3月11日中国人民银行行长戴相龙在答记者问时持多重标准,否认中国已经出现通货紧;1999年4月3日在答《华尔街日报》记者提问时,朱镕基指出当前中国经济面临的主要困难是通货紧缩,是物价不断下降。时隔一周,国家计委副主任王春正否认中国存在通货紧缩,戴相龙在1999年6月出版的《中国货币政策报告·1999》中继续对中国存在通货紧缩的问题持否定态度。从那以后,政府关于是否出现通货紧缩的判断明朗化,认为中国出现了"通货紧缩趋势"或"通货紧缩迹象"。可以推测,政府部门关于通货紧缩的意见分歧很大,但逐步接受了关于通货紧缩的"多重标准",认为中国最多出现了通货紧缩的"趋势"或"迹象",否认存在通货紧缩。基于这样的判断,中央政府在宏观经济政策的取向上迟迟没有提出反通货紧缩的口号和意向,治理"物价持续下降"的经济政策在行动上也相对迟缓,比如,实施"积极的财政政策"也是到1998年7月,在面对上半年国民经济增长率继续下滑的严峻局面时才提出来的,9月才开始实施,当年政策的有效实施时间不足4个月。而中央银行直到2000年年末才提出放松的或者积极的货币政策取向,只是"努力"和"进一步"发挥货币政策的作用。

【案例讨论】

1. 你认为在通货紧缩之初,应采取什么样的政策来治理?
2. 我国的通货紧缩对国民经济发展带来了什么影响?

案例3 日本1990年至2010年的通货紧缩

【案例内容】

日本泡沫经济崩溃以来,经济增长速度持续走低,GDP增长率从1990年的8.1%下降到1997年的1.0%,1998年首次出现负增长,为-1.3%,1999年回升到0.2%,2000年、2001年分别为-0.3%、-2.5%,2002年第一季度为-2.4%,经济衰退的趋势并没有出现转机。在经济增长持续下滑的同时,日本的物价水平也出现全面、持续下跌。国民对于经济形势普遍悲观,不足的内需无法挽救经济衰退。在1990年至2001年的12年间,日本的国内批发物价指数有9年为负增长,居民消费物价指数也有4年为负增长,而GDP减缩指数出现了7年的负增长,价格总水平自1998年已连续4年下跌。许多学者认为日本出现了战后以来最严重的通货紧缩。日本国内对如何界定通货紧缩始终存在争议,政府对通货紧缩的认识也长期含混不清。1995年,消费物价低迷,经济徘徊不前,但日本政府否认产生了通货紧缩,认为那是由于流通领域改革引起的物价正常调整。

1998年,经济负增长和物价下跌同时存在,然而日本政府仍然否认出现通货紧缩。1999年,日本政府经济企划厅对通货紧缩的含义进行界定认为通货紧缩是"伴随物价下跌而出现的经济衰退"。然而在解释1998年经济运行状况时,当局没有参照"伴随论"的定义,而是说当时已"处于通货紧缩的边缘,但还不是通货紧缩"。直到2001年3月16日,森喜朗政府才公开认定"日本经济正处在缓慢的通货紧缩之中",并将通货紧缩定义为"物价全面持续下跌"。实际上,日本此次通货紧缩突出特点是经历时间长,从20世纪90年代初期始,到2010年中期,已经历近20年的时间。日本出现通货紧缩后,1991年7月1日,日本银行贴现率由6%下调到5.5%,不久之后,进一步下调到5%和4.5%。1992年年底,又进一步降到3.25%,1993年2月公定贴现率重新回到泡沫经济时期2.5%的水平。随着公定贴现率的不断下降,短期利息率从1991年下半年开始也不断下降,但和预期相反的是,这一系列政策没有得到公众的积极回应,日本金融机构的贷款量继续下降,货币供应量增长在1992年创造了0.2%的历史最低纪录。

除了流动性陷阱的原因,日本国内银行等金融中介"惜贷"现象严重也是重要的原因。作为银行主导型国家的日本,对于中小企业的融资缺乏有力的支持,在出现经济衰退后,出于对给自身带来巨大麻烦的不良资产债务的恐惧,日本金融中介机构宁愿将有限的剩余资金放在日本银行的存款准备金里也不愿给中小企业提供贷款,日本国内普遍存在的金融中介惜贷的现象导致利率传导受阻,致使积极的货币政策也未能起到其应有的作用。

此外,在财政政策方面,重振日本经济,结束通货紧缩成为一个极为重要的课题,面对泡沫破灭后的经济衰退,为了刺激经济增长,日本政府在1992年3月开始了围绕增加公共投资,扩张财政支出和减税政策的"经济景气对策",实施新一轮的扩张性财政政策。

日本的财政政策也没能挽救经济衰退。20世纪90年代日本经济环境略有好转,一方面日本政府对于经济形势出现了过于乐观的误判,另一方面日本政府为了解决长期困扰自己的严重的财政赤字,放弃了扩张性财政政策,但政府投资带动的经济增长尚未带动市场的自发性增长,因此在政府放弃扩张性财政政策后,日本经济立刻回落,陷入更严重的衰退。与此同时,物价下落缓慢,90年代后总体趋向是下降的,与过去年均上升5%的数值明显背离。从1999年到2009年,物价指数下降10%,年均下降1%。

另据日本银行发布的展望报告,如果不能采取有效措施,消费者物价指数的下落还要持续较长时间。在此次通货紧缩期间,消费者物价指数的降幅较小,与之相比,生产者物价指数的下降幅度较大。在这样的条件下,企业势必要裁减工人,加上放松企业雇佣调整规制等因素,日本失业问题容易变得更为严重。

【案例评析】

造成日本此次通货紧缩的原因有很多,主要从需求方面和供给方面来分析。

1. 需求方面的原因

(1) 泡沫经济的后遗症,泡沫经济崩溃所造成的需求不足导致物价下降

泡沫经济崩溃后,日本的经济一直低迷、个人与企业收入减少、收入下降都导致消费和投资总需求下降,反过来,消费和投资需求的下降又促使经济进一步恶化。同时,金融机构不良债权增加,资产负债严重,家庭和企业借入发生困难,信用成本上升,导致需求进一步被抑制。由于泡沫经济的崩溃,国民资产减少,不确定性增加,产生通货紧缩。

(2) 消费者存在强烈的通货紧缩预期

通货紧缩预期主要来自3个方面。第一,在企业看来,海外投资收入的扩大,意味着国内投资需求的缩小,由于经济缩小均衡的存在,企业理所当然认为通货紧缩会持续。这时,企业抑制设备投资,将其转为储蓄,因此投资不足,经济增长受到负面影响。第二,由于通货紧缩的长期化,日本家庭的低价格偏好形成,人们已习惯商品不断降价的生活。加上战后生育高峰时出生的人口即将到退休年龄,他们对退休后生活的不安,进一步强化了这种低价格偏好。目前日本企业增加雇佣高龄者的数量,一定程度上抑制了对年轻人的雇佣,这样年轻人的消费也开始变得具有防御性,其消费倾向降低。第三,在家庭消费低价格偏好的条件

下,企业也采取低价格战略,开始削减包括工资在内的成本,而工资的下降反过来进一步强化了家庭经济的低价格偏好。

(3) 工人工资持续下降

根据统计资料显示,2009年第三季度个人消费额与前一年同期相比减少2.9%,这是未曾有过的减少幅度。日本存在占GDP 7%的需求缺口,其原因在于工资紧缩这一结构性问题。自2002年经济开始复苏以来,日本的工资一直呈下降状态。工资的下降与以下因素有关:第一,进入20世纪90年代后,日本企业为在与新兴国家企业的竞争中取胜,加快了以IT为主要内容的投资速度,在资本更新的过程中,劳动分配率下降;第二,近年来,有关日本企业治理结构相关问题的讨论,使"企业是股东的企业"的观念流行,与以前经理人时代不同,现在是股东一方的收益增加,而经营者和工人一方的收入相对减少;第三,随着经济环境的恶化,政府放松了雇佣规定,企业增加了临时工的雇佣比例,临时工的工资远低于正式工人,这样全社会的工资总额减少;第四,日本人口结构发生了变化,其人口数量进入减少阶段,这种状况与工资下降相互作用,进一步加剧了商品与服务供给过剩的程度;第五,泡沫经济崩溃后,日本银行采取了零利率政策,尽管有助于经济的恢复,但超低利率政策也保护了低效率或低收益企业,这种经济环境成为降价竞争的温床;第六,超缓和政策的逆效果,超低利率政策使日元贬值,日元成为美国泡沫经济的来源资本,与此同时又使出口扩大,在日元贬值和美国住宅泡沫的推动下形成"假需",与此相对应,设备投资过量投放,雇佣也被扩张,进入2008年,美国住宅泡沫崩溃,日元贬值被校正,设备投资和雇佣过剩显现化,在这种状态下,企业开始削减工资,通货紧缩再一次被加速。

2. 供给方面的原因

(1) 市场化改革的提升以及科学技术进步使得成本进一步降低

20世纪90年代以来,日本进行了放松规制的改革,市场化程度进一步提高,企业间的竞争强化。对于诸多日本国际化企业来说,与韩国、东盟和中国等亚洲其他国家围绕某些产品的竞争日益激化。日本企业加大了研发和新设备投资的力度,提高了劳动生产率,这使得部分产品的附加价值提高,生产成本降低。日本市场价格的降低也与上述因素有关。

(2) 国际分工带来的低工资压力

随着经济全球化的演进,各国被纳入世界市场分工之中。许多新兴市场国家的劳动力受教育程度高、工资低,这种劳动力所生产的制品和提供的服务具有竞争力。据IMF(国际货币基金组织)的推算,1989年,全世界出口产业的工人为5亿人,2005年增加至8亿人。从长期来看,这种竞争有利于日本国内产业的进一步高度化。那些生产率低、成本高的企业被淘汰,其资本和劳动力向生产率更高的企业流动,因此,日本工资有提高的趋势。但从短期来看,不少企业开始削减成本,工资的上涨被抑制。总之,由于日本属于高成本体质的国家,主要体现在工资高,高于新兴国家数十倍。在全球关联产业的国际分工中,这些国家的低工资和物价,对日本构成了压力。日本正在经历这样一个过程,即它的物价和工资体系,将不可避免地被收敛于全球体系中。

根据凯恩斯的理论,商品的价格不仅是由需求方面决定的。在需求增加时,价格以何种程度上升,是由供给方面决定的,而供给方面的生产费用就成为决定因素。工资是生产费用中的基本组成部分,工资上升物价就会上涨。日本目前的工资呈下降状态,因此很难摆脱通货紧缩。

(3) 日本经济结构本身存在的通货紧缩型体质

日本经济结构本身具有通货紧缩型体质特征,主要体现在国际收支方面,它有大规模的经常项目顺差。在此过程中,尽管受到新兴市场国家劳动密集型产业廉价商品进口的挑战,但日本仍是经常项目的顺差大国,原因在于虽然外国商品的进口会减少经常收支的黑字,但日本在资本品和耐久消费品生产方面具有优势,起到了增加或维持贸易顺差的作用。经常项目顺差导致日元升值,而日元的升值,又使进口商品价格下降,与此同时,日本国内资本密集型产品的竞争日趋激烈,这也起到了使价格下降的作用。

有关日本此次通货紧缩成因的讨论,尽管有多种观点,但较有力的观点,是将通货紧缩视为一种货币现象,也就是说货币供应量的增减在物价变动方面起主导作用。根据有关学者的实证分析,二十世纪八九十年代,日本物价变动与货币供给量之间存在较强相关性,而且在通货紧缩期间,货币流通速度也会下降,这也是引起物价变动的重要因素。同时,在此次通货紧缩期间,消费者物价指数的降幅较小,与之相比,生产者物价指数的下降幅度较大。在此条件下,企业势必要裁减工人,加上放松企业雇佣调整规制等因素,日本失业问题对通货紧缩的影响也非常严峻。

【案例讨论】

1. 针对日本的通货紧缩情况,该如何治理?
2. 日本的通货紧缩和我国的通货紧缩表现有什么不同?
3. 日本的通货紧缩给我国带来哪些启示?

案例4 我国2008年至2012年的通货膨胀

【案例内容】

从2006年起,伴随着农产品以及石油价格的大幅上涨,通货膨胀的序幕被揭开。进入2007年下半年,初级产品价格全面上涨,至2008年4月份CPI同比上涨已经高达8.5%,通胀预期正逐渐形成。而2007年突如其来的美国次级抵押贷款市场危机迅速向全球金融体系扩散,演化成全球性的金融危机。我国的通胀趋势一度放缓,但是多年来连续保持"高增长、低通胀",仍然面临着通货膨胀的威胁。尽管我国在2007年并未受到太大的冲击,但在经济全球化的大环境下,中国经济随后也受到了牵连。为了维持经济稳定,刺激实体经济,我国采取了积极的财政政策和适度宽松的货币政策,政府推出了4万亿元经济刺激计划及十大产业振兴规划,2009年国内的新增贷款更是达到史无前例的9.59万亿。同时,热钱大量涌入国内市场,人民币面临被迫升值的局面,我国通货膨胀的水平也处于稳步上升状态。自2009年7月以来,我国CPI一直稳步上升,2011年7月份CPI达到了近几年的高位6.5%,我国的通胀压力再次显现。然而进入2012年,面对欧洲主权债务危机和全球经济增长放缓,我国的通货膨胀又再次回落到3%以内,10月份国内CPI更是创下了33个月以来的新低。2008年至2012年我国的CPI指数如表7-2所示。

表 7-2 2008 年—2012 年我国的 CPI 指数

年份	GDP 指数	CPI 指数
2008	9.63%	5.9%
2009	9.2%	−0.7%
2010	10.4%	3.3%
2011	9.2%	5.4%
2012	7.8%	2.6%

此次通货膨胀的特征如下。

1. 农产品平均物价增长率远高于工业品的平均物价增长率

在 2002 年至 2011 年期间,工业品的平均物价增长率仅为 3%,而农产品竟高达 7.7%,这些数据皆反映出中国通货膨胀的二元性特征,即农产品的物价增长率要显著高于工业产品的物价增长率。

近年来食品价格上涨较快并拉动我国 CPI 持续走高的现象备受关注。其实,回顾 2001 年以来我国 CPI 及其八大分类价格指数的历史数据可以发现,食品价格上涨较快一直是我国 CPI 数据中的一个典型特征。表 7-3 给出了从 2001 年第一季度到 2013 年第一度用 CPI 计算的总体通货膨胀以及用 CPI 八大分类价格指数计算的部门通货膨胀的描述统计指标,食品部门的平均通货膨胀为 1.5%,是总体平均通货膨胀的 2.4 倍。居住部门的平均通货膨胀略高于总体平均通货膨胀,其余 6 个部门的平均通货膨胀远低于总体平均通货膨胀。此外,根据标准差、最大值和最小值等波动性指标,食品部门通货膨胀的波动性也远远大于总体通货膨胀和其余 7 个部门通货膨胀的波动性,食品部门通货膨胀的标准差为 3.1,是总体平均通货膨胀标准差的 2.6 倍,可见,自 2001 年以来,食品价格一直存在上涨较快且波动剧烈的特征。

表 7-3 CPI 及其八大分类价格指数的描述统计指标

	CPI	食品	烟酒	衣着	家庭设备	医疗保健	交通通信	娱教文化	居住
平均值	0.63	1.50	0.33	−0.23	−0.04	0.33	−0.24	0.08	0.76
最大值	3.06	8.29	1.30	3.37	1.00	2.48	0.90	2.67	3.48
最小值	−2.11	−6.28	−0.60	−2.41	−1.10	−1.00	−1.71	−1.31	−4.64
标准差	1.20	3.10	0.39	1.41	0.54	0.64	0.50	0.85	1.29

2. 通胀预期进一步推动本轮通货膨胀的发展

在 2008 年至 2012 年,通胀预期和实体经济的需求增长是引起通货膨胀的两大主要因素,两者对推动本轮通货膨胀的贡献率在 85% 以上。货币、输入和成本因素的冲击对本轮通胀的影响较小,但这些因素对通货膨胀预期产生了重要影响。而在实体需求因素中,消费的贡献率显著地高于投资和出口,消费升级是拉动物价的最主要原因。国民经济的发展极大地刺激了消费者的消费欲望,消费者的消费欲望空前高涨,再加上通胀预期的影响,更加促进了当时消费的增长。同时,居民的预期通货膨胀对实际通货膨胀有推动作用。居民根据通货膨胀的历史情况以及自己过去的预期偏差形成未来的通货膨胀预期,消费者根据当前和以往的实际通货膨胀率来形成通货膨胀预期,于是这种对物价上涨的预期使得消费者进一步加大当前的消费,进一步推进通货膨胀的发展。

3. 经济的高速增长带来的购买力上升促进了消费需求的增长

总需求对通货膨胀的影响周期较长,无论是实体经济面还是货币供应面。成本因素推动通货膨胀的时滞比较短,输入因素和预期因素的影响时滞居中。这映射出本轮通货膨胀的传导路径:需求是本轮通货膨胀的根本动因,这包括了货币需求和实体经济需求,其通过预期、输入等因素最终传导至直接影响物价的成本因素。

过度城市化导致的消费升级,人民币相对低估刺激的出口外需,为了财富保值的投资需求,以政府投资为主要形式的政府需求增长都成为拉动本轮通货膨胀的重要原因。

4. 生产成本的提高是本次通货膨胀的重要原因之一

工资、租金、利润、利息等生产要素价格的上涨,推动了价格水平的持续上升。由资产价格上升、食品价格上升、最低工资标准的提高、《新劳动合同法》的出台、就业选择增多等原因导致的人力成本上升,由楼价上涨推动的土地成本上升,由经济转型导致的环境成本上升,由国外原材料价格上涨和国内资源供应紧张造成的水、电、燃料、运输等公用事业的价格上涨,还有房地产、食品和能源部门价格的快速上涨进一步加剧了通货膨胀的发展。

【案例评析】

我国本次通货膨胀产生的原因是多种多样的,分析如下。

1. 宽松的货币政策

因为国际金融危机,我国政府实行了积极的财政政策和适度宽松的货币政策。2008年下半年,中国人民银行连续5次下调存贷款基准利率,从7.47%的高点下调至5.31%,降幅共计2.16%。同年存款准备金率也出现了较为罕见的下调,从2008年6月的17.5%下调到12月的15.5%,降幅为2%。此外,央行还取消了对商业银行信贷规模的硬约束,传导出了由紧转松的货币信号。2008年11月5日,为了应对国际金融危机影响的进一步加深,国务院常务会议根据日趋严峻的形势推出了进一步扩大内需促进经济平稳较快增长的十项措施,其中包括民生工程、基础设施、生态环境建设、灾后重建和城乡建设等多项内容。2009年7月23日召开的中共中央政治局会议指出:"要继续把促进经济平稳较快发展作为经济工作的首要任务,保持宏观经济政策的连续性和稳定性,继续实施积极的财政政策和适度宽松的货币政策,全面落实和充实完善刺激经济的一揽子计划和相关政策措施,巩固经济企稳回升势头,努力实现今年经济社会发展的预期目标。"可见,直到2009年下半年,积极的财政政策和适度宽松的货币政策仍然是主要的政策基调。

2. 货币供应量增加幅度大

在积极的财政政策和宽松的货币政策指导下,我国货币供应量快速增长。货币供应量对通货膨胀的产生有着至关重要的影响。按照货币数量理论,当货币供应量增速高于GDP的增速,其差额将转化为通货膨胀。虽然我国近年来货币供给的增长速度依然远高于GDP的增长速度,但并没有因此引起恶性通货膨胀。这可能归因于我国较高的储蓄率,但这些被储存下来的多余货币就成了潜在的通货膨胀压力。为应对2008年的金融危机,中央政府4万亿元、地方政府10万亿元的经济刺激政策为这部分资金提供了一个良好的投资机会。2008年全国银行新增贷款达到7.4万亿元,是原计划的1.5倍。2009年我国货币投放量进一步增大,每个月的广义货币供应量(M_2)从3月份起同比增长都在25%以上,比当初制定的年度目标17%高出了不少。同时信贷规模扩张也非常惊人：2009年上半年我国新增人民币贷款高达7.37万亿，超过了2006年与2007年之和，全年将近10万亿元的规模是历史最高水平2007年的近3倍。与此同时，我国M_2的增长速度比GDP的增长速度高了近20%。

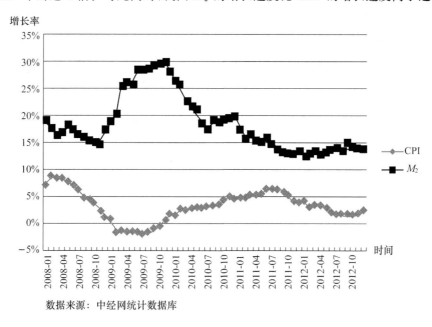

数据来源：中经网统计数据库

图7-1 2008年至2012年我国CPI与广义国币供应量(M_2)的增长率

CPI与M2的增长率在2008年到2012年基本呈现相反走势（见图7-1），且M_2增长率到达极点的时间稍后于CPI。这种现象的背后很可能与货币政策制定的滞后性及其在我国实施的有效性有关。2010年实施适度稳健的货币政策以来，货币的供应量增速虽然开始下降，但依旧远远超过GDP增速，CPI仍旧呈上升趋势。进入2011年，虽然货币增速继续放缓，但是CPI增速依然居高不下，年末CPI开始回落，可见CPI与货币供应量M_2的增速有明显关联。宽松的货币政策使我国避免走入金融危机的泥潭，但多于经济发展需求的货币在国家投资的带动下活跃起来，加上基准利率的下降，货币供应的持续增加和货币需求的变化为我国本次通货膨胀的作了非常大的贡献。

3. 人民币升值

随着中国经济的高速发展，外汇储备量大增，人民币的升值预期被市场加以放大。我国2005年进行汇率改革后，人民币兑美元逐渐开始升值。尽管外界对中国频频施压，要求人民币升值，然而我国政府并不希望出现过快的升值，通过市场操作使其缓慢升值，从而人民币的汇率存在一定的升值潜力。因此尽管近期人民币在持续升值，但人民币的升值预期依然存在，从而可能导致一定程度的输入型通胀。为了维持汇率的稳定，中央银行只好干预外汇市场，买进美元，使得外汇储备大量攀升，货币供应量也随之上升。在外汇管制条件下，贸易顺差也会造成货币增发。虽然央行在公开市场上发行票据对经济体系中增加的货币量进行对冲，但新增的货币难以被完全收回。在长期贸易顺差和人民币升值预期的影响下，多余的货币就会进入资本市场，形成所谓的"游资"和"热钱"。在金融危机后，实体经济和股市都产生了波动，这些游资为了规避风险和追逐高额利润，转而进入炒作的轨道，从绿豆、姜、苹果等副食品开始,进而进入其他经济领域,整体上拉动了物价,这也是造成本轮通胀一个重要原因。

4. 全球流动性泛滥

2008年金融危机的爆发,世界各国为了刺激本国经济的复苏,纷纷开始执行量化宽松政策。2009年3月1日,英国央行率先启动量化宽松政策,当天计划购买20亿英镑的本国国债。同年3月18日,美联储也宣布购买3 000亿美元的长期国债,随后又连续实施了QE1、QE2以及QE3。欧洲央行在5月7日迈出了量化宽松政策的第一步,将基准利率下调至1%,并宣布将购买欧元区发行的805亿美元资产担保债券。国际金融学会在2011年6月1日发布的《新兴市场国家的资本流入》报告中称:整个2011年,大约将有10 410亿美元资本流入新兴经济体,中国将"吸收"其中大约三成,约3 000多亿美元。以美国为首的量化宽松,使得美元在一定程度上贬值,致使国际大宗商品的价格上涨,这在一定程度上促进了我国的通货膨胀。输入性因素是导致本轮通胀的主要原因,而且输入型通胀确实是当时通货膨胀的一大压力。

5. 成本因素

金融危机爆发后国际能源价格一度急挫,纽约原油期货价格在2009年1月触及33美元/桶的谷底价。但2009年国际能源价格重拾升势,截至2012年2月底,纽约原油期货价格再度突破100美元/桶。在金融危机后,铝、铜、锌、镍、天然橡胶等国际大宗商品原材料的价格也曾经一度大幅下滑,但同样地,从2008年年末2009年年初开始,出现了又一波快速上升的走势。常用于衡量国际大宗商品期货价格走势的路透商品研究局指数(CRB)反映了这一状况。金融危机后,该指数在2008年12月曾触及最低的322点,而从2009年起开始不断走高,到2011年更是涨至历史高位691点。这很好地体现了金融危机后国际能源和原材料价格的走势和上涨幅度。

国内原材料价格也经历了类似的过程。2009年以来受国际原油价格的影响,国内成品油价格随之不断上涨,从2009年1月最低的5 540元/吨升至2012年2月的8 580元/吨,上涨幅度超过55%。国内铝、铜、锌、天然橡胶等工业原材料价格也跟随国际市场迅速上涨。上海期货交易所的铝期货价格从2008年12月最低的10 125元/吨,最高涨到18 645元/吨,上涨超过80%;铜期货价格由2008年12月最低的23 650元/吨涨至2011年2月的73 300元/吨,上涨幅度达到293%;天然橡胶期货价格从2008年12月最低的8 650元/吨最高上涨到43 500元/吨,上涨超过400%。

此外,劳动力的结构性短缺、劳动力成本不断上升是工业生产者面临的又一难题。劳动力、石油等作为企业生产过程中的刚性成本,企业很难通过优化管理和技术革新来抵消其价格的上涨,最终只能以价格的形式转嫁给消费者。2010年以来,随着国际石油等原材料价格的再度上涨,燃料动力类能源的进购价格也在逐步攀升。同时,随着我国经济发展结构的转变以及人口结构的调整,劳动力的供给也开始发生了结构性的变化。尤其是在初级的工业生产领域,"民工荒"已经成了当时社会关注的焦点。劳动力供给从充足向局部短缺转变,劳动力价格的上涨是必然的结果,最终将通过市场传导机制影响消费品的价格水平。随着我国经济的进一步发展,原材料、资金、土地、资源环境等方面的成本都会不断上升,进而推动我国居民消费价格水平的上升。与其他因素相比,国内的成本因素对物价会产生更为持久的影响。

6. 需求大幅度上升

经济的高速增长带来的购买力上升,过度城市化导致的消费升级,人民币值相对低估刺激的出口外需,为了财富保值的投资需求,以政府投资为主要形式的政府需求等都可能是拉动本轮通货膨胀的重要原因。

本轮的通货膨胀,预期因素对通货膨胀的贡献度高达45%。考虑到预期型通货膨胀的自我实现性质,投机性资金的炒作很可能会误导公众对通胀预期的合理认知,政府应该有目的地引导公众形成一个合理的通货膨胀预期。在合理的通货膨胀预期下,由实体需求的自然增长而导致的通货膨胀一般不会给经济带来恶性影响。消费升级反映出我国的经济发展已经进入了转型阶段,根据其他国家和地区的发展经验,这个阶段必然会伴随着一定的通货膨胀。这种温和的通胀可以说是经济稳定转型的反映。金融危机的影响还在持续,世界经济下行的风险并没有降低。在这样的国际经济环境中要实现经济转型必然会遇到重重困难。相对于通货膨胀给经济带来的风险,人力成本上升、国际地位的转变、经济在快速扩张后的可持续发展更应成为社会关注的焦点。

【案例讨论】

1. 如果对本轮通货膨胀进行治理,你认为会发生什么样的经济表现?
2. 不同程度的通货膨胀对经济运行的影响有哪些不同?

第8章 货币政策

案例1　2008年金融危机美联储的货币政策

【案例内容】

2008年的金融危机始于美国的次贷危机,由美国次贷危机的发展而演化成了一场席卷全球的国际金融危机。此次金融危机,从2007年开始,自美国次级房屋信贷危机爆发后,投资者开始对按揭证券的价值失去信心,引发流动性危机,导致金融危机的爆发。到2008年,这场金融危机开始失控,并导致多家大型的金融机构倒闭或被政府接管。随着金融危机的进一步发展,又演化成全球性的实体经济危机。当时美联储的做法是采取证券收购计划,就是后来为人熟知的第一轮量化宽松。这一系列救助计划的目的是引起市场关注,2008年11月25日,美联储首次公布将购买机构债券和抵押贷款支持证券(MBS),标志着首轮政策的开始。2009年美联储宣布将收购由房利美、房地美、吉利美担保的,总额高达1.25万亿美元的抵押贷款支持证券,这比2008年11月25日宣布的抵押贷款支持证券的收购规模高出了7 500亿美元。美联储还宣布2009年将再度购买由房利美和房地美发行的1 000亿美元的债券,使得美联储购买的两房债券总额从之前的1 000亿美元增加到了2 000亿美元。美联储宣布要收购国库券,收购证券资产的目的是降低长期利率,比如30年期抵押贷款和公司债券的利率。当收购长期国库券的时候,就会推高这些国库券的价格,从而降低其收益率,最终迅速地、大规模地降低其他证券的收益率,即降低其他机构获取信贷的成本。此外,美联储还加强对基准利率,也就是联邦基金利率的引导,美联储希望联邦基金利率在非常低的水平上维持较长时间。美联储思考如何降低抵押贷款利率,如何强化银行实力,使其恢复放贷能力,以及如何促进货币市场基金的稳定。这一政策实施之后取得了一定的效果,2009年年底,道指上扬3 000多点,一度攀升到10 428点,涨幅超过40%。长期利率也应声下跌,10年期国库券的收益率在一天之内就从3%下跌到了2.5%左右。但随后长期利率出现了反弹,回升到了4%以上。修正的数据也表明美国的经济经过4个季度的萎缩之后,在2009年第三季度实现了1.3%的增长,而在第四季度则实现了3.9%的增长。至2010年4月28日结束,美联储在此期间共购买1.725亿美元资产,使得10年期国债利率与隔夜拆借的期限利差缩窄70个基点。美联储这样做的目的仅仅在于"稳定"市场,而不是"刺激"经济。第一轮量化宽松货币政策的主要目的是通过向市场提供流动性支持,以达到提振市场信心、平复金融市场恐慌情绪的目的。从实际效果来看,第一轮量化宽松货币政策之后,美国金融体系有所企稳,目标初步达到。为了促进美国国际集团这个羽翼丰满的保险业巨头的稳定,美国政府通过多种渠道,累计提供了规模高达1 800亿美元的救助。金融危机后,美国着手改革金融监管体系,保尔森于2008年3月发表的报告提出了短期和长期的建议,最终目标是创造"三个高峰"并存的监管结构。第一个高峰是建立一个独立、审慎的监管机构,专注于确保个别银行、储贷机构、信用合作社和保险公司等金融机构的安全与稳健。第二个高峰是设立一个监管商业行为的新机构,负责保护消费者和投资者的利益免遭银行和非银行实体(包括券商和共同基金等)的侵害。第三个高峰是设立一个全新的机构,负责维持金融体系的整体稳定。这个机构还要负责监督金融体系中的一些关键基础设施,比如,金融机构用于资金支付和证券转让的计算机系统。为了不偏不倚地对待大公司和小公司,财政部的改革方案提出了三方面的建议:第一,针对那些具有系统重要性的银行和非银行类金融机构(如美国国际集团和华尔街投资公司),在资本充足率、流动性和风险管理等方面制定严格的标准;第二,美联储负责监管所有具有系统重要性的金融机构,其中不仅仅包括美联储之前就已拥有监管权限的银行控股公司,还包括大型的华尔街投行,而且可能还包括大型保险公司和其他大型金融机构;第三,美国政府设立一套夯实的破产机制,借助法律手段,以一种有序的方式去接管和解散那些处于破产边缘,却具有系统重要性的金融机构。这一法律机制不仅可以避免雷曼兄弟的悲剧再次上演,还能够让那些大型金融机构摒弃侥幸心理,不再想当然地认为自己规模大就能得到救助。财政部的金融改革方案还凸显了用"宏观审慎"的监管去弥补基于个别机构和市场的"微观审慎"的监管,试图让不良证券的发源地——影子银行体系在阳光下运作,并要求贷款机构和证券发行机构自行保留一些证券(一旦证券违约,它们自身也要承担风险),改革方案还提出加强对金融衍生品的监管,要求衍生商品交易更加标准化,清算工作由交易所集中开展,而不是由当事人私下解决。美联储系统的监管方式也在逐渐改变,其在2009年春季的大银行压力测试中,采用了跨部门的协作方式,在美联储内部打破了部门之间的藩篱,协作团队中包括监管人员、经济学家、律师、会计和金融专家。美联储除了努力改变内部的监管方式之外,还力促银行改变经营方式,让他们的高管和董事会更加关注那些可能引发过度风险的因素。

2010年11月4日,美联储宣布启动第二轮量化宽松计划,计划在2011年第二季度以前进一步收购6 000亿美元的较长期美国国债。2011年9月21日,美联储宣布进行反转操作,将出售4 000亿美元的短期国债,同时买入4 000亿美元的长期国债。反转操作与前两轮宽松政策的不同之处在于,其并未向经济体注入新的流动性,但因长期国债需求的增加,同样起到压低长期利率的作用,令利率曲线更加平坦;2012年7月20日,美联储宣布继续进行反转操作,将出售2 670亿美元的短期国债,同时购入相同金额的长期国债。计划实施以来,美国金融市场大幅改善,股市上涨27%,公司债券和国库券的收益率差距逐渐缩窄,长期利率应声下跌,这反映出,投资者对未来经济增长的信心有所增加,而且对通缩的担忧有所减少。金融形势的改善反过来又促进了经济的增长,2011年2月和3月,就业人数平均每月增长近20万人,失业率下降到9%以下。2012年9月14日,美联储宣布推出第三轮量化宽松政策,0~0.25%的超低利率的维持期限将延长到2015年,每月采购400亿美元的抵押贷款支持证券。第一轮和第二轮量化宽松政策都提前公布了收购总额,但与这两轮量化宽松政策不同的是,第三轮量化宽松政策并没有设定收购总额。美联储实施"期限延长计划"(媒体称之为"扭曲操作"),卖出较短期限的国债,买入较长期限的国债,从而延长所持国债资产的整体期限,压低长期国债收益率(以便刺激消费和投资),并提高短期利率(以便保护美元汇率,巩固美元的强势地位),缩小长期利率与低得无法再低的短期利率的差距,从而改变利率期限结构。此后,联邦公开市场委员会决定扩大第三轮量化宽松政策的收购规模,承诺在"期限延长计划"之后,每个月收购450亿美元的长期国债,加上之前开始实施的每月收购额度400亿美元的抵押贷款支持证券,美联储资产负债表规模的扩大速度就变成了每月850亿美元。表8-1所示为美国量化宽松货币政策的主要措施。

表8-1 美国量化宽松货币政策的主要措施

时间	措施
2009.3.2	美联储协同财政部为AIG提供300亿美元的援助资金
2009.3.2	美联储和财政部为小企业和消费者提供1 000亿美元的贷款
2009.3.18	美联储购买房地产抵押债券7 500亿美元,并追加购买1 000亿美元的放贷机构债券
2009.3.18	美联储货币政策委员会宣布美联储将在未来6个月购买总额为3 000亿美元的长期国债,同时进一步购入7 500亿美元的抵押贷款相关证券和1 000亿美元的"两房"债券
2009.2.24	美联储货币委员会宣布美联储从3月31日起购买国债,包括30年期长期国债
2009.3.25	美联储购买75亿美元的中长期国债,到期日从2016年2月到2019年不等
2010.8.10	美联储宣布将基准利率继续维持在0~0.125%的历史最低水平,把从机构债券和机构MBS证券上回收的本金用于购买稍长期的国债
2010.8.17	美联储买入了25.52亿美元的美国国债
2010.11.3	美联储宣布决定于2011年6月底前购买6 000亿美元的美国长期国债,以刺激美国经济复苏,同时宣布将联邦基金利率维持在0~0.125%的水平不变
2010.12.3	美联储主席伯南克受访时表示,为支持经济复苏,不排除购买更多债券的可能性
2010.12.5	美联储主席伯南克再次表露"宽松"的决心,有预测称美国第三轮量化宽松规模或达4 000亿美元
2011.1.10	三位美联储官员(洛克哈特、罗森格伦和费希尔)表示,美联储的6 000亿美元债券购买计划有助于巩固尚不牢靠的美国经济复苏,按计划实施的可能性会增大

2014年10月30日,美国联邦公开市场委员会(FOMC)货币政策会议宣布,将在2014年10月末停止资产购买计划,这意味着实施6年的量化宽松政策结束。2014年10月,证券收购计划结束时,失业率已经下降到了5.7%,2014年新增就业机会高达300万个。2014年年底,美国商品和服务总产出超过2007年年底的水平(即危机前的最高水平)8%以上,这种结果虽然算不上太好,但比其他发达工业国好多了。2014年年底,欧元区的经济总产出水平依然比危机前的最高水平低了大约1.5%,在欧元区,经济产出总量占比三分之一的德国,总产出比危机前的最高水平高出大约4%,欧元区其他经济体的表现更差。在欧元区之外,英国总产出比危机前的最高水平略多3%,日本的总产出依然低于危机前的最高水平。虽然美国是2007年至2009年那场金融危机的"震中",但复苏也最强,因为美联储放宽货币政策的力度比其他央行大得多,而且尽管美国财政政策成为影响经济复苏的一股"逆风",但这种阻碍作用比其他国家和地区小得多。2009年的银行压力测试也起到了一定的作用,因为

这些压力测试在美国经济复苏初期就推动美国银行走上了一条更为健康的发展道路。量化宽松政策结束是美联储基于对美国经济的综合判断做出的，从美联储自身来看，经过几轮量化宽松货币政策，美联储资产负债急剧扩大，在量化宽松货币政策结束之后，下一步如何替美联储"瘦身"以回归至正常水平，成为美联储自身面临的一个挑战。未来美联储选择何时加息会成为市场新的关注焦点，市场随时可能出现动荡。加息也会推动美元逐步走强，这会对美国出口贸易形成抑制，从而影响美国经济复苏的进程。

【案例评析】

量化宽松货币政策主要指中央银行在实行零利率或近似零利率政策后，通过购买国债等中长期债券，增加基础货币供给，向市场注入大量流动性资金的干预方式，以鼓励开支和借贷。这有助于降低政府债券的收益率和银行同业隔夜利率，缓解市场的资金压力。这一非常规政策措施虽然在一定程度上有利于抑制通货紧缩预期的恶化，但对降低市场利率及促进信贷市场恢复的作用并不明显，并且或将给后期全球经济发展带来一定风险。美国量化宽松政策清楚地揭示了现行国际货币制度的缺陷。在现行的国际货币制度下，美元等主权货币是国际货币，但是美国经济与世界各国的经济不可能同步变化，当美国经济仍然没有摆脱经济衰退的时候，其他国家的经济可能已经发生通货膨胀，如果美国货币当局用增加货币供给的政策去解决本国经济问题，将会对别的国家的经济造成影响。

此外，自亚当·斯密时代以来，经济学家们普遍认为，自由市场有能力高效地配置资源，但在金融恐慌中，恐慌情绪和避险意识会妨碍金融市场在资源配置方面发挥关键功能，干预举措依然是很有必要的。央行要发挥重要作用，提高货币政策制定过程的透明度。如果公众可以理解央行的思维，那么央行货币政策的效果就会更加显著，央行及货币政策的透明有助于赢得公众信任。公众和媒体应该有机会去了解央行这个机构本身，了解央行的决策者和政策选择过程。金融监管体系的改革要让联邦金融监管机构合理化，同时消除职能重叠现象，并弥补监管的空白地带。在货币政策的制定过程中，集体领导方法有很多优点，创新思维可以催生很多新想法，而认真的辩论则可以筛选和鉴定这些想法。决策过程中，需要让每个人都发挥创新思维，为最终制定切实可行的政策作出自己的贡献，也需要通过公众辩论为外部的人们提供一种保证，让他们相信政府的确在广泛征求意见。无论在何种情况下，央行的公信力对于有效决策都具有至关重要的意义。有了公信力，公众才能相信决策者会用实际行动践行决策，必须以认真的态度去达成强烈的共识，并耐心地将其维持下去。

对于中国而言，中国从危机中恢复得相对较快，部分原因是中国在2009年实施了大规模的财政刺激计划，现在又专注于推动长期性的经济改革。如果中国想要延续经济方面的成功，必须减少对出口的依赖，在更大程度上发挥内需的作用，面向国内民众生产商品和服务。中国还迫切需要净化环境，完善社会保障体系，加强金融监管，减少腐败。应对新一轮的全球量化宽松政策，首先，中国要积极对冲短期资本流动对国内基础货币供给的冲击，保持国内货币政策稳定；其次，利用减税、放松市场准入等措施，降低进口大宗商品价格上涨对中国经济供给面带来的负面冲击；再次，提高人民币汇率弹性空间，提高人民币汇率弹性会起到两方面的积极影响，一是通过汇率自身的波动削弱投机资本的继续流入，二是降低进口商品价格，中国要继续深化汇率改革，深化汇率形成机制，当汇率波动过大时，中央银行应适当干预外汇市场，避免出口企业遭受汇率波动带来的损失；最后，要想彻底改变中国货币政策受制于人的状况,最根本的是要实施新型工业化战略,转变经济发展方式,进一步优化产业结构和产品结构等,解决经济不平衡的风险,减轻输入型通胀的压力。

【案例讨论】

1. 什么是量化宽松政策?分析美联储实施量化宽松政策的原因、所分的阶段以及对美国和世界经济的影响。

2. 中国在2008年金融危机后恢复较快,其主要原因是什么?未来中国应采取何种措施防范全球经济动荡?

3. 在货币政策的制定过程中央行应发挥何种作用?特别是面对金融危机时,央行应该如何调整政策应对危机,刺激经济复苏,稳定金融市场?

案例2 金融危机之后中国的货币政策转型

【案例内容】

货币政策作为中央银行实现特定经济目标,调节货币供应量的方针,在经济的发展过程中发挥着重要作用。金融危机以前,多数主要央行关注的重点是价格稳定,并采用了通胀目标制。危机后,全球经济复苏能力不足,大宗商品价格大幅下降,金融市场动荡不安。各国中央银行对货币政策进行了讨论和反思,各国情况存在差异,但也有不少共性问题,大多数央行强化或增强了金融稳定和金融监管职能。中国兼顾转轨经济体和新兴市场经济体的特征,货币政策无疑会受到国际收支和资本流动的影响。自2013年来,我国分别出现了"钱荒""股灾"和人民币较大幅度贬值的现象。随着政治、经济和社会环境的变化,央行在宏观调控部门中的角色定位和政策目标均发生了细微的变化,具体体现在5个方面。

1. 央行在宏观调控中的地位上升

首先,汇率形成机制灵活性增强,央行调控能力加强。在固定汇率体系下,扩张的货币政策会带来汇率贬值的压力,为了维持币值稳定不得不收紧货币,即货币政策在完全固定的汇率制度下是无效的。相反,在浮动汇率体系下,扩张的货币政策导致汇率贬值,并与此一道加大了央行货币政策扩张的效果。1994年1月1日起,我国对人民币汇率制度进行重大改革,实施以市场供求为基础的、单一的、有管理的浮动汇率制度,人民币兑美元汇率每天的波幅为中心汇率上下0.3%。2005年7月建立以市场供求为基础参考一篮子货币进行调节、有管理的浮动汇率制度,人民币汇率不再钉住单一美元。2007年5月、2012年4月和2014年3月,人民币兑美元汇率日波幅相继扩大至0.5%、1%和2%。2016年,汇率形成机制改革取得了积极进展,人民币作为一种新兴国家货币纳入SDR货币篮子,"收盘汇率+一篮子货币汇率变化"的中间价形成机制初步建立,中国逐渐放开对汇率形成机制的管控,央行调控能力增强。

其次,财政空间受限,央行调控地位进一步凸显。李嘉图等价理论表明,尽管财政政策和货币政策均能对经济进行逆周期调节,调控当局将根据政策的内部时滞、外部时滞长度、政策的效果以及政策的空间,合理确定调控政策组合,但长期看扩张的财政政策会挤出家庭需求,导致财政政策无效,特别是长期的财政透支会加大政府债务风险。实践上,受社会保险、福利和教育普及影响,财政扩张政策易升难降,导致政府债务与GDP之比趋势攀升,进一步扩张空间受限。2008年以来,我国加大了财政扩张的力度,政府债务与GDP之比快速攀升。2012年的财政赤字预算为8 000亿元,与GDP之比为1.5%;2014年的财政赤字为13 500亿元,与GDP之比为2.1%;到2016年,财政赤字21 800亿元,与GDP之比提高到3%。

最后,央行创设多种工具,增强了央行调控的灵活性。在数量工具方面,自全球金融危机以来,央行创设了多种流动性投放工具。2007年年底,美联储创设定期贷款拍卖(TAF)工具,对金融机构提供抵押贷款;紧接着创设一系列工具,包括短期证券借贷工具(TSLF)、一级交易商信贷便利(PDCF)、资产支持商业票据货币市场共同基金流动性工具(AMLF)、商业票据融资工具(CPFF)、定期资产支持证券贷款工具(TALF)等。我国央行也创新了多种结构性工具,包括短期流动性调节工具(SLO)、中期借贷便利(MLF)、常备借贷便利(SLF)、抵押补充贷款(PSL)等,为市场提供不同期限的流动性。在价格工具方面,央行通过前瞻性指引锚定中长期通胀预期,进而影响中长期利率基准;短期通过合理设定利率走廊的波动区间,平抑货币市场利率的大幅波动。当前,我国基本形成了有效的利率走廊调控模式,短期利率上限为逆回购利率,短期利率下限为超额准备金利率。

2. 金融稳定在央行调控政策中的地位上升

2008年全球金融危机以来,金融稳定已经成为各国央行重要的调控目标。一是危机表明物价稳定会在一定程度上激励经济主体的投机行为,这种"稳定-不稳定"效应通过金融市场波动再分配社会财富,极大影响了中产阶级的经济和社会地位。二是当前主要经济体央行一般将金融稳定作为货币政策的一个底线目标,重要性仅次于价格稳定。金融危机后,世界经济潜在增长率下移,欧美日等发达经济体经济增长仍然缓慢,有长期停滞的迹象;新兴市场国家经济增速放缓,与发达国家存在经济周期错配;多数发达国家和新兴市场国家债务激增,金融市场脆弱性加剧;多数央行提高了金融稳定在调控中的目标权重。IMF总裁拉加德在多个场合呼吁,"全球央行在维持通胀水平的同时,可能还要更多地考虑金融稳定"。我国2013年后的《货币政策执行报告》中有表述,"采取综合措施化解金融风险,维护金融稳定,守住不发生系统性、区域性金融风险的底线"。

3. 汇率稳定政策重要性提升

维持汇率水平基本稳定,是汇率政策的目标之一。在经济全球化背景下,货币政策外溢性增强,不可能三角定律说明固定汇率、资本账户开放和货币政策独立性三者不可兼得。随着经济金融一体化进程的加深,在IT技术、运输技术以及人员等资源快速流动的冲击下,经常项目的资金流动可以在很大程度上替代资本账户的资金流动,因此变为不可能的两角,即固定汇率与货币政策独立性也不可兼得。现实中,占主导体系的货币扩张,全球流动性增加,外溢性会导致其他跟随国家的货币政策随之扩张。一国货币政策在国际股票市场有显著的溢出效应,因此其宽松的货币政策会引起其他国家和地区股票市场收益率提高。实证数据表明,货币政策对贸易品产业及非贸易品产业均存在显著的外溢性,并以此对其他国家经济金融产生影响。全球资本的流动加剧了汇率的波动性,各国呼吁保持货币政策稳定,为全球汇率稳定提供良好的外部环境。我国央行在账面上承担汇兑损失,在人民币升值期间,居民或非居民在贸易项下或者资本项下通过提前结汇、滞后售汇、调整结售汇地点等多种方式,将外汇资产转变为人民币资产,导致外汇占款增加,人民币更有升值压力。这时候,央行将高成本得到的外汇资产投入到低息的境外市场,一方面承担利差损失,另一方面也在账面上承担汇兑损失,或者在央行对冲压力较大的情况下,通过提高准备金率让商业银行也适当分担稳定汇率的压力。2015年年底,我国央行资产构成中,外汇资产为24.85万亿元,对政府债权为1.53万亿元,对其他存款性公司债权为2.66万亿元,分别占总资产的78.2%、4.8%和8.4%。2015年下半年以来,受美元加息等影响,我国资金外流较多,人民币贬值明显,外汇市场负循环有所显现。我国央行一方面加大在岸汇率市场化力度,同时在离岸市场出手干预,缩小境内外人民币汇率的价差。同年12月,我国外汇储备下降了创纪录的1 080亿美元。这既反映了干预的成本,也反映了资本外流上升。

4. 稳健或偏松将为中长期货币政策基调

货币政策基调是指货币当局为实现既定调控目标(如物价稳定、金融稳定等),选择紧、中性或宽松的货币政策,以熨平经济周期和实施宏观调控。从中长期看,受金融风险上升和潜在产出下滑的影响,稳定金融和稳定价格两大目标决定了货币政策基调是在稳健和偏松两者之间摇摆。

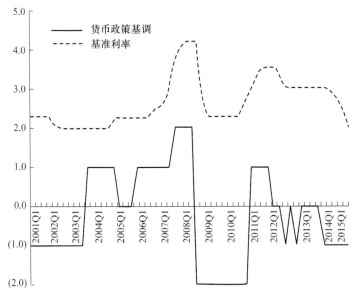

数据来源:Wind数据库

图 8-1 我国货币政策基调

我国货币政策基调在较长时间内稳健或稳健偏松。从历史上看(见图 8-1),2001 年至 2015 年共 60 期的《中国货币政策执行报告》(下文简称《报告》)充分描述了我国货币政策的基调变化。根据货币政策的松紧程度,将适度宽松、稳健偏松、中性、稳健偏紧和从紧依次赋值-2、-1、0、1 和 2,分别对应《报告》中的货币政策表述。按照此方法,2008 年以来,我国货币政策基调基本是稳健偏松的。我国基本利率变动也充分验证了这一点。2016 年中国人民银行分支行行长座谈会强调,下半年,我国将继续实施稳健的货币政策,保持灵活适度,适时预调微调,增强政策的针对性和有效性。货币政策要围绕稳增长、推进供给侧结构性改革和防范系统性风险 3 个重点展开。会议指出,将综合运用多种货币政策工具,保持流动性合理充裕,实现货币信贷及社会融资规模的合理增长,改善和优化融资结构和信贷结构,降低社会融资成本。

5. 货币政策调控效力下降

理论上,货币政策是短期的经济稳定政策,在中长期则是中性的,难以承担中长期经济结构调整或助力增长的大任。而且,货币政策本身也有空间和上限,货币政策的基础是国家信用,长期宽松可能导致国家信用的破产,导致资金外流等不利局面。

我国货币政策的效率下降明显。一是我国央行的资产负债表是全球最大的,然而,我国单位央行的调控资产所能撬动的 GDP,是全球最低的。截至 2015 年年末,我国央行的总资产为 31.78 万亿元,按照年末中间价折合为 4.89 万亿美元;美联储总资产为 4.54 万亿美元;日本央行总资产为 383.11 万亿日元,折合为 3.18 万亿美元;欧央行总资产为 2.77 万亿欧元,折合为 3.01 万亿美元。但从 GDP 来看,我国 GDP 略高于日本,但远低于美国和欧元区国家。二是货币政策刺激作用越来越弱。过去增长出现减速的时候,财政和货币的空间比较大,所以当采取增发货币、增加债务、扩大投资等刺激需求的办法时,很快就能收到稳增长的成效。具体例子如 1998 年应对亚洲金融危机和 2008 年应对国际金融危机。近几年,政府都会出台一些保增长的货币政策刺激措施,但 GDP 增长率仍然一路下行。从 2011 年到 2015 年的五年中,GDP 增长率分别是 9.2%、7.8%、7.7%、7.4% 和 6.9%。三是在货币政策多目标平衡下,既要稳经济、又要稳汇率,往往导致货币管不住,价格调不动。2005 年经济增速高达 11% 以上,2007 年更升至 14.2%,CPI 年度涨幅受行政限价抑制仍逐年攀升,过热倾向明显,房地产价格和股票价格泡沫化逐渐显现。这一时期,外汇占款对同期央行资产增量贡献率在 90% 以上,导致货币扩张速度居高不下,平均年增速在 16% 以上。高速增长的货币无疑对过热经济是"火上浇油"。

【案例评析】

货币政策可以促进社会总需求与总供给的均衡,保持货币币值的稳定,可为宏观经济的正常运转提供一个稳定的、良好的货币金融环境,促进充分就业,维持国际收支平衡,维护金融体系的稳定。金融危机后,经济复苏的持续乏力也引发了对通胀目标制以外的货币政策框架的理论探讨,对新兴市场经济体而言,货币政策无疑会受到国际环境的影响。货币政策不能简单用"松"与"紧"来阐述,而是要注重稳增长、调结构、促改革、防风险等多个目标间的平衡,同时也要保持基本流动和汇率水平的基本稳定。上述案例中提到:财政空间受限,央行调控地位进一步凸显。金融危机以后,财政政策使用得不充分,造成了对货币政策的过度依赖。理论上,财政政策和货币政策是有分工的,但在实际中常有冲突,所以必须准确把握和正确处理二者的关系,认识二者的本质特征和根本区别,根据实际情况协调而灵活地运用财政政策和货币政策,充分发挥其应有作用,保证国民经济持续快速发展。财政政策要做到保底的职能,包括扩大社会保障覆盖面,加大社保支出和教育、科技投入力度,增强财政的自动稳定器和结构性调控功能。从内部环境来看,当前经济下行的压力依然存在。货币政策需要继续为供给侧改革创造适宜的货币金融环境,为实体经济提供合理适度的流动性,央行调控的紧要任务是保持适度经济增速、稳定物价水平和维持金融稳定,建议调控当局打造合理的货币政策调控指标,采用"供给管理为上,货币政策次之,财政政策为轻"的组合调控模式。从外部环境来看,英国脱欧公投带来更多不确定性,人民币汇率走势呈现波动,进而对跨境资金流动产生压力。货币政策仍需要"量价结合",更加注重松紧适度。从总量看,央行需要延续今年以来"小步快走"的节奏,保持金融体系流动性稳定。同时,进一步加大定向精准调控力度,对实体经济中的重点领域和薄弱环节,如"三农"、小微企业、转型升级企业等进行倾斜。在价格方面,货币政策需要避免汇率过高抬升实体经济的融资成本,也要避免过低刺激通胀及资产价格泡沫。总体上看,仍需要灵活运用多种货币政策工具,保持适度流动性,实现货币信贷及社会融资规模合理增长,为经济结构调整和转型升级营造适宜的货币金融环境。对于央行而言,要加大供给侧改革力度,夯实经济长期稳定发展的基础。通过创新驱动和国内改革推进产业结构升级和经济结构调整,提高经济发展的质量和效率。案例中提到我国货币政策基调在较长时间内稳健或稳健偏松。这符合当前经济发展形势的要求,货币政策需要考虑金融稳定的权重。在国际层面,央行要加强对全球资本流动的监测,加强对资本项目流出的监管,提高资本流出的交易成本,在保持基础货币稳定的前提下,灵活运用利率、汇率和法定准备金率等货币政策工具,稳定金融市场。在境内层面,防范低利率环境所带来的宏观审慎风险,对影子银行业务、金融市场主体的杠杆行为密切关注,及时防范和化解金融风险。在区域和行业层面,牢牢守住不发生系统性金融风险的底线。案例中也提到自金融危机以来,汇率稳定政策的重要性提升。当前,在经济脱钩和全球经济去中心化的大背景下,随着美元地位相对衰落,全球经济多极化格局兴起,我国外向型经济要素相对优势逆转,不应该以美元作为锚货币。稳定人民币兑美元或者一篮子货币都不应该成为我国货币政策的选项,汇率稳定在货币政策中的权重可以适当降低。对新兴市场经济体而言,国际收支、资本流动、汇率和外汇储备都是影响宏观经济和货币政策的核心内容,央行要关注国际收支平衡问题,相应也需要承担管理汇率、外汇、外汇储备、黄金储备、国际收支统计等职能。与此同时,央行要处理多目标和货币政策功效之间的关系问题。中国央行追求多个目标确实可能会影响其独立性,《中国人民银行法》对央行独立性也是有语言表述的,即"中国人民银行在国务院领导下依法独立执行货币政策,履行职责,开展业务,不受地方政府、各级政府部门、社会团体和个人的干涉"。央行的多目标难以超脱政治现实的影响,这就需要央行与其他政府部门和监管机构较多地协调,央行更多地承担宏观审慎和金融监管等职能。

【案例讨论】

1. 金融危机后,在中国货币政策转型过程中,央行发挥了怎样的作用?
2. 央行货币政策的终极目标主要是稳定物价,促进经济增长,实现充分就业和国际收支平衡。在实际中,如何把握目标之间的关系,处理其中的矛盾?
3. 人民币加入 SDR 后,中国金融环境国际化程度加深,央行该如何制定货币政策以维持汇率稳定?

第9章 国际金融

案例1 人民币离岸NDF市场的兴衰

【案例内容】

NDF(non-deliverable forward)市场称作"无本金交割的远期外汇市场"。无本金交割远期外汇交易是一种场外交易的金融衍生工具。该外汇交易的一方货币为不可兑换货币，主要由银行充当中介机构，交易双方基于对汇率预期的不同看法，签订无本金交割远期交易合约，确定远期汇率、期限和金额，合约到期时只需对远期汇率与到期时的实际即期汇率的差额进行净额结算，结算的货币是可自由兑换货币（通常为美元），无须对NDF的本金，即受限制的货币进行交割。无本金交割远期外汇交易一般用于实行外汇管制国家的货币，它为面对汇率风险的企业和投资者提供了一个对冲及投资的渠道。

人民币NDF交易从1996年左右开始出现，新加坡和中国香港是人民币NDF交易最主要的离岸市场，日本、中国台湾和美国纽约也有零星交易。人民币NDF市场的主要做市商是欧美的一些大型投资银行和金融机构，包括汇丰银行、渣打银行、JP摩根集团、德意志银行，参与交易的客户主要为金融机构、企业客户和对冲基金等。而他们的客户主要是在中国内地有大量人民币收入的跨国公司，也包括总部设在中国香港等地的中国内地企业。

场外交易的人民币NDF是一个在境外管理人民币汇率风险的工具。相应地，人民币离岸NDF市场的参与者也就自然而然地包括那些在中国有投资项目或者投资与中国有关系的境外投资者，他们因有实际外汇风险对冲需求而参与NDF交易管理人民币汇率风险；另一类投资者则是基于对人民币汇率走势的预测，而进行投机交易的投资者。

虽然人民币无本金交割远期外汇交易在离岸市场已经存在了十几年，但在1996年到2002年9月之间其交易还不是很活跃。从2002年第四季度开始的境外人民币升值压力产生以来，人民币无本金交割远期市场变得活跃起来，人民币NDF市场也逐渐发展壮大。就交易量而言，据国际清算银行的估计，1999年日交易额在0.5亿到1亿美元左右，2001年的日均成交量为0.55亿美元左右，而这一数字到2003年和2004年分别达到了4亿美元和5亿美元以上，排在韩元和新台币之后，居亚洲第三位。在2008年至2009年的高峰时期，每日成交量高达100亿美元左右。

国内监管当局对于人民币NDF市场的发展一直持保留态度，但并未明令禁止，所以其在国内一直处于监管的灰色地带。但是在 2005 年汇率制度改革以后,国内市场放开了远期结售汇业务,并在银行间市场引入了远期交易,部分银行在进行远期汇率定价时普遍参考 NDF 汇价进行调整,甚至直接通过境外机构进行 NDF 交易,对国内远期汇率的形成造成了相当大的干扰,国内外两个市场的差价迅速缩小并消失,甚至一度出现国内远期汇价低于 NDF 汇率的情况。2006 年 10 月,国家外汇管理局发布通知,禁止国内商业银行和任何机构参与境外 NDF 交易。此后,NDF 汇率与国内远期汇率再次渐行渐远。但是由于 NDF 交易并不涉及人民币和外汇的跨境流动,企业交给银行的外汇担保无须汇到境外,只是作为这些银行通知其境外分行进行 NDF 交易的一种凭证,赚取的利润也只需存到境外银行账户即可。因此,外管局在执行监控的过程中难度很大,实际上 NDF 受国内的管制较小。

2009 年和 2010 年前后,人民币离岸 NDF 市场进入重大转折期。2009 年 7 月,中国国务院批准开展跨境贸易人民币结算试点,人民币国际化征程正式启动。2010 年 7 月,中国人民银行和香港金融管理局同意扩大人民币在香港的贸易结算安排,香港银行为金融机构开设人民币账户和提供各类服务时不再受限制,个人和企业之间可通过银行自由进行人民币资金的支付和转账,离岸人民币市场(CNH)随之启动。

离岸人民币市场(CNH)的建立,加上离岸和在岸市场之间也有一定渠道互通,改变了整个离岸市场对人民币汇率风险对冲工具的选择,原来大家都只能被迫使用 NDF,但随着 CNH 市场的建立和发展,境外很多银行可以提供远期、掉期和跨货币掉期等多种风险对冲的产品,这些离岸人民币产品又都是可交割的。在这种局面下,人民币离岸 NDF 市场也就不断萎缩,成为边缘化市场。2015 年,人民币离岸 NDF 市场的每日成交量已经降至 8 亿美元左右。

2010 年,是中国"二次汇改"的发力点,同时也是 CNH 市场发展的起点。当年 6 月,中国人民银行宣布重启 2008 年金融危机以来冻结的汇率制度,进一步推进人民币汇率形成机制改革,增强人民币汇率弹性。这事实上结束了人民币与美元挂钩的制度,重新采取了参考一篮子货币进行调节的有管理的浮动汇率制度。1 个月后,香港市场发展离岸人民币市场的政策条件出台,在后续政策支持下,CNH 市场迅速发展起来。市场的关注随之转向 CNH 市场,因为 NDF 市场的交易量下降后,指标意义已经不明显。与 NDF 市场相比,CNH 市场参与者以有人民币实际需求的投资者为主,少数投机者则以金融机构为主。

接下来几年里,随着汇率制度改革政策的逐步出台,给 CNH 市场的发展带来更多助推力。2012 年 4 月,央行宣布将银行间即期外汇人民币兑美元交易价浮动幅度从 0.5% 扩大至 1%。2014 年,汇率市场化改革步伐加快,人民币汇率从单向升值转为双向波动。2014 年 3 月,银行间即期外汇市场人民币兑美元交易价浮动幅度由 1% 扩大至 2%。2015 年 8 月 11 日,人民银行调整了人民币兑美元汇率中间价的形成机制。人民币汇率的双向波动性进一步增加。

双向波动后,离岸人民币风险管理工具的效用更加明显。单向升值时,CNH 持有人不需要通过卖空来平衡汇率风险,对冲市场的交易量也不是很大。双向波动后,更多人愿意用外汇产品来做对冲,价格也更能体现货币的基本价格。

【案例评析】

无本金交割远期外汇交易的本质是一种远期交易。众所周知,远期交易等汇率衍生产品有助于客户对外币资产进行汇率风险对冲。但是对于一些新兴市场国家来说，他们的货币可能在国内不存在一个完善有效的远期市场，或者货币当局对于资本和金融账户下的货币兑换实行管制，所以外国投资者不能对此类货币资产进行有效的风险防范。因此，在境内远期交易受限的情况下，由一些跨国金融机构推动，在这些国家的离岸金融市场催生了一个有别于国内远期市场的无本金交割远期市场（以下简称 NDF 市场）。NDF 的交易起源于 20 世纪 90 年代初，早期的交易币种主要是拉美一些国家的货币，其中墨西哥的比索是当时交易量最大的币种。而在 1997 年亚洲金融危机以后，亚洲部分地区的汇率制度发生了根本性的变化，许多国家的货币由固定汇率制转向浮动汇率制，汇率风险加大。出于规避外汇风险的需要，NDF 市场在亚洲得到了迅速的发展。目前，韩元 NDF 交易是全球最大的离岸 NDF 交易币种。新台币和人民币也是亚洲主要的 NDF 交易币种。

NDF 出现的根本原因是货币不可自由兑换等外汇管制政策的存在。投资者出于套期保值、套利和投机等原因要进行超越外汇管制的远期交易时，无须本金交割的 NDF 市场应运而生，成为传统远期交易的替代品。从某种程度上说，NDF 是一国经济发展、逐步推进外汇自由化的进程中市场规避外汇管制的客观产物，任何国家都无法回避这个阶段。

人民币无本金交割远期是一种无本金交割产品，一类金融衍生工具，是离岸交易的人民币远期业务，它无须进行人民币实际交割，仅就到期日的市场汇率价格与合约预定价格的差价，以美元或其他可自由兑换货币进行结算。

人民币 NDF 交易主要有以下一些作用。

第一，防范人民币汇率风险。中国经济的高速发展吸引了大量的外国投资者，他们在投资过程中大多都无法回避以下问题：(1)在未来一定时点，需要支付一定数量的外币，如用于偿还外币债务或者用于投资利润汇回等，需要将人民币兑换或折算成外币，届时若出现人民币贬值，可能导致其无法偿清外币债务或者以外币表示的投资利润减少；(2)在未来一定时点，需要将所获得的外汇收入兑换成人民币，届时若出现人民币升值，其所获得的以人民币表示的收益将会受到人民币汇率变动的侵蚀。外国投资者所面临的这些问题，实际上都与人民币的汇率风险有关。目前，人民币在资本项目下不可自由兑换，数量众多的跨国公司以及总部设在中国香港的中国内地企业需要一种工具来规避人民币收入和利润的汇率风险，离岸人民币 NDF 成为投资者防范人民币汇率风险的一种低成本、高效率的手段。当投资者在未来一定时间需要将人民币兑换或折算成美元时，可以卖出一份人民币 NDF 合约，购买与之期限和金额匹配的远期美元来锁定人民币的汇率风险。当投资者在未来一定时间需要将美元兑换成人民币时，可以买入一份人民币 NDF 合约，卖出与之期限和金额匹配的远期美元来防范人民币的汇率风险。

第二，在适当条件下实现套利。境内远期外汇市场与离岸 NDF 市场间的人民币兑美元汇率水平的可观价差，为企业实现套利提供了空间。有对外背景的境内企业可以在境内远期市场上卖出美元，在 NDF 市场上买入美元，无论未来的汇率变动如何，买价与卖价之间的差额是不变的，只要到期实现交割，套利收益顺利实现。

第三，由于人民币 NDF 市场是离岸市场，不进行真正的交割，只需在银行授予的信用额度内订立合约，这使得 NDF 交易存在较大的财务杠杆，为国际游资包括对冲基金进行投机提供了机会。由于 NDF 市场的交易量相比期货和股票市场的规模要小得多，较少的买盘就能够达到明显的效果，因此国际游资往往通过拉高 NDF 的贴水水平来引发股票和期货市场的联动,从而达到获利的目的。离岸人民币 NDF 市场就成为境外机构对人民币汇率走势进行投机和对冲操作的主要场所。

第四,离岸人民币 NDF 交易合约使用的协议汇率也是人民币真实汇率走势的一种参考。其升贴水能反映交易双方对人民币汇率变动的预期以及离岸市场对人民币供求的真实变动,而且这种市场预期大多会成为人民币升值的导火索。这是因为,当人民币升值预期高涨时,会吸引众多短期投机资本涌入境内,迫使货币当局的外汇占款增加;而本币供应量不断增加将导致通货膨胀,当一国无法承受过高的通货膨胀时,只能将货币升值,以抵消高通货膨胀率。

那么,未来随着人民币汇率制度改革的深入,NDF 市场和 CNH 市场的命运如何呢?一些经济学家表示,在人民币自由兑换之前,CNH 市场的存在是很有必要的,离岸确实有大量人民币的需要,要拓展离岸人民币市场,必然要有汇率、利率的工具,否则这个市场没法发展,离岸人民币市场正好服务这个目的。香港 CNH 市场的存在,在一定程度上舒缓了海外机构和投资者持有人民币的风险问题,是过去几年人民币国际化快速发展的重要基础。

即使人民币实现自由兑换后,CNH 市场也不会一夜之间销声匿迹。CNH 与 CNY 价格肯定会趋同,但 CNH 市场还会继续存在一段时间。另一方面,实现自由兑换,并不代表资本可以没有限制地流动,仍需要一定的管理制度,这也给 CNH 市场一定的存在空间。

虽然交易量和重要性已经大大下降,人民币离岸 NDF 市场也仍有其存在空间。产品的存在依赖市场的需求,市场交易量是对需求非常好的量度指标。

有关专家指出,一方面在 CNH 市场上自己坐盘的金融机构面临离岸和在岸人民币差价问题,在离岸人民币进入境内仍然受限的情况下,这一差价产生的风险没有手段完全对冲。因此,在出现一个将离岸和在岸市场打通的机制之前,人民币离岸 NDF 市场仍有一定生命力。另一方面,2009 年至今,人民币跨境贸易虽得到快速发展,但很多国家地区使用人民币的金融机构数量仍有限,仍需要用传统的不交割工具。尽管人民币离岸 NDF 的历史并不长,但 NDF 本身的历史可以追溯到 20 世纪 70 年代。对于很多国家/地区的金融机构而言,这是一个成熟的产品,认知度也更高。

【案例讨论】

1. 人民币离岸 NDF 市场的功能是什么?
2. 你认为人民币离岸 NDF 市场和人民币 CNH 市场的区别是什么?二者未来的发展趋势如何?
3. 人民币离岸 NDF 市场汇率对在岸人民币即期汇率和远期汇率有引导作用吗?

案例 2　拉美国家的美元化和去美元化

【案例内容】

美元化(dollarization)是指一国居民在其资产中持有相当大一部分外币资产(主要是美元),美元大量进入流通领域,具备货币的全部或部分职能,并且有逐步取代本国货币成为该国经济活动主要媒介的趋势,因而美元化实质上是一种程度较深的货币替代现象。所谓货币替代(currency substitution)是指在开放经济条件下,一国居民因对本国货币币值稳定失去信心或本国货币资产收益率相对较低时发生的大规模货币兑换,使得外币在价值尺度、流通手段、支付手段和贮藏手段方面全面或部分替代本币发挥作用的一种现象。

美元化包括"非官方美元化"和"官方美元化"。前者是指私人机构用美元来完成货币的职能,但还没有形成一种货币制度,也称"事实美元化""过程美元化""部分美元化"或"非正式美元化";后者是指货币当局明确宣布用美元取代本币,美元化已作为一种货币制度被确定下来,也称为"政策美元化""完全美元化"或"正式美元化"。

拉丁美洲的美元化可谓历史久远。巴拿马早在1904年就以美元作为本国货币,成为最早的非常成功的一个美元化例子。20世纪末,阿根廷、尼加拉瓜、厄瓜多尔、萨尔瓦多和秘鲁等拉美国家也出现了严重的美元化。1998年年末到1999年年初的一场金融危机席卷了整个拉丁美洲,很多国家的不动产迅速贬值,严重挫伤了拉美人对本区域经济的信心。2000年年初,阿根廷总统梅内姆在内阁会议上表示阿政府将考虑放弃本国货币比索,把美元作为官方货币,同时倡议拉美国家建立覆盖整个美洲的美元区,阿根廷中央银行行长给予支持。自此,拉美乃至整个美洲的美元化问题一度成为国际社会的热点话题。2000年1月,厄瓜多尔取消本国货币苏克雷,正式推行美元化,到2000年9月,原货币苏克雷已基本全部退出流通领域(除少数硬币外)。萨尔瓦多于2001年1月实施《货币一体化法》,以法律形式确认了美元作为合法流通货币的地位。此时,加上巴拿马及后来的波多黎各,拉美实现完全美元化的国家达到4个。秘鲁、危地马拉及玻利维亚也纷纷通过立法规定,允许美元的自由流通,这些国家的美元化可以看作是不完全美元化。除了上述国家外,阿根廷、洪都拉斯、尼加拉瓜及哥斯达黎加等国政府也都积极思考本国的美元化问题。

美元化是拉美国家在经济全球化和一体化过程中的必然结果,拉美国家的美元化虽然有着复杂的历史背景和现实原因,但是它们美元化的背后却有着许多共同之处,总的来说有以下多个原因。

第一,拉美国家经济开放程度较高且对外部投资过分依赖。20世纪80年代,为了解决国内债务危机,拉美国家纷纷出台一些经济调整政策,其中最主要的一条就是提高经济开放度,加快私有化进程。尤其是20世纪80年代中后期,拉美国家放宽甚至取消外资进入能源、矿产和金融等领域的限制。例如,墨西哥萨利纳斯上台后不久就颁布了《促进墨西哥投资和管理外国投资法条例》,该法使得外资在投资领域和控股方面更加宽松,且简化了审批手续,结果墨西哥的外国投资不断涌入,由1989年的10亿美元迅速飙升到1994年的730亿美元。2003年以来,在全球外资规模全面下降的大背景下,拉美区域实现了逆袭,2005年拉美区域的外资流入量高达1 040亿美元,同比增长12%。同时,流入拉美国家的外资多被用于资产所有权转换,例如,流向债券、股票和货币交易的金融领域,而金融投资最主要的目的是获取高额投机利润,具有很强的投机性,这助长了经济泡沫,加大了金融风险。随着经济波动,该部分资金会立刻出逃或者转移,致使外汇资金大量外流。另一方面,为了遏制外资大量流入导致的经济过热,政府得采取紧缩性货币政策,如提高利率,但这会加大游资流入,诱发通货膨胀,加剧本币危机。这时只能求助于美元即实施美元化,因为美元化可以有效地遏制外资的大量流失,为维护本国经济稳定和利用外国资金发展本国经济创造条件。

第二,很多拉美国家政治、经济局势的不稳定,再加上改革过程中出现的经济结构失衡、财政赤字、外汇短缺、债务负担过重等现象,催生了这些国家的居民对经济前景的悲观预期,出于预防性心理的考虑,会囤积大量外币(主要是美元)以求应付各种极端情况。

第三,通货膨胀率较高且波动幅度过大。拉美地区1981年和1982年的平均通货膨胀率分别高达57.5%和84.6%,此后该比率一直持续走高,到1989年已经高达999.4%。此时部分国家更是发生了恶性通货膨胀,例如,1989年阿根廷、巴西、秘鲁、玻利维亚、尼加拉瓜的通胀率分别高达3 731%、1 476.1%、2 948.8%、8 170.5%、33 602.6%。迫于恶性通货膨胀的压力,各国居民纷纷减持本币而增持美元;拉美许多国家则纷纷采用本国货币与美元同时流通的"双轨货币制"。这种"双轨货币制"进一步加剧了拉美地区的"美元化"。

第四,本币汇率波动大。为了稳定汇率,控制过高的通货膨胀,拉美国家通常会借助"汇率锚"的作用,固定汇率制度就是其中一种。事实表明,在本国资本市场开放的同时实施汇率目标设定制度,极易受到国际短期资本的冲击,并诱发货币危机,加重生产型企业的财务负担,恶化银行的资产状况,诱发高通货膨胀率,导致本币大幅贬值。例如,1987年年底墨西哥采取的汇率目标设定制度成功将国内通胀率从100%以上降低到10%以内,但是由于受到投资冲击的影响,本国的通胀率又上升到50%。另一方面,"汇率锚"制度的应用会直接导致本币币值的高估,本币币值的高估会使经常项目收支失衡、出口减少,迫使拉美国家对本币贬值。例如,据美洲开发银行统计:1970年到1992年的20多年里,拉美国家的平均实际汇率波动指数一度高达13.4,同期的东亚国家的该指数最高纪录才6.2。本币汇率波动幅度的过大,大大打击了公众对本币的预期,严重挫伤了他们对政府宏观调控能力的信心。紧接着抛售本币、购入美元,进一步加剧美元化程度。

第五,金融自由化程度不断提高。金融改革是拉美国家经济自由化改革的重中之重,尤其是20世纪90年代,无论是在改革的地域范围上还是改革的深度上都是空前的,例如,墨西哥、阿根廷、智利等国家的改革力度要大于拉美其他国家。这些国家的金融改革主要从以下三方面入手:放开利率管制,实行利率制度的自由化;实行国有银行的私有化,把中央银行从政府中独立出来,提高银行在政策制定上的独立性;提高资本市场的开放度,减少对资本市场的限制以缓解资金短缺问题。例如,1991年阿根廷实行了一项名为"可兑换计划"的改革,主要内容是启用与美元等值的新比索,即将两者的汇率固定1:1,确保货币发行必须有与之等量的外汇储备作为支撑,该制度的实施使得本币币值有了法律的保障。同时得益于国民对总统和计划制定者的高度信赖和阿政府相关配套改革的实施,阿根廷成功实现了本币的稳定,抑制了过高的物价。但是,该政策的实施客观上默许了外国资本进入本国金融市场,促使本国居民持有大量外币资产,为美元化的出现提供了条件。

第六,经济全球化背景下金融危机的频繁发生迫使拉美国家实施美元化。由于拉美国家在市场效率较低的情况下实施金融自由化改革,汇率制度的僵化、巨额的债务危机和财政赤字等原因导致拉美金融危机的频繁爆发。尤其是在经济全球化的大背景下,金融危机造成的危害更加严重、传递速度更加迅速。例如,1994年12月,墨西哥金融危机引发连锁反应。首先,在1995年年初的一个月之内,本币比索对美元贬值60%,外资流失量高达100亿美元;接着股市狂泻,跌幅达42%,内生产总值下降4.6%,失业率上升到17.5%,通货膨胀率也持续走高。高度的金融全球化降低了各国的货币政策效应,在此情况下,拉美国家纷纷考虑逃避金融危机的办法,实行美元化无疑成为迫不得已的选择。

第七,经济全球化背景下,拉美国家同美国经济联系的加强及美国经济和美元的强势地位促使拉美国家实施美元化。拉美国家与美国的经济联系曾经十分紧密。美国一直保持拉美国家的最大出口市场地位,尤其是 20 世纪 90 年代以后,出口额逐年剧增,由 1990 年的 638 亿美元上升到 1994 年的 881 亿美元,增长幅度为 38%。美国成为拉美国家发展贸易的首选对象。同时,鉴于资金、技术、债务等方面的考虑,拉美国家严重依赖美国。这种依赖关系决定了拉美国家与美国建立一种经贸合作关系是发展经济的前提条件。例如,美国对发展中国家的投资有 43% 投向拉美国家。因此,实施美元化,搭上美国强大经济的顺风车从而振兴国内经济发展,就顺理成章地成为这些国家的政策选择。

然而,进入 21 世纪以来,随着拉美国家稳健的财政政策和积极的货币政策的实施,以及出口的拉动和外部直接投资的作用下,拉美经济实现了高速增长。同时,在美元贬值的大背景下,拉美地区的货币面临较大的升值压力,出现了去美元化的新趋势。

2007 年美国次贷危机引发了席卷全球的金融风暴,美元由此遭遇到了前所未有的信任危机,拉美乃至世界其他地区都或多或少出现了"去美元化"的趋势,主要表现在以下几方面。

第一,积极响应建立超主权货币的主张,以取代美元的霸主地位。2009 年 4 月 G20 峰会前,俄罗斯和中国都提出了对现行国际货币体系进行改革的建议,内容主要包括:主张创造一种与主权国家脱钩并能保持币值长期稳定的国际储备货币,逐步替换现有的国际储备货币即美元,着力推动特别提款权(SDR)的分配。这些建议提出后得到了巴西、阿根廷等拉美国家的支持,这些发展中国家提出了改革现行国际货币体系、改革国际货币基金组织(IMF)以及重新分配特别提款权配额的要求。

第二,在双边贸易中,部分国家决定不再使用美元作为结算货币。2008 年 10 月 6 日巴西和阿根廷正式启用双边贸易本币结算体系,两国贸易将允许使用当地货币(巴西雷亚尔和阿根廷比索)支付结算,而不需要使用美元作为中介货币。2009 年 10 月在第 7 届玻利瓦尔美洲联盟峰会上,古巴、委内瑞拉、玻利维亚、厄瓜多尔、尼加拉瓜等 9 个拉美国家一致通过决议,决定从 2010 年 1 月 1 日开始在其成员国之间的贸易结算中不使用美元,而改用新的地区性货币"苏克雷"。

第三,存款美元化比重呈下降趋势,加强对外汇的管制。近些年来,拉美国家的居民存款美元化比例出现不同程度的下降趋势。尤其是金融危机爆发后,出于对美元大幅度贬值的担心,许多国家的居民开始大幅度调整或减持美元资产。2012 年 5 月,阿根廷政府采取收紧外汇管制措施,政府对本国公民境外旅游实行了一系列限制,阿根廷经济"去美元化"开始波及居民的日常生活。

【案例评析】

从理论上讲,美元化无非是大多数经济体在面对"三难抉择"(trilemma)时所做出的一种本能的或被迫的反应。对任何一个经济实体而言,它通常要寻求 3 个货币金融目标:第一,拥有独立的货币政策,以便利用利率杠杆来对付通货膨胀或经济衰退;第二,要维持较为稳定的汇率,以便消除或降低由币值波动引起的不确定性和对金融体系的扰动;第三,要确保货币的完全可兑换性,以便使资本来去自由。然而,这 3 个目标在逻辑和操作上却是相互矛盾的。作为国际金融理论中的一个基本原理,一个经济体最多可以同时实现其中的两个目标(即至少牺牲掉其中的一个目标)。国际金融中的这一"三难抉择"使得每个经济体只能在下述3种汇率体制中选择一种。第一,浮动汇率制。它允许资本自由流动,并且不要求决策者必须采取诸如提高利率的措施去捍卫汇率,从而使政府能够运用货币政策去实现其经济目标,然而它却不可避免地要在币值波动方面付出代价。第二,固定汇率制。它在维持币值稳定和资本自由流动的同时牺牲了货币政策的独立性,因为这时利率必须成为维持汇率稳定的主要工具。第三,资本管制。它相对地调和了汇率稳定与货币政策独立性的矛盾,但是却不得不在资本自由流动方面有所放弃,并承担由此而来的其他一切代价。所以,美元化是通过放弃三大政策目标之一的货币政策独立性目标,以求近乎"一劳永逸"地来换取币值的稳定和资本的自由流动,从而使决策者避免了必须同时兼顾上述3个政策目标,但结果又只能是顾此失彼的窘境。

1. 美元化的优势

第一,有助于消除汇率风险,降低交易成本,避免国际游资的投机攻击,促进国际贸易和国际投资的发展,促进与国际市场的融合。交易成本在这里主要指的是因货币不同而引起的成本,其中包括货币兑换的手续费,因汇率风险的存在而阻碍的贸易机会之收益,以及为规避汇率风险而采取的措施所引发的成本。规模不大的美元化经济体可以通过美元化获得融入美国市场以及世界市场的更加便捷的途径,并表现为它们将吸收更多的直接投资和证券投资,美元区内的分工和贸易亦会获得长足发展。

第二,美元化势必为美元化经济体带来更为严格的金融纪律,从而有助于将"政治化"了的经济"非政治化",进而为经济的长期稳定发展创造良好的政策条件。在许多新兴市场经济体中,当政者经常为了自身的短期政治利益需要而滥发纸币,进而引发恶性通货膨胀,并最终严重损害了经济的持续增长。美元化的主要积极结果之一,便是迫使当政者接受更为"硬"的预算约束,按照经济规律办事,这有助于约束政府行为,避免恶性通货膨胀的发生。

2. 美元化的缺陷

第一,实行美元化的国家会损失大量铸币税。所谓铸币税(seigniorage),简单地讲就是发行货币的收益。在金属货币时代早期,货币以等值的黄金或白银铸造,其本身的价值与它所代表的价值是相等的,铸币者得不到额外的差价收入,此时铸币税实际上就是铸币者向购买铸币的人收取的费用扣除铸造成本后的余额(利润)。到了金属货币时代的中后期,货币铸造权已归属各国统治者所有。统治者逐渐发现,货币本身的实际价值即使低于它的面值,同样可以按照面值在市场上流通使用。于是,统治者为了谋取造币的利润,开始降低货币的贵金属含量和成色,超值发行,这时的铸币税实际上就演变成了货币面值大于其实际价值的差价收入。在现代信用货币制度下,低成本的纸币取代了金属币,铸币税是指纸币面值大于纸币印刷成本的部分。当今世界各国政府已经把征收铸币税作为一项财政收入。

第二,美元化经济体将失去独立的货币政策。在此,独立的货币政策有两种相关但又不同的含义,其一为广义的政策独立性,即某经济体依据经济运行实际来实施货币政策的能力,包括利率升降、货币供应量的调节和汇率变动等;其二为狭义的政策独立性,即在实施货币政策时不受其他因素的干扰,如不必为了捍卫固定汇率而提高利率。在中央银行制度下,通常这些政策可以被用来对付经济周期和外部冲击,比如运用扩张性货币政策对付失业,运用汇率工具可以在一定期间内平衡国际收支和提高本国产品的竞争力。独立的货币政策的丧失,将使得美元化经济体在遇到"不对称冲击"(asymmetric shocks)时,亦即经济变化对美元区内不同成员的影响往往各异时,无法采取积极有针对性的措施以应对。这里,问题的核心在于与容易处理的货币冲击(monetary shocks)相对应的所谓"实质冲击"(real shocks)。实质冲击与对一组商品的需求向另一组商品之需求的转移有关。对甲经济某种商品的需求转移到乙经济将对前者的就业造成威胁。扩张的货币政策将有助于减轻甲经济的失业压力,但却会加剧乙经济的通货膨胀压力。紧缩的货币政策的影响恰恰相反。此时,汇率政策便是一个很好的调整机制,即甲经济相对于乙经济的货币贬值,将会在降低甲经济失业率的同时减轻乙经济通货膨胀的压力。但美元化使汇率政策不复存在。与之密切相关的一点是,实施美元化或建立美元区后,其统一并主要以美国利益为优先考虑的货币政策,可能因发展不平衡和周期因素而损害美元化经济体的利益。

第三,政府最后贷款人能力会受到一定的制约。美元化的一个主要后果是放弃现有的中央银行体制。这意味着美元化经济体的中央银行自动放弃其最终贷款者或货币发行的角色,意味着放弃它对金融体系的正常监督与管制,后一职能可以由其他新建的机构来承担,因而也就意味着中央银行的权利丧失。

【案例讨论】

1. 美元化对拉美国家及美国经济的影响是什么?
2. 拉美国家的美元化和去美元化对国际货币体系改革有什么影响?
3. 拉美美元化及去美元化对我国的货币替代有什么启示?

案例3 中国的米德冲突

【案例内容】

一国政府宏观经济政策的目标主要有4个:充分就业、物价稳定、经济增长和国际收支平衡。其中前三个是内部均衡目标,后一个是外部均衡目标。根据丁伯根法则(Tinbergen's Rule),实现 n 种目标需要有相互独立的 n 种有效的政策工具,因此一国要同时实现内外均衡这两大目标,就需要两类政策工具——支出增减型(调整型)政策和支出转换型政策。所谓支出增减型政策是指通过改变总支出(社会总需求)水平来调节内外均衡的政策,这类政策主要有财政政策、货币政策;所谓支出转换型政策是指通过改变总支出(社会总需求)水平的方向来调节内外均衡的政策,这类政策主要有汇率政策、贸易管制政策等。

表9-1 固定汇率制下内外均衡的一致与冲突

内部经济状况	财政/货币政策	外部经济状况	财政/货币政策
经济衰退/失业增加	扩张	国际收支逆差	紧缩
经济衰退/失业增加	扩张	国际收支顺差	扩张
经济过热/通货膨胀	紧缩	国际收支顺差	扩张
经济过热/通货膨胀	紧缩	国际收支逆差	紧缩

当一国实行浮动汇率制度时,可以用财政、货币政策完成内部均衡目标,用汇率的变动作为政策工具完成外部均衡目标。而当一国实行固定汇率制度时,由于难以运用汇率的变

动作为政策工具来调节外部均衡，所以政府只能使用支出增减型政策来同时完成内外部均衡的目标。但财政政策和货币政策有时不能同时完成两个目标，如表9-1中所示的第一种情况（当外部均衡要求实行紧缩性政策时，内部均衡却可能要求实行扩张性政策）和第三种情况（当外部均衡要求实施扩张性政策时，内部均衡却可能要求实施紧缩性政策）。这种情形被称为"米德冲突"（Mead's Conflict）。"米德冲突"是英国经济学家詹姆斯·米德（J. Meade）于1951年在其名著《国际收支》中提出的。

一国是否会出现"米德冲突"，主要考虑两点：一是该国的经济是否是开放的，因为内外均衡的问题是与宏观经济的逐步开放相伴相随的；二是该国是否实行的是固定汇率制度。从我国的情况来看这两点都具备。首先，我国自1978年以来一直奉行改革开放的经济政策。其次，自20世纪80年代以来，一直到1994年，我国都实行官方决定的固定汇率制度；1994年1月至2005年7月，我国实行以市场供求为基础的、单一的、有管理的浮动汇率制度，但亚洲金融危机后，人民币汇率制度演变为事实上的钉住美元的固定汇率制度；2005年7月21日以来，我国开始实行以市场供求为基础、参考一篮子货币进行调节、有管理的浮动汇率制度，这次汇改只是向浮动汇率制度迈出了第一步，离真正意义上的有管理的浮动汇率制度还有一定的距离。事实上，随着我国改革开放的进一步深入，20世纪90年代以来我国出现二次比较明显的"米德冲突"。

1. 第一次米德冲突出现在1992年至1996年

这一时期由于我国处于市场经济建立的初期和短缺经济阶段，固定资产投资增长过快，居民消费需求增长也比较快，再加上粮食、蔬菜等农副产品供应紧张，社会总需求远远大于社会总供给，结果出现了较严重的通货膨胀现象。1992年、1993年、1994年、1995年居民消费价格指数CPI分别上涨6.4%、14.7%、24.1%、17.1%，1996年CPI上涨率回落到8.3%。与此同时，国际收支中的经常项目除1993年为逆差以外，其余的年份均为顺差；而资本项目差额却连续几年保持较大的顺差（见表9-2）。通货膨胀要求实行紧缩性的财政货币政策，而国际收支顺差要求实行扩张性的财政货币政策，即出现了表9-1中第三种情况的米德冲突。

在这次米德冲突中，外部不均衡的程度并不大，因为在这一时期国际收支顺差的状况是运行在较低水平的，尤其是经常项目差额，1992年、1994年、1995年、1996年分别为64.01亿美元、76.58亿美元、16.18亿美元、72.42亿美元，这和1990年、1991年的经常项目差额相比低不少。所以该阶段，我国政府采取的财政、货币政策是以维持内部均衡为首要目标的，并没有真正处于"内外为难"的尴尬境地。1993年下半年开始，我国开始实施适度从紧的财政货币政策，既有效地控制了通货膨胀，又保持了一定的经济增长率，到1996年成功地实现了经济的"软着陆"。

表9-2 1990年以来我国的经常项目差额、资本项目差额和物价指数情况

年份	经常项目差额（亿美元）	资本项目差额（亿美元）	价格指数CPI（上年＝100）
1990	119.97	32.55	103.1
1991	132.70	80.32	103.4
1992	64.01	－2.51	106.4
1993	－119.03	234.72	114.7

续表

年份	经常项目差额(亿美元)	资本项目差额(亿美元)	价格指数CPI(上年=100)
1994	76.58	326.44	124.1
1995	16.18	386.75	117.1
1996	72.42	399.67	108.3
1997	297.17	229.59	102.8
1998	293.23	−63.21	99.2
1999	156.67	76.42	98.6
2000	205.19	19.22	100.4
2001	174.05	347.75	100.7
2002	354.22	322.91	99.2
2003	458.75	527.26	101.2
2004	686.59	1 106.60	103.9
2005	1 608.18	629.64	101.8
2006	2 498.66	100.37	

数据来源：http://www.safe.gov.cn/model_safe/index.html

2. 第二次米德冲突比较明显地出现在2007年

从2003年开始我国出现结构性的经济过热和轻度通货膨胀，CPI在2003年上涨1.2%，2004年上涨3.9%；工业品出厂价格指数于2003年上涨2.3%，2004年上涨6.1%；原材料、燃料、动力购进价格指数于2003年上涨4.8%，2004年上涨11.4%；全社会固定资产投资于2003年上涨27.7%，2004年上涨26.6%。为防止出现严重的通货膨胀，2003年我国政府及时将宏观调控政策从扩张型转向稳健型。到了2005年CPI增长率下降，只上涨了1.8%；2006年CPI上涨1.5%。

然而自2007年1月以来，CPI增长率又缓慢攀升（见图9-1），1月份和2月份CPI同比上涨率保持在2%~3%之间，3月份到5月份CPI同比上涨率运行在3%~4%之间，6月份到7月份CPI同比上涨率运行在4%~6%之间，8月份到11月份CPI同比上涨率运行在6%~7%之间，其中11月份CPI同比上涨最高达6.9%。11月份城市价格上涨6.6%，农村价格上涨7.6%，食品价格上涨18.2%，居住价格上涨6.0%。

2007年上半年，我国GDP名义增长率为15.6%，实际增长率为11.5%，GDP缩减指数达4.1%，同比上升1.6个百分点。与此同时，土地、房地产、股票等资产价格也在全面上扬。

相反，自2003年以来我国国际收支出现大量的"双顺差"。2004年，我国经常项目顺差达686.59亿美元，而资本项目因人民币升值预期更是高达1 106.60亿美元；2005年，我国经常项目顺差激增到1 608.18亿美元，比上年增幅达134%，资本项目虽有下降，但也有629.64亿美元；2006年，我国经常项目顺差继续飙升，达到2 498.66亿美元，与上年相比，增幅达55.4%，资本项目则迅速下降为100.37亿美元。经常项目中的贸易顺差也快速增加，2003年、2004年贸易顺差分别为254.7亿美元、320.9亿美元，而到了2005年却突破千亿美元大关,达到 1 020 亿美元,2006 年更高达 1 774.7 亿美元,2007 年累计 2 622 亿美元(见表 9-3)。

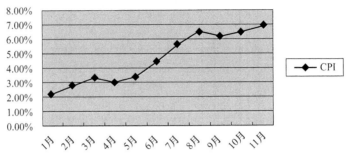

数据来源:http://www.stats.gov.cn/tjsj/

图 9-1　2007 年 1 月以来全国居民消费价格指数 CPI 走势情况

表 9-3　2000 年至 2007 年我国的贸易差额与外汇储备情况

单位:亿美元

年份	贸易差额	外汇储备	年份	贸易差额	外汇储备
2000	241.1	1 655.74	2004	320.9	6 099.32
2001	225.5	2 121.65	2005	1 020.0	8 188.72
2002	304.3	2 864.07	2006	1 774.7	10 663.44
2003	254.7	4 032.51	2007	2 622	15 282.49

数据来源:http://www.safe.gov.cn/model_safe/index.html

英国《金融时报》指出,我国已进入标准的"米德冲突"。若为了抑制通胀,国内实行紧缩型财政货币政策,则总需求减少,一方面进口需求会得到抑制,另一方面国内生产的产品会更多地寻找海外市场,于是贸易顺差更是高居不下。相反,如果要减少贸易顺差,国内必须实行扩张性的财政货币政策,而这种经济政策的后果将进一步加大目前的通货膨胀压力。

在此次米德冲突中,外部失衡的程度比较严重,它不仅加剧了贸易摩擦,还加大了国内流动性过剩和人民币升值的压力。

【案例评析】

从理论上讲,如果我国实行真正意义上的浮动汇率制度,则可以通过汇率调节完成外部均衡目标,通过财政货币政策完成内部均衡目标,从而解决"米德冲突"。然而从国际经验来看,汇率对国际收支的平衡有作用,但绝非决定性的作用,同时这种作用的大小还要取决于进出口商品的供求弹性、进出口结构、边际吸收倾向等诸多因素。

从我国解决第二次"米德冲突"的实际情况来看,2005 年 7 月到 2007 年 11 月,人民币累计升值了约 11%(包括 2005 年 7 月 2% 的一次性升值),但我国的经常项目差额,尤其是贸易差额增长幅度不但没有下降,反而进一步大幅上升。这说明,我国贸易顺差的积累与汇率水平的高低没有直接的关系,我国的外部失衡对汇率并不敏感。所以,企图通过人民币加速升值来缩减贸易顺差、缓解外部不平衡似乎不会有很大效果。当然这绝不意味着人民币汇率制度不需要深入改革。深化人民币汇率制度改革只是解决"米德冲突"的一方面。

2007年以来,我国外部经济的不平衡(国际收支大量顺差)是多种因素导致的。第一,国际收支顺差,特别是经常项目顺差反映了总供给大于总需求、国民储蓄大于国内投资,国内消费需求相对不足;第二,我国多年来实施的"奖出限入"的外贸政策和吸引外资的优惠政策扩大了贸易顺差;第三,低廉的劳动力成本优势;第四,国际产业结构的转移,发达国家原有的一般加工制造业生产能力大量转移到中国,形成生产、出口和顺差的国际间转移;第五,国内金融市场不发达,国内企业借助境外资本市场融资,从而增加了资本流入;等等。

因此,要想实现外部均衡目标(国际收支基本平衡),需从多方面入手采取相应的调整措施和政策。具体来看最主要的调整措施应包括以下几方面。

(1) 扩大国内消费需求。多年来我国的消费率只有50%多,低于70%的国际平均水平。而我国的投资率一直偏高,这导致企业产能相对于国内消费显得过剩,于是出口就成为消化过剩产能的最重要渠道。因此要缓解目前过大的贸易顺差,政府必须采取积极的政策来扩大国内消费需求,如建立包括医疗、养老等方面全方位的社会保障体系,解决人们的后顾之忧,以提高居民的消费意愿;带动和引导民间投资,开拓农村市场,搞活农村经济,增加农民收入,改善农村消费环境;支持中小企业的发展,增加就业机会,提高低收入群体的收入水平等。

(2) 调整外贸政策。1985年开始,我国为了鼓励出口采取了出口退税政策,当时实施该政策的目的是为了多赚取外汇。现如今我国的外汇储备已过万亿,所以这项外贸政策需要调整。2007年财政部出台了调整部分商品的出口退税政策。政策规定自2007年7月1日起,调整部分商品的出口退税。这次政策调整的目的主要是缓解贸易顺差过大引起的各种矛盾,促进外贸平衡,同时优化出口产品结构,促进经济结构调整。这次出口退税政策调整是近几年调整范围比较大的一次,一共涉及2 831项商品,大约占海关税则中全部商品总数的37%。其主要调整的内容有:第一,在2006年降低和取消部分"高耗能、高污染、资源性"产品出口退税率的基础上,又进一步取消了553项"两高一资"产品的出口退税;第二,降低了2 268项容易引起贸易摩擦的商品的出口退税率;第三,将10项商品的出口退税改为出口免税政策。

(3) 调整引进外资的政策。20世纪80年代初,为了吸引外资,我国政府在税收、企业经营管理和原材料供应、销售渠道等方面给予外资种种优惠,使外资企业享受的待遇优于内资企业,形成"超国民待遇"。在这些优惠政策的刺激下,我国成为吸引外资最多的国家之一。引进外资促进了我国的改革,为我们带来了充裕的资金、先进的技术和管理经验,也为我们培养了人才。但在过去吸引外资的过程中,我们对外资的利用有不少不足之处,如对一些经营不太规范的外资、假外资企业筛选不够,对外资的投资产业、投资区域引导得不够,有些外资甚至对我国的土地资源、环境资源造成了浪费和污染等。另外,我国国际收支顺差主要来自贸易,其中一大部分来自技术含量较低的加工贸易,且以外商投资企业为主。商务部副部长易小准在2006年的中美经贸论坛上指出:2005年,中国出口总额的58%来自外商投资企业,外商投资企业的贸易顺差净值为 844 亿美元,占中国贸易顺差总额的 83%。如果扣除这一部分,中国的贸易顺差仅为 175 亿美元。2006 年中国国际收支报告指出,外商投资企业的顺差占贸易总顺差的 51.4%。投资银行瑞银集团驻香港的乔纳森·安德森表示,中国目前最不需要的,就是地方政府向外国投资者盲目提供更多的优惠,建立更多的低档产品生产设施,导致更多的外汇流入和更多的出口。所以在这种情况下,我们的引资政策需要重新调整。首先,按照 WTO 框架下国民待遇的原则,取消对外资的优惠政策,实施两税(内外资企业所得税)合一,形成内外资企业政策一致、公平竞争的市场经济环境。2007 年 3 月,第十届全国人民代表大会第五次会议表决通过了新的《中华人民共和国企业所得税法》,这部法律对中国内资企业及外资企业的所得税予以统一,所得税税率为 25%。2008 年 1 月 1 日该法案开始实施,这不仅使国内企业得到实惠,还将推动中国利用外资的水平走向更高层次。其次,我国一般性的资金缺口问题和外汇短缺问题已经基本解决,因此当前利用外资的目的已不是弥补资金缺口问题,而是利用国外的先进技术和管理经验,所以要大力引进真正有质量、有竞争力、有很好的管理经验和技术、有很好的国际声誉的外资。再次,限制那些在我国的证券市场和房地产市场上兴风作浪的外资。最后,中央政府应该出台有关措施,严厉禁止各地方政府不讲究代价,特别是在生产安全标准、项目环保标准、国家产业政策标准方面不讲任何条件,想尽办法招商引资的做法。

(4) 其他政策。积极发展国内金融市场,调整海外上市政策,让更多优秀的国有企业在国内上市,既避免了到海外上市导致大量外汇的流入,也能让国内投资者真正享受到改革的成果;加强国际经济合作,鼓励国内企业走出去;扩大高科技产品的进口,扩大重要稀缺资源的进口;等等。

至于内部经济出现的通货膨胀压力,可以采用紧缩性货币政策来防范。事实上在第二次"米德冲突"中,中国人民银行已实施了一系列的紧缩性货币政策。2007 年 1 月至 11 月 30 日,央行已 9 次提高法定准备金比率,5 次加息,以此来收缩流动性,防止物价进一步上涨。但是,我国货币政策的有效性值得关注。根据蒙代尔-弗莱明模型,在汇率稳定和资本不完全流动的情况下,如果央行不采取冲销政策,则货币政策在长期是无效的。具体到我国的情况来看,在紧缩性货币政策下,利率的提高会刺激资本流入,导致国际收支顺差加大,外汇储备增加,从而使人民币升值的速度加快;为防止人民币升值的速度过快,中国人民银行就需干预外汇市场,而干预的结果往往引起国内货币供给扩张,流动性泛滥和物价上涨,这导致最初的紧缩性政策失去效果。为了解决这一问题,中国人民银行不得不通过扩大票据发行来实施大规模的冲销操作。然而,这种冲销方式的持续性已越来越令人担忧。若这种冲销难以为继,势必影响我国货币政策的有效性。

总之,解决我国当前的"米德冲突"是一个系统工程,仅仅从汇率改革的角度是不能解决问题的,政府必须内外兼顾、多管齐下、综合治理。此外,我国的外部失衡与世界经济增长态势良好、国际市场需求比较旺盛有密切关系,因此也需要相关国家政策的调整。

【案例讨论】

1. 如何理解"米德冲突"的含义?
2. 我国应该如何化解"米德冲突"?

案例4 外资机构短期内集中大幅减持中资银行股

【案例内容】

外资入股银行业始于1996年的亚洲银行入股光大银行。2001年12月11日,中国正式加入世界贸易组织(WTO)。根据加入WTO的承诺,2006年中国银行业面临全面对外开放。为加快银行业改革步伐,提高国内商业银行的综合竞争力,改善不良贷款率、成本收入比、资产收益率、资本回报率等各项业务指标,国内各类商业银行通过出让部分股权等方式,纷纷加快引进境外战略投资者,形成中国商业银行引进境外战略投资者的热潮。

2005年,商业银行引进境外战略投资者达到新的高潮,建设银行成为国有商业银行中首家与国外战略投资者达成战略投资与合作协议的银行。2005年6月17日,建设银行与美国第二大银行美国银行在北京正式签署了战略投资与合作的最终协议,该协议金额也是至2005年为止国外公司对国内银行的最大单笔投资。

根据协议内容:美国银行首期以建行账面净资产1.15倍的价格入股建行。2005年6月,美国银行以折合每股1.065港元投资25亿美元购买汇金公司持有的174.8亿股建行H股;2005年10月,建行首次海外公开发行H股,美国银行又以每股2.35港元履行了期权增持,投资5亿美元增持16.51亿股份。美国银行出资30亿美元入股建行及参与IPO,累计购入191.31亿股,获得8.19%的建行股权。

美国银行在与汇金公司的期权协议中保留了一项廉价购买期权,即美国银行可在2011年3月1日前拥有从汇金公司购买股份的期权,其在建行的股份未来数年内可增持至19.9%。行权价格以IPO价格为基础,逐年提高一定幅度。若美国银行在2008年8月29日前行权,价格为IPO的103%,则一年后为107.12%,最后一年为118.10%;美国银行在建行董事会拥有席位,同时还派遣50名管理、技术和服务人员,向建设银行提供各项专业咨询服务。

之后,美国银行分两次行权:2008年6月5日,美国银行以每股2.42港元的行权价格投资18.5亿美元(折合120亿港元)从汇金手中完成购买60亿股建行H股,而此前一日建行H股股价为6.78港元,美国银行的增持价仅为市价的36%;2008年11月17日,美国银行宣布以每股2.8港元投资70.6亿美元(折合540亿港元),增持195.8亿股建行H股,此次每股2.8港元的行权价格是根据先前协定中"最近一期经审计每股净资产的1.2倍"与"H股IPO价的1.0712倍"孰高原则确定的。2008年9月30日,经审计,建行每股净资产为2.05元人民币,所以美国银行的行权价格为2.46元人民币,约2.80港元,而11月17日建行H股的收盘价为4.11港元。

至此,美国银行共支付660亿港元,低价从汇金手中购得建行总股本的11.71%,净赚300亿美元左右。美国银行持有建行已发行股份总数的比例增至19.13%,接近合同约定的持股比例上限。

随着美国次贷危机的影响和蔓延,美国银行开始减持建行股份。2009年1月,美国银行以每股3.92港元的价格减持56.2亿股H股建行股权,减持价格较前日收盘价每股4.45港元折让12%,套现28亿美元,折合220亿港元。本次减持后,美国银行持有的建行股份比例从19.1%下降至16.6%。这是美国银行首次减持建行,消息出来当日建行H股股价跌落8.76%(工行H股紧随建行大跌7.26%,招行、中行和交行的H股走势也相当低迷)。以2008年6月美国银行的购入价每股2.42港元计算,本次减持美国银行获利折合港元84.3亿。

2009年5月,美国银行以每股4.2港元的减持价格减持135亿股建行H股,折价幅度14.3%,套现73亿美元。

2010年11月,建行A+H配股时,美国银行转让配股权给淡马锡17.9亿股,套现10亿美元。此时,美国银行作为建行的第三大股东,持有建行255.8亿股H股,占建行总股本的10.23%。

2011年8月29日,美国银行在其官网宣布,为加强资本基础将出售其在建行的一半股份。2011年9月,美国银行以每股4.94港元的价格减持130.8亿股建行H股,较建行当时的收盘价5.55元折让约11%,这部分股份约占当时建行总股本的5.23%,美国银行套现83亿美元,获税后利润33亿美元。

数据显示:从2005年6月至2011年9月间,美国银行以低位价格投资建行H股119亿美元,再通过4次减持,累计套现194亿美元(税前,约合人民币1 233.55亿元),获利75亿美元。截至9月末,美国银行尚余125亿股建行H股股份,占总股本的5%,占建行H股的5.2%,市值约91.4亿美元。2005年至2010年间,美国银行还获得了不菲的股息收入。以每次派息日人民币兑美元的汇率中间价计算,美国银行因持有建行股份所获股息收入(税前)总计32.23亿美元。

2011年9月美国银行减持建行H股时,曾经承诺未来12个月内无增持或减持建行股份的计划,双方还宣布将继续开展新的5年战略合作计划。美国银行重申将长期作为建行的重要股东,未来双方的战略合作地位不会改变。

但仅仅两个多月之后,2011年11月11日和14日,美国银行即以协议转让方式向几家机构投资者转让约104亿股建行H股股份,套现66亿美元(约合人民币419.66亿元),占建行总股本的4.14%,交割在2011年第四季度完成。以其时当时的收盘价计算,美国银行由此获得575亿港元。此次转让后,美国银行持有建行H股股份21亿股,仅占建行总股本的0.84%,占建行H股的0.87%。而此时,距美国银行做出继续保持战略投资者身份(持股比例不低于5%)的承诺尚不足3个月。表9-4为2005年至2011年美国银行增减持建行一览表。

表9-4 2005年至2011年美国银行增减持建行一览表

时间	操作	投资或套现	折合每股
2005.6	增持174.82亿股	投资25亿美元	1.065港元
2005.9	增持16.51亿股	投资5亿美元	2.35港元
2008.6	增持60亿股	投资18.5亿美元	2.42港元
2008.11	增持195.8亿股	投资70.6亿美元	2.80港元
2009.1	减持56.2亿股	套现28亿美元	3.92港元
2009.5	减持135亿股	套现73亿美元	4.2港元

续表

时间	操作	投资或套现	折合每股
2010.11	减持17.9亿股	套现10亿美元	转让配股权
2011.9	减持130.8亿股	套现83亿美元	4.94港元
2011.11	减持104亿股	套现66亿美元	

资料来源：http://finance.sina.com.cn/stock/y/20110907/080910445236.shtml.

2006年4月,高盛作为境外战略投资者斥资25.8亿美元入股中国工商银行,取得工行7%的股权。工行上市后,高盛先后3次唱多做空减持套现工行股。2009年6月,高盛出售其所持工商银行股份的20%,套现19.1亿美元;2010年9月,高盛再次出售其所持工商银行剩余股份比例的五分之一,约30.4亿股,套现22.5亿美元;2011年11月14日,高盛以每股均价4.88港元减持17.52亿股所持的工行H股,交易折合11亿美元,共计套现85.49亿港元(约合人民币69.79亿元)。此次减持后,高盛在工行H股的持股量由12.13%降至10.11%。高盛3次减持的套现金额共计52.6亿美元,净赚26.8亿美元,以2011年11月17日的汇率折算,合人民币170.32亿元。

2011年以来,随着欧洲债务危机的发酵蔓延,除了建设银行、工商银行之外,中国银行、农业银行等多家中资银行股均遭外资机构大幅减持。2011年7月,新加坡主权基金淡马锡分别出售51.9亿股中行H股和15亿股建行H股,共套现285亿港元。淡马锡此举引发了香港市场对中资银行股短期内供应骤增打压股价的担忧,其后两周中资银行H股遭到市场猛烈沽空。

2011年10月11日,德银以每股均价2.968元,减持2.81亿股农行H股,套现约8.35亿港元;2011年10月20日,摩根大通以每股均价2.78元,减持5041.52万股农行H股,套现约1.4亿港元。上述外资股东所持的农行股份于2011年7月18日刚获得流通权,就遭遇急切减持。

据《证券日报》统计,自2009年1月7日,香港李嘉诚基金会率先抛售20亿股中行H股,获利8.1亿美元(见表9-5),苏格兰皇家银行紧随其后,悉数出售其所持的4.26%中行股权,套现约185亿港元,获利2.21亿美元,直至2011年11月的3年间,外资机构共减持套现中资银行股2 230亿港元,仅美银一家就套现1 433亿港元,高盛、淡马锡分别套现260亿港元、280亿港元。

表9-5 2009年至2011年外资机构减持中资银行股一览表

减持时间	减持外资方	银行	减持数量	套现金额	获利金额
2009年1月	苏格兰皇家银行	中国银行	约108亿股	184.68亿港元	2.21亿美元
2009年1月	香港李嘉诚基金	中国银行	约20亿股	不详	8.1亿美元
2009年6月	高盛	工商银行	30.4亿股	19.1亿美元	不详
2010年9月	高盛	工商银行	30.41亿股	约22.5亿美元	不详
2011年1月	摩根大通	工商银行	1.25亿股	约7.52亿港元	不详
2011年4月	摩根大通	招商银行	3156万股	6.63亿港元	不详
2011年7月	淡马锡	建设银行	15亿股	95亿港元	不详

续表

减持时间	减持外资方	银行	减持数量	套现金额	获利金额
2011年7月	淡马锡	中国银行	约52亿股	约190亿港元	不详
2011年8月	未公开	工商银行	6.38亿股	约37亿港元	不详
2011年10月	摩根大通	农业银行	5041万股	约1.4亿港元	不详
2011年10月	德银	农业银行	2.81亿股	约8.35亿港元	不详
2011年11月	高盛	工商银行	17.5亿股	约11亿美元	不详

资料来源：http://stock.jrj.com.cn/2011/11/15071811556773.shtml

【案例评析】

2009年以来外资机构对中资银行股的减持，尤其是2011年外资机构短期内集中大幅减持套现中资银行股，是多种复杂因素交织作用的结果。在强调美国次贷危机和欧债危机的影响与蔓延，以及为达到巴塞尔银行监管委员会提出的资本充足率要求，和外资机构通过出售部分业务来补充资本金以缓解其资本金压力的同时，机构和媒体围绕国有银行股是否被贱卖的讨论也一直或隐或现地在学界和社会各阶层之间展开。

以建行为例，2005年6月建行与美国银行正式签署战略投资与合作协议，美国银行以25亿美元购入建行H股，成本基本上在每股1港元左右。之后，美国银行以低价位4次增持建行股，直至接近合同约定的持股比例上限，2009年1月开始美国银行从大幅减持建行股中获利丰厚。

据东方网记者调查显示，美国银行在增减持建行股过程中的"左右手对倒"游戏耐人寻味。2008年6月5日，美国银行以每股2.42港元的行权价格从汇金手中购买60亿股建行H股后，美林证券发布研究报告，判断美国银行在购入60亿股新股后，很可能卖出60亿股旧股，以保持其在建行持股比例的同时，又能套现226亿元。2009年1月，美国银行果然以每股3.92港元的价格减持了56.2亿股建行H股股权，减持价格虽然较前日收盘价每股4.45港元折让12%，但仍远高于2008年6月5日美国银行增持建行H股时每股2.42港元的行权价格，以及2008年11月17日美国银行大笔增持195.8亿股建行H股时每股2.8港元的行权价格。2008年11月至2009年1月，美国银行从前后不足2个月的一增一减建行H股中获利近63亿港元。如果以其最初入股成本计算，美国银行从2009年1月的减持中获利近164亿港元。市场人士分析，2008年11月17日美国银行增持建行H股也是为了日后卖出旧股后，仍能保持其建行持股比例的一种策略。

根据协定，美国银行2008年6月5日增持的60亿股建行H股未经建行书面同意，在2011年8月29日之前不得转让。不过，从2011年9月5日美国银行以每股4.94港元的价格出售一半建行股份，套现83亿美元，获税后利润33亿美元的减持行为来看，美国银行几乎是在解禁期开闸后的第一时间，就选择了"落袋为安"。在此次美国银行对建行H股的第四次减持中，国家外管局与新加坡主权财富基金淡马锡是主要买家，国家外管局又是其最大主顾。除外管局外，中资买家中社保基金和中信证券也有参与。市场缘此纷纷质疑为何建行股价在4元以下的低位时国内金融机构不增持或少量增持，如今却以每股4.94港元的价格接盘美银？贱卖贵买是否存在利益输送？

仅仅两个多月之后,在美国银行于 2011 年 11 月 11 日和 14 日违背承诺出售约 104 亿股建行 H 股股份,套现 66 亿美元,获利 575 亿港币的第五次减持中,美国《华尔街日报》引述知情人士的言论,除了淡马锡控股收购了其中近三分之一的股份之外,其余均由中国国有相关实体购买。另据港交所 11 月 18 日披露的信息显示,中国投资有限责任公司(简称中投)于 2011 年 11 月 14 日以每股均价 0.634 美元增持了 27.6 亿股建设银行 H 股,增持后中投 H 股持股比例由 59.31% 上升至 60.46%。据此计算,中投此番增持耗资近 17.5 亿美元。美银减持建行股由中投等"国家队"接盘,又引来一波市场质疑声浪。

针对美国银行短期内持续大幅减持建行 H 股的行为,建行方面在表示理解的同时,强调建行在与美国银行长达 6 年多的战略合作中,美国银行对建设银行的投资,有效提升了建行 IPO 的价格和投资者对建行未来发展的预期,增加了投资者对投资建行的信心;建行借助美国银行的平台向国外的客户提供服务,尤其是通过收购美银(亚洲),加快了建行国际化的步伐,推动了建行的国际化发展;美国银行在公司治理、风险管理、信息技术、财务管理、人力资源管理、个人银行业务(包括信用卡),以及全球资金服务等领域向建行提供的协助,提高了建行的核心竞争力,促进了双方的业务交流和优势互补。

针对 2011 年 11 月 14 日高盛以每股均价 4.88 港元减持工行 H 股,套现 85.49 亿港元的行为,工行行长杨凯生回应称,高盛减持是出于自身资产配置的需要,工行可持续发展能力和经营能力没有问题。但据记者从高盛内部人士处获悉,虽然 2011 年第三季度高盛经营亏损,但其流动性仍然很充足,资本充足率也完全没有问题,能够满足《巴塞尔协议》的要求。该内部人士透露,高盛此次减持与高盛看空银行股关系密切,高盛认为从 2006 年高盛入股工行至今,在工行的投资回报已经足够高,需要及时兑现。

国有银行引进境外战略投资者的初衷是解决金融改革中"所有者缺位"的问题。建行引进美国银行和新加坡淡马锡公司,工行引进高盛、安联和运通公司,中行引进苏格兰皇家银行、瑞银和亚洲开发银行,交行引进汇丰银行等境外金融机构或公司,对改善国有银行的内部经营管理,推进国有银行的商业化和国际化进程,在上市和 IPO 过程中提升国有银行在资本市场上的企业形象,向市场传递国有银行的公司价值,起到了一定的推动作用,但外资机构短期内集中大幅减持国有及其他中资银行股所带来的国民福利的损失也值得深思和规避。

【案例讨论】

1. 中资银行引入境外战略投资者的效应如何?
2. 围绕国有银行股是否被贱卖的讨论是否存在合理依据?

第10章

金融创新与金融风险

案例1 巴林银行倒闭

【案例内容】

1995年2月27日,英国中央银行突然宣布:巴林银行不得继续从事交易活动并将申请资产清理。这个消息让全球震惊,因为这意味着具有233年历史、在全球范围内掌管270多亿英镑的英国巴林银行宣告破产。

巴林银行是英国的一家极富名望的商业投资银行。巴林银行始创于1762年,早年间从事贸易活动,后来涉足证券业。19世纪初就成为英国政府证券的首席发行商,并在随后的100多年时间里在商业银行、投资银行等领域获得了长足发展。1803年,刚诞生的美国从法国手里购买路易斯安那州时,所有的资金都出自巴林银行。因受托管理英国女王的资产,巴林银行甚至被称为"女王的银行"。1993年巴林银行盈利1.04亿英镑,1994年税前利润为1.5亿英镑,破产前管理基金资产有300亿英镑、非银行存款有15亿英镑、银行存款有10亿英镑。

具有悠久历史的巴林银行曾创造了令人惊叹的业绩与辉煌,其雄厚的资产实力使它在世界证券史上具有特殊的地位。但是,具有如此悠久历史与辉煌业绩的银行怎么就轰然倒塌了呢?

1992年,巴林银行总部决定派尼克·里森到新加坡分行成立期货与期权交易部门,并出任总经理。里森同时身兼首席交易员和清算主管两职。

无论做什么交易,错误都在所难免,在期货交易中也是如此。有人会将"买进"误操作为"卖出",有人会以错误的价位购进合同,有人可能不够谨慎,有人可能本该购买9月份期货却进了6月份的期货,等等。一旦失误,就会给银行造成损失,在出现这些错误之后,银行必须迅速妥善处理。如果错误无法挽回,唯一可行的办法,就是将该项错误转入电脑中一个被称为"错误账户"的账户中,然后向银行总部报告。

新加坡巴林银行原本有一个账号为"99905"的"错误账户",专门处理交易过程中因疏忽所造成的错误,属于运作过程中正常的错误账户。1992年夏天,巴林银行伦敦总部要求里森另设立一个"错误账户",记录较小的错误,并自行在新加坡处理,以免麻烦伦敦的工作。于是账号为"88888"的"错误账户"便诞生了。几周之后,伦敦总部又打来了电话,要求新加坡分行还是按老规矩行事,所有的错误记录仍由"99905"账户直接向伦敦报告。"88888"错误账户刚刚建立就被搁置不用了,但它却成为一个真正的"错误账户"存于电脑之中。

1992年7月17日,里森手下一名加入巴林仅一星期的交易员犯了一个错误:当客户(富士银行)要求买进20手日经指数期货合约时,此交易员误操作为卖出20手,这个错误在里森当天晚上进行清算工作时被发现。欲纠正此项错误,须买回40手合约,表示至当日的收盘价计算,其损失为2万英镑,并应报告伦敦总公司。但在种种考虑下,里森决定利用错误账户"88888",承接了40手日经指数期货空头合约,以掩盖这个失误。该账户的交易便成了"业主交易",但实际风险损失仍然是由巴林银行承担。后来这个错误账户一直存在,并用于掩饰交易错误和损失。此后,里森一再动用错误账户"88888",以维护自己交易均是盈利的假象。

随着时间的推移,错误账户使用后的恶性循环使公司的损失越来越大。如何掩盖成为里森最严重的困扰,他必须面临至少3个问题:一是如何弥补这些错误;二是将错误记入"88888"账号后如何躲过伦敦总部月底的内部审计;三是SIMEX每天都要他们追加保证金,他们会计算出新加坡分行每天赔进多少。"88888"账户也可以被显示在SIMEX大屏幕上。

里森为赚足够的钱来补偿损失,就承担了越来越大的风险,1994年大举买进日经股票指数期货。1994年下半年起,里森认为日本经济走出了低谷,日元坚挺,日本股市必然会大幅上升,因而逐步买入日经指数期货建仓。但1995年1月16日,日本神户大地震使日本股市急挫,导致里森损失惨重。而里森仍然加大对日经指数期货投资以期翻本,2月23日,日经指数再次下挫276.6点。直到此时,里森才意识到已经无法弥补损失,便携妻潜逃。次日因被追加保证金,事件才浮出水面,巴林银行总部才知晓此事并展开调查,发现里森期货交易账面损失高达4亿~4.5亿英镑,约合6亿~7亿美元。2月26日,英国中央银行——英格兰银行在实在拿不出其他拯救方案的情况下,只好宣布对巴林银行进行破产清算,寻找买主来承担债务。

但2月27日,日经指数再挫664点,又使巴林银行多损失了2.8亿美元。截至当日,里森未平仓合约高达270亿美元,包括购入的70亿美元日经指数期货合约和200亿美元日本政府债券利率期货的空头合约。3月2日,在日经指数期货反弹300多点的情况下,巴林银行将所有未平仓合约分别在新加坡、东京和大阪的交易全部平仓,最终巴林银行因交易衍生工具的损失高达9.16亿英镑,合14亿美元,是巴林银行全部资本及储备金的1.2倍。

难道这一切之前没有人发现吗?并非如此。在损失达到5000万英镑时,巴林银行总部曾派人调查里森的账目。事实上,每天都有一张资产负债表,每天都有明显的记录,可看出里森的问题。即使是月底,里森为掩盖问题所制造的假账,只要巴林真有严格的审查制度,也极易被发现。里森假造花旗银行有5000万英镑存款,但这5000万英镑已被挪用来补偿"88888"号账户中的损失。查了一个月的账,却没有人去查花旗银行的账目,以致没有人发现花旗银行账户中并没有5000万英镑的存款。

另外,在1995年1月11日,新加坡期货交易所的审计与税务部发函巴林,提出他们对维持"88888"号账户所需资金问题的一些疑虑。而且此时里森已需每天要求伦敦汇入一千多万英镑,以支付其追加保证金。事实上,从1993年到1994年,巴林银行在SIMEX及日本市场投入的资金已超过11 000万英镑,超出了英格兰银行规定英国银行的海外总资金不应超过25%的限制。为此,巴林银行曾与英格兰银行进行多次会谈,在1994年5月,得到了英格兰银行主管商业银行监察的高级官员的默许。

在发现问题至其后巴林倒闭的两个月时间里,巴林总部的审计部门对此正式加以调查。但是这些调查,都被里森以极轻易的方式蒙骗过去。里森对这段时期的描述为:"对于没有人来制止我的这件事,我觉得不可思议。伦敦的人应该知道我的数字都是假造的,这些人都应该知道我每天向伦敦总部要求的现金是不对的,但他们仍旧支付这些钱"。

同年3月6日荷兰荷兴集团(International Neder Lander Group,简称ING)与巴林银行达成协议,出资7.65亿英镑(约12.6亿美元)接管其全部资产和负债,并更名为巴林银行有限公司。3月9日,收购方案获得英格兰银行和法院的批准。由此,巴林银行易主,百年基业毁于一旦。里森也因此锒铛入狱。

令人唏嘘的是,在巴林破产的两个月前,即1994年12月,于纽约举行的一个巴林金融成果会议上,250名世界各地的巴林银行工作者,还将里森当成巴林的英雄,对其报以长时间热烈的掌声。里森说:"有一群人本来可以揭穿并阻止我的把戏,但他们没有这么做。我不知道他们的疏忽与罪犯之间界限何在,也不清楚他们是否对我负有什么责任。但如果是在其他任何一家银行,我是不会有机会开始这项犯罪的。"

【案例评析】

首先,巴林银行倒闭的根本原因是内部控制制度存在问题。巴林事件发生后不久,新加坡财政部发出了英国普华会计师事务所起草的一份巴林事件的调查报告,基本结论为,巴林银行事件的主要原因是银行内部控制存在严重的缺陷。作为一名交易员,里森本来的工作是代巴林客户买卖衍生性商品,并替巴林从事套利这两种工作,基本上是没有太大的风险的。因为代客操作的风险由客户自己承担,交易员只是赚取佣金,而套利行为亦只赚取市场间的差价。一般银行许可其交易员持有一定额度的风险头寸,但为防止交易员在其所属银行暴露在过多的风险中,这种许可额度通常定得相当有限。而通过清算部门每天的结算工作,银行对其交易员和风险头寸的情况也可有效了解并掌握。但不幸的是,里森却一人身兼交易与清算二职,为其利用错误账户掩盖损失提供了空间。

其次,巴林银行倒闭的直接原因是金融衍生产品具备典型的"双刃剑性质"。金融衍生产品市场最重要的交易制度就是保证金制度。保证金制度具有两大杠杆作用:一是正的杠杆效应,保证金的存在使得套期保值的操作成本变得很低,市场中的参与者可以以少量的资金为大额的资产或负债进行套期保值,正的杠杆效应有利于降低工商企业和金融机构的风险,所以衍生工具也被认为是同风险较量的"必不可少的弹药";二是负的杠杆效应,保证金的存在放大了投机活动的风险,在投资判断正确的时候可以放大收益,而在判断错误的时候则会放大损失。保证金使得里森控制了大量的资产,而对日经指数期货投资方向的错误导致了巨额损失。以金融期货为例,目前全世界金融期货的保证金比率通常在5%~10%之间。大多数期货产品的保证金比率在5%左右。举个简单的例子,我们假设巴林银行买入日经股指期货价值100亿美元,但实际上里森并不需要付出100亿美元的资金,而是只需要存入5亿美元的保证金。如果日经股指上扬5%,巴林银行将赚得5亿美元的收益,相比期初5亿美元的保证金投入,收益率为100%;但是,如果日经股指下跌5%,5亿美元保证金将全部亏损,亏损率为100%。如果不及时补充保证金,交易所就将其头寸强行平仓。如果继续补交保证金,日经指数的进一步下跌则给巴林银行带来进一步亏损。

"金融衍生产品"满足了金融机构对高收益的追求,但同时金融机构也要承担高风险。任何一种投资都会有风险,金融衍生产品的风险尤其大。金融衍生产品的风险可以由其收益不可预测的波动性来定义,而不管收益波动采取什么样的形式,导致什么样的后果。资本理论中说较高"期望值"的资本一般有较大的"方差"。这其实是对直觉或长期观察结果的一种理论概括和数学表达,因为它所说明的不过就是"收益较高的资产风险也较大"这么一个常识性的道理。金融机构在金融衍生工具面前具有脆弱性,除巴林银行以外,很多著名的金融机构都经历过衍生工具导致的巨额亏损。

表 10-1 涉及衍生工具巨额亏损的企业

企业	亏损(亿美元)	交易品种
美国加州桔县政府财政基金	20	期货与互换
日本昭和炼油公司	15.8	外汇远期
日本 KASHIMA 石油公司	14.5	外汇衍生工具
德国金融公司	13.4	能源衍生工具
柯达公司	2.2	互换与期权
美国宝洁公司	1.57	利率互换
法国兴业银行	71	股指期货
中国航油公司	5.5	石油期权
中国国航	10	航油期权、利率互换
东方航空	9.1	航油期权、利率互换

再次,由于银行是高负债经营的,是负债率最高的机构,按照当时巴塞尔协议规定的8%资本充足率(资本与资产之比),负债率为92%。因此一旦衍生工具导致的亏损超过资本金,银行就陷入了资不抵债的境地,如果不能获得外部救助,那么只能陷入破产。

最后,从金融伦理角度而言,巴林银行涉事人员的从业道德都存在缺憾。错误账户数次展露冰山一角,但都被利森轻松地搪塞过去。巴林银行的高管们完全不去深究可能发生的问题,而一味相信里森,并期待他为巴林套利赚钱。但凡有人能够认真对待,稍微深入地展开调查,里森编织的谎言便难以为继。正是在这样一个内部控制行动虚设、管理人员缺乏责任心的环境下,才使得里森导致的损失由小变大,古老的巴林银行千里之堤毁于蚁穴。

从表 10-1 可以看到,巴林银行并非第一个衍生工具导致巨亏的机构,也并非最后一个。涉及衍生工具巨亏的机构不仅有金融机构,还有工商企业和财政资金,不仅有国外的机构,也有国内的机构。利率、汇率、股票价格、大宗商品价格无时无刻不处于波动之中,金融风险无处不在,如何管理金融风险,值得长期研究。

【案例讨论】

1. 巴林银行倒闭事件是由哪些原因导致的?
2. 巴林银行对我国的启示是什么?
3. 你对巴林银行倒闭这一事件有什么不同的看法?

案例2 中航油巨亏事件

【案例内容】

2003年下半年:中航油(新加坡)开始交易石油期权,最初涉及200万桶石油,中航油(新加坡)在交易中获利。

2004年第一季度:油价攀升导致中航油(新加坡)潜亏580万美元,公司决定延期交割合同,期望油价能回跌,交易量也随之增加。

2004年第二季度:随着油价持续升高,中航油(新加坡)的账面亏损额增加到3 000万美元左右。公司因而决定再延后到2005年和2006年才交割,交易量再次增加。

2004年10月初:油价再创新高,中航油(新加坡)此时的交易盘口达5 200万桶石油,账面亏损再度大增。

同年10月10日:面对严重的资金周转问题,中航油(新加坡)首次向母公司呈报交易和账面亏损。为了补交易商追加的保证金,公司已耗尽近2 600万美元的营运资本、1.2亿美元的银团贷款和6 800万元的应收账款资金。此外,还有8000万美元的保证金缺口。

10月20日:母公司提前配售15%的股票,将所得的1.08亿美元资金贷款给中航油(新加坡)。

10月26日和28日:公司因无法补加一些合同的保证金而遭逼仓,蒙受1.32亿美元实际亏损。

11月8日到25日:公司的衍生商品合同继续遭逼仓,截至25日的实际亏损达3.81亿美元。

12月1日,在亏损5.5亿美元后,中航油(新加坡)宣布向法庭申请破产保护令。

12月3日,新加坡政府决定对中航油(新加坡)事件展开刑事调查。

12月8日,新加坡警方公告他们已经拘捕了中航油(新加坡)总裁陈久霖。

12月10日,国务院国有资产监督委员会(简称国资委)正式表态,中航油(新加坡)开展的石油期权行为属于违规操作。

2005年3月29日,新加坡普华永道会计师事务所提交中航油(新加坡)巨亏事件的第一期调查报告,认为中航油(新加坡)巨亏是由诸多原因导致的。

6月9日,陈久霖等5名中航油(新加坡)高官被正式提起控告,陈久霖面临包括发布虚假消息、伪造文书、涉嫌内线交易等在内的15项指控,最高将可处以94年监禁以及25万新元的罚款。

2006年3月15日,新加坡初级法院因陈久霖6项指控处其以33.5万新元罚款,和四年零三个月的监禁。

2007年2月6日,中国国资委在北京宣布了关于中航油(新加坡)事件的处理决定:原中国航空油料集团公司(简称中航油集团)总经理荚长斌被责令辞职,原中航油集团副总经理、中航油(新加坡)有限公司总经理陈久霖被"双开"。中航油集团新上任的党委书记孙立接任总经理一职。

什么原因导致了中航油(新加坡)的巨亏呢?

至 20 世纪 90 年代末,中航油(新加坡)即已进入石油期货市场,也曾多有盈利。2001 年 11 月中航油(新加坡)上市,招股书上已经将石油衍生品交易列为业务之一。2002 年的年报显示,中航油(新加坡)凭投机交易获得相当盈利。2003 年 4 月,中航油(新加坡)的母公司中航油集团也成为第二批国家批准有资格进入境外期货交易的企业。

在 2003 年之前,中航油(新加坡)在所进行的石油期权交易中主要扮演代理商角色,为卖家和买家提供服务,赚取佣金,风险不大。而在 2003 年下半年,中航油(新加坡)开始参与石油期货期权的投机交易,那时油价波动上涨,中航油(新加坡)初战告捷,2003 年盈利 580 万美元。2004 年第一季度,中航油(新加坡)在油价涨到每桶 30 美元以上时开始做空,以后越亏加仓越大,最后做空石油 5 200 万桶,在油价涨到每桶 50 美元以上时被迫强行平仓,合计亏损约 5.5 亿美元。

中航油(新加坡)也有风险管理的相关规定,其中一条就是当亏损超过 50 万美元时就必须主动斩仓。这意味 50 万美元就是一条停止线。而中航油(新加坡)的亏损超过 5.5 亿美元,意味着"要撞到这条停止线 110 次"。

纽约轻质原油市场是石油期货交易量最大的市场,由于其交割的轻质原油更受人们欢迎,其价格也比较高。该市场成交量超过伦敦石油期货市场的两倍,一个月份的期货合同总持仓量达到十几亿桶,是石油交易主战场。中航油(新加坡)参与交易的是伦敦石油期货市场和场外衍生交易市场。

而石油的历史价格呢?从第二次世界大战以后到 2004 年中航油(新加坡)事件之前,石油市场经历了 5 次危机。

第一次,从 1973 年 10 月到 1974 年 1 月,油价从每桶 3.11 美元上升到 11.65 美元,主要原因是第二次中东战争造成石油产量下降,同时中东产油国用油价作为武器反击支持以色列的西方国家。

第二次,1978 年年底到 1980 年年底,油价从每桶 13.34 美元上升到 43 美元,主要原因是两伊战争造成石油减产和市场恐慌。

第三次,1985 年年底到 1986 年 10 月,油价由每桶 28 美元下降到 6.8 美元,主要原因是前两次石油危机后,西方国家,特别是美国加大石油投资,造成石油供过于求。

第四次,1996 年 10 月到 1998 年 12 月,油价从每桶 23.5 美元下降到 10.6 美元,主要原因是亚洲金融危机造成石油需求下降。此前油价连续上涨导致产量增加也是原因之一。

第五次,1998 年 12 月到 911 事件,油价从每桶 10 多美元上升到 35 美元左右,之后又跌到 17 美元。

伦敦国际石油交易所、纽约商品交易所分别于 1981 年和 1978 开始石油期货交易,包括航煤、WTI 轻油、BRENT 原油 3 种,他们对价格进行了综合,认为在过去的 21 年中间,平均价没有超过 30 美元。即使在战争年代的平均价,也没有超过每桶 34 美元。这就成为陈久霖所带领的中航油(新加坡)在石油价格一路上涨时却加大做空的"依据"。但是他并没意识到根据历史数据来进行未来的投资是有很大风险的,尤其是期权产品。

从 2003 年年初的伊拉克战争开始,石油价格因战争从每桶 25 美元上升到 40 美元,跌到 25 美元后又暴涨到 55 美元。

由于中航油(新加坡)公司从事的是场外期权交易(即 OTC 交易),交易双方都必须承担比交易所衍生品交易更大的信用风险,然而中航油(新加坡)的交易对手却是在信息收集和分析技术方面占绝对优势的机构交易者。中航油(新加坡)在从事石油期权交易也属于严重违规操作,面临一系列的法律风险,因为其从事的石油期权投机是我国政府当时明令禁止的。1999年6月,国务院发布的《期货交易管理暂行条例》规定:期货交易必须在期货交易所内进行,禁止不通过期货交易所的场外期货交易;国有企业从事期货交易,限于从事套期保值业务,期货交易总量应当与其同期现货交易量总量相适应。2001年10月,证监会发布的《国有企业境外期货套期保值业务管理制度指导意见》规定:"获得境外期货业务许可证的企业在境外期货市场只能从事套期保值交易,不得进行投机交易。"中航油(新加坡)的期权交易远远超过远期套期保值的需要,属于纯粹的博弈投机行为。

【案例评析】

首先,中航油(新加坡)对衍生工具的风险管理存在问题,尤其是管理层缺乏风险意识。中航油(新加坡)所从事的石油期权交易是柜台交易,为什么会有柜台市场呢?柜台市场专为稳定熟悉的大客户之间的交易提供服务,让客户可以面对面协商,而协议内容也更加灵活。柜台交易的期权定价也是参考纽约伦敦市场来的。

期权分做多期权(call)和做空期权(put)。无论做多期权还是做空期权,期权的买方损失有限、盈利无限,最大损失就是期权费;而期权卖方则收益有限、损失无限,最大收益是期权费。中航油(新加坡)恰恰选择的是风险最大的做空期权。国际上,期权的卖方一般是具有很强市场判断能力和风险管理能力的大型商业银行和证券机构,而在衍生工具市场初出茅庐的中航油(新加坡)显然不具备这种能力。

一开始中航油(新加坡)就对油价的走势判断失误,认为油价一定会下跌。但在此期间油价却一路上涨,中航油(新加坡)的亏损在2004年第一季度显现,到3月28日,公司已经出现580万美元的账面亏损。这是一个不小的数目,但陈久霖接受了期权展期的方案。两天之后,中航油(新加坡)公布了2003年年报,全年盈利3 289万美元,股价冲至1.76新元高位。

但是,油价没有停止上涨的步伐。虽然因期权展期使得中航油(新加坡)的账面亏损消失,但中航油(新加坡)为了尽快翻本,放大了交易仓位。到2004年6月时,公司因期权交易导致的账面亏损已扩大至3 000万美元。如果有基本的风险意识,中航油(新加坡)的亏损也可以控制在3 000万。

中航油(新加坡)有内部风险管理委员会,其风险控制的基本结构是:交易员—风险控制委员会—审计部—CEO—董事会,层层上报,交叉控制。每名交易员亏损20万美元时,要向风险控制委员会汇报,亏损37.5万美元时,要向CEO汇报,亏损达50万美元时,必须平仓。从上述风险控制架构中可以看出,中航油(新加坡)的风险管理系统从表面上看确实非常科学,但实施的关键节点在CEO,陈久霖对衍生工具的风险缺乏常识,行为冒进,导致公司风险管理体系形同虚设。

从2004年7月到9月,中航油(新加坡)随着油价的上升,唯有继续加大卖空量,到2004年10月,陈久霖发现中航油(新加坡)持有的期权总交易量已达5 200万桶之巨,远远超过中航油(新加坡)每年的实际进口量(约为1 500万桶)。这些合约分散在2005年和2006年的12个月份。其中2006年有3 412万桶,占总盘位的79%,油价在大幅上升,公司需要支付的保证金也在急剧上升。

2004年10月10日,中航油(新加坡)账面亏损达到1.8亿美元,将公司当时有的2 600万美元流动资金、原准备用于收购新加坡石油公司的1.2亿美元银团贷款,以及6 800万美元应收账款,全部垫付了保证金。此外,还有8 000万美元保证金缺口需要填补。在这样的情况下,陈久霖不得不正式向总部在北京的集团公司进行了汇报,请求资金支持。

中航油(新加坡)管理层实施股份减持,配售筹得1.08亿美元,悉数贷给上市公司用于补仓。但石油价格并未停止上涨,集团派出高层人员前往新加坡现场了解情况并指示运作。10月26日,中航油(新加坡)在期权交易中最大的对手日本三井能源风险管理公司正式向其发出违约函,催缴保证金。在此后的两天中,中航油(新加坡)因被迫在WTI轻油55.43美元的历史高价位上实行部分斩仓,账面亏损第一次转为实际亏损1.32亿美元。至11月8日,公司再度被逼斩仓,又亏损1亿美元。即便此时,中航油(新加坡)既未索性斩仓止损,亦未披露真实情况。11月12日,中航油(新加坡)在新加坡公布第三季度财务状况,仍然自称:"公司仍然确信2004年的盈利将超过2003年,从而达到历史新高。"

面对越来越难以掌控的局面,中国航油集团管理层着手向主管机关请示。而国资委最终认为不应对单个企业违规操作所招致的风险进行无原则救助,应由企业自己对自己的行为负责。因此,拒绝了"救助中航油(新加坡)挺过难关"的非常规做法。中航油(新加坡)的资金链终于断裂。

其次,中航油(新加坡)内部治理存在问题,CEO的权利缺乏有效制约机制。中航油(新加坡)巨额损失的直接责任人就是CEO陈久霖。在石油期权发生损失时,不执行风险管理规定,也不向上级报告,造成长期投机风险在价格逆向冲刺的情况下再也无法控制。长期违规操作也反映了在中航油(新加坡)内部"独裁"的缺陷。即便事先建立了"交易员—风险控制委员会—审计部—CEO—董事会"层层上报的机制,也无法执行,形同虚设。此外,《财经时报》提到,中航油(新加坡)规定:每年将10%盈利奖励给CEO;2003年,陈久霖的薪酬达到了2 300万元。看来这种极为不对称的奖励制度起到了鼓励CEO冒险的作用。

再次,中航油(新加坡)在信息披露方面存在问题,未向投资者披露公司所面临的真实财务风险。这也成为陈久霖被新加坡法庭起诉的最关键的理由之一。这次实际操作中,损失直达5亿多美元时,中航油(新加坡)才向集团报告。直到2004年10月10号,迫于形势中航油(新加坡)不得不向集团母公司求助,之前其巨额亏损从未公开向投资者披露过。作为上市公司,本应承担信息披露义务,但最令人震惊的是,中航油(新加坡)在2004年11月12日公布的第三季度财务状况中依然坚称:"公司确信2004年的盈利将超过2003年,达到历史新高。"以此误导投资者。但11月25日,高调的三季度财报公布后13天,中航油(新加坡)的实际亏损已经达到3.81亿美元,相比1.45亿美元的净资产已经技术性破产。

最后,中航油(新加坡)事件也反映出监管当局对衍生工具的监管失效。中航油(新加坡)在石油期权投机交易中,其实面对两套规管:一为新加坡本地法律;一为国内有关规章制度。从最初的交易账面亏损、巨额账面亏损到实际亏损,中航油(新加坡)故意违反新加坡本地法律,未进行信息披露。1998年国务院曾颁布《国有企业境外期货套期保值业务管理办法》,其中规定,相关企业不但需要申请套期保值的资金额度以及头寸,每月还必须向证监会以及外管局详细汇报期货交易的头寸、方向以及资金情况,但中航油(新加坡)并没有按要求做。中航油(新加坡)事件也暴露出中国证监会作为金融期货业的业务监管部门,在国内金融衍生工具交易监管的空白。在当时,监管主要是为设置准入门槛,监管当局主要的任务就是进行资格的审批。

对比巴林银行事件,中航油(新加坡)在衍生工具亏损方面又创出新高。但两个事件具有诸多相似,也存在诸多不同,中航油(新加坡)事件更能反映出衍生工具风险监管方面的中国国情。当然,中航油(新加坡)也并非最后一家衍生工具巨亏的国有企业,随后几年,东方航空、中国国航、上海航空等企业曝出巨亏,多涉及燃油衍生工具,在航企巨亏的教训下,2009年国资委在出手救助的同时,也不断警示央企在金融市场控制风险,只可套期保值,不可投机,并尽快建立严格的内控制度。

【案例讨论】

1. 中航油事件与巴林银行事件的原因有何差异?
2. 中航油事件对我国的启示是什么?
3. 请查找中国航空企业衍生工具巨亏事件,对比中航油事件,谈谈你的想法?

案例3 美国次贷危机

【案例内容】

美国次贷危机又称次级房贷危机,也译为次债危机。它是指一场发生在美国,因次级抵押贷款机构破产、投资基金被迫关闭、股市剧烈震荡引起的金融风暴。它致使全球主要金融市场出现流动性不足的危机。

美国房地产金融市场制度的确立可以追溯至20世纪,以1938年美国联邦住房按揭贷款协会(简称:房利美)的成立为标志。房地产按揭贷款证券化堪称金融史上的创举,为提高房地产资金的流动性,为美国人解决住房问题作出了巨大贡献,但同时也慢慢衍生出了过长的资金链条,为危机的产生埋下了伏笔。

在美国,抵押贷款市场是以借款人的信用条件来划分界限的。根据信用的高低,放贷机构对借款人区别对待,从而形成了"次级"(Subprime)及"优惠级"(Prime)两个层次的市场。次级市场面向那些信用低,收入证明缺失,负债较重的人。一般情况下,这些人难以从抵押贷款机构申请到优惠贷款,只能在次级市场寻求贷款购买住房,这样的贷款被称之为次级贷款。次级抵押贷款对贷款者信用记录和还款能力要求不高,贷款利率相应地比优惠级抵押贷款高很多,当然次级房贷机构面临的风险也自然地增大。瑞银国际的研究数据表明,截至2006年年底,美国次级抵押贷款市场的还款违约率高达10.5%,是优惠级贷款市场的7倍。

美国次级抵押贷款市场的兴起,源于20世纪80年代次级抵押贷款的产生。20世纪80年代以来,随着美国金融市场的发展壮大,企业开始充分利用资本市场进行直接融资,从而取代了以往利用银行部门进行间接融资的发展模式。另一方面,金融自由化的热浪打破了银行业的准入门槛,更多形式的中介机构应运而生,银行靠传统的、日趋标准化的、面向企业的信贷业务已经无法保证自己能够获得持续稳定的收入增长。于是,这就迫使银行业渐渐退出传统的信贷业务,把新的业务增长点转向质量较差的收入增长,他们通过适当地介入

"高收益风险"的次级贷款业务来优化以往"低收益风险"的信贷组合。

次级市场的贷款产品主要包括两大类:无本金贷款和可调整利率贷款。无本金贷款产品往往以30年分摊月供金额,但在第一年可提供1%到3%的超低利息,而且只付利息,不用还本金,然后从第二年开始按照利率市场进行利息浮动,一般还保证每年月供金额增加不超过上一年的7.5%。可调整利率贷款分为3年、5年、7年可调整利率贷款。可调整利率贷款允许贷款人每月支付甚至低于正常利息的月供,差额部分自动计入贷款本金部分。因此,贷款人在每月还款之后,会欠银行更多的钱。这类贷款的利率在一定期限之后,也将随行就市。这就意味着贷款者后期偿还贷款的压力很大。

由于次级抵押贷款存在高风险、高收益的特征,银行为了分担风险,会将次级抵押贷款打包成次级抵押贷款债券(CDO),出售给其他金融机构等,这些机构为了降低风险又会将次贷债券打包出售给保险公司、对冲基金等机构,最后将次贷风险出售到全球。

21世纪初,由于美国网络股泡沫的破灭,美国经济逐渐衰退。为了刺激经济发展,美联储在2001年到2004年连续17次降息,使利率从6.5%降至1%。低利率刺激了美国房地产市场的发展,美国人的购房热情不断升温。进而刺激了美国抵押贷款市场的发展。由于优质贷款的市场已经饱和,所以次级抵押贷款开始逐渐扩张。

在房地产市场持续向好的背景下,银行放宽对借款人还款能力、信用记录的限制,产生了很多如不需信用评估、零首付、只付利息/本金(IO/PO)等的次级贷款模式。为了转嫁长期持有资产(包括次级贷款)的风险,银行通过证券化将次级贷款以及其他贷款从资产负债表中转出,原有的不同类型的贷款被组合成在期限、评级、收益率等方面能适应不同投资人偏好的结构化产品,从最初的住房抵押贷款支持证券(MBS)、抵押债务权益(CDO)到衍生品,原来"贷出-持有"模式转变成"发起-分销"模式,由此在名义上降低了信用和利率风险,减少了资本占用,提高了资产的流动性,因而提升了银行的营利能力。这样,不但原有不合理激励机制更加扭曲,标准更加放松,而且资本占用的减少促使了银行杠杆率的上升,从而产生了更多的次贷。

在次级贷款证券化的过程中,公共机构和私人机构首先发行住房抵押贷款支持证券(MBS),但由于以次贷为抵押品的MBS评级一般达不到BBB级,许多投资者(如养老基金投资者)按法律不能购买。为了增加MBS的交易,投资银行与评级公司合作,利用"统计套利模型"提升资产的评级,将一些次级债务包装成"投资级债券",从而改善证券的发行条件,吸引投资人,降低发行成本。除了MBS,投资银行还重新设计了按照信用风险分级的MBS,称为抵押债务权益(Collateralized Debt Obligation,CDO),是资产证券化中重要的组成部分。CDO的标的资产通常是信贷资产或债券,按照资产分类,它主要分为两类:CLO(Collateralized Loan Obligation)和CBO(Collateralized Bond Obligation),前者是信贷资产的证券化,后者是市场流通债券的再证券化,它们统称为CDO。CDO本质上也是支付住房抵押贷款还款现金流的证券,但与普通MBS的主要区别在于其分级。投资者按照违约率不同,将还款现金流分成高级、次级和股本级等不同档次的债券。由于投资银行在合成CDO期限、评级、收益等方面的灵活设计大大提升了"可售性",使其受到了市场上不同风险偏好的投资者的热情追捧,也为投资银行带来了丰厚的收益,其发行量不断攀升,助长了房地产市场的泡沫。次级债最疯狂的时期,外国机构投资者也都纷纷买入各种养老基金、政府托管基金、教育基金、保险基金,次级抵押贷款的风险随之转移和扩散。

此外，美国金融机构还在此基础上进一步发展新的金融衍生品，如 CDS，进行对冲交易。CDS(Credit Default Swap)，称为信用违约掉期合约，是美国一种相当普遍的金融衍生工具，1995 年由 JP Morgan 首创。CDS 相当于是对债权人所拥有债权的一种保险。从理论上讲，CDS 卖家售出 CDS，对相应的一份债权将来是否得以履约做出担保；而这样一来，作为买家的债权人就把债权违约的风险让渡给了 CDS 卖家。具体来说，CDS 所担保债权，一般是各种各样且信誉度各异的债券，如地方政府债券、新兴市场国家的债券、以住房按揭为抵押的债券（包括次贷），以及小范围的或企业双方的债权和债权。CDS 买家所获得的保险承诺包括：倘若债权违约，或有债权评级下调等各种不利的"信用事件"发生，收入仍不受影响（视具体条款而定），一般的债权人仍可收回所持债券的面值。这样，CDS 买家所获得的保护，相当于他们在信用事件的条件下（债权产品违约率上升时），仍可获得预期的收入甚至利润，因为此时 CDS 卖家将向它们支付与所担保债券面值相当的现金。而在没有信用事件的条件下，如所担保的债券按期履约，CDS 卖家将从买家处获得定期的保险费收入，也能由此获取利润。但总的说来，一旦"信用事件"发生，CDS 卖家要承受的损失将相当巨大。

随着房地产泡沫的产生，美联储迫于国内通胀的压力，从 2004 年 6 月到 2006 年的两年时间里，连续 17 次上调联邦利率。基准利率的上升使得住房抵押贷款的利率相应上升，这样就使得一些想要通过贷款购房的人望而止步，使得房地产的需求下降，美国住房市场开始大幅降温。同时，2004 年至 2005 年新增的次级抵押贷款的合同进入了可调动利率阶段，借款者的压力突然加大，有些借了次贷的人开始无力偿还债务。而且，随着住房价格下跌，购房者难以将房屋出售或者通过抵押获得融资。

到 2007 年，利率的上升和房价持续下降使房贷市场上借款人的还贷压力不断增大，正处于还贷中后期的借款人由于无法承受利率提高的巨大负担，只能选择违约，进而引起抵押贷款公司的破产。

2007 年 2 月 13 日，美国抵押贷款风险开始浮出水面。当日，美国第二大次级抵押贷款公司——美国新世纪金融公司(New Century Finance)发出 2006 年第四季度盈利预警。汇丰控股宣布业绩，并额外增加在美国次级房屋信贷的准备金额达 70 亿美元，合计 105.73 亿美元，升幅达 33.6%。消息一出，当日股市大跌，其中恒生指数下跌 777 点，跌幅为 4%。2007 年 4 月，新世纪金融公司因无力偿还债务而申请破产保护，裁减员工比例超过 50%。随后 30 余家美国次级抵押贷款公司陆续停业。

到 2007 年 8 月，随着大量次贷形成的坏账浮出水面，基于这些次贷的证券也大幅贬值，次贷危机全面爆发。受次贷风暴影响，2007 年 8 月，美国第五大投行贝尔斯登宣布旗下两只对冲基金倒闭，随后贝尔斯登、花旗、美林证券、摩根大通、瑞银等相继爆出巨额亏损。投资者的恐慌情绪开始蔓延。

为应对金融动荡，美联储等西方央行开始采取联手行动，向金融市场投放资金，以缓解流动性不足，增强投资者信心。从 2007 年 9 月至 2008 年 4 月，美联储连续 7 次降息，将基准利率由 5.25% 大幅削至 2%。除此之外，美联储还宣布降低直接向商业贷款的贴现率，并通过向投资银行开放贴现窗口、拍卖贷款等方式，持续向金融市场投放资金。但这些措施未能阻止次贷危机向美国经济基本面扩散：失业上升，消费下降。2007 年第四季度，美国经济下降了 0.2%，为 2001 年第三季度以来的最糟糕表现，而当时美国正陷入上一次经济衰退。

2008年3月,次贷危机愈演愈烈,华尔街陷入流动性危机。2008年3月16日,为防止金融市场出现灾难性暴跌,在美国财政部和美联储的极力撮合下,贝尔斯登被摩根大通收购。美联储则为这笔并购案提供了大约300亿美元的担保。2008年7月中旬,美国房地产抵押贷款巨头"两房"遭受700亿美元的巨额亏损,最终被美国政府接管。作为美国最大的汽车厂商,通用公司的股价跌至50余年来的最低水平,破产危机隐现。2008年9月15日,美国第四大投行雷曼兄弟(Lehman Brothers)宣布破产。同日,美国第三大投行美林公司(Merrill Lynch)被美国银行(Bank of America)收购。华尔街的五大投行倒闭了3家。雷曼兄弟的破产,彻底击垮了全球投资者的信心,包括中国在内的全球股市持续暴跌,欧洲的情况尤为严重,诸多知名金融机构频频告急,欧元兑美元汇率大幅下挫。9月16日,评级机构穆迪公司(Moody)和标普公司(Standard and Poor)调低陷入困境的保险业巨头美国国际集团(AIG)的评级,AIG股价开始暴跌。9月21日,美联储宣布批准美国第一大投行高盛(Goldman Sachs)和第二大投行摩根士丹利(Morgan Stanley)实施业务转型,转为银行控股公司,即普通商业银行。至此,次贷危机使美国前五大投行全军覆没。2008年9月25日,全美最大的储蓄及贷款银行——总部位于西雅图的华盛顿互惠公司(Washington Mutual Inc.),已于当地时间星期四(25日)被美国联邦存款保险公司(FDIC)查封、接管,成为美国有史以来倒闭的规模最大的银行。

次贷危机后,不仅金融市场遭受全面打击,流动性出现严重不足,美国的经济也受到严重冲击。2008年第四季度,美国GDP下降6.1%,失业率节节攀升并于2009年创下50多年来的最高纪录。随后,美国政府在2009年出台了全面的经济刺激计划;美联储经过多次降息后,将利率降至接近于零的水平,并一直维持不变。

除此之外,美联储先后出台了四轮量化宽松政策,通过购买大量的资产支持证券,出售国债,为市场注入流动性。之后,一连串危机拯救措施的效果开始显现,美国经济逐渐复苏,主要股指已经恢复到危机前水平。

然而,次贷危机的影响是深远的。危机不断蔓延,逐渐从私人部门扩散到其他国家的公共部门。2009年12月8日,全球三大评级公司下调希腊主权评级。从2010年起,欧洲其他国家也开始陷入危机,西班牙、爱尔兰、葡萄牙和意大利等国同时遭遇信用危机,整个欧盟都受到债务危机的困扰,受影响国家的GDP占欧元区GDP的37%左右。由于欧元汇率大幅下跌,欧洲股市暴跌,整个欧元区面临成立10多年来最严峻的考验。

【案例评析】

从表面上看,次贷危机是由于贷款者无法按期偿还贷款所导致的一连串连锁反应。但是,美国次贷危机的发生,有其深层次的原因。

1. 美联储的宽松货币政策是危机的重要成因

美国房地产泡沫的形成首先应归因于2000年以来实行的宽松货币政策。2000年前后美国网络泡沫破灭,美国经济陷入衰退。从2001年年初美国联邦基金利率下调50个基点开始,美联储的货币政策从加息周期转向减息周期。从2001年1月至2003年6月,美联储连续13次下调联邦基金利率,该利率从6.5%降至1%的历史最低水平。可以说,正是这一阶段持续的利率下降,推动了美国房产市场的持续虚假繁荣,也是次贷市场泡沫形成的重要因素。持续的利率下降,使很多蕴涵高风险的金融创新产品在房产市场上有了产生的可能性和扩张的机会。其重要的表现形式,就是浮动利率贷款和支付利息贷款大行其道,占总按揭贷款的发放比例迅速上升。与固定利率相比,这些创新形式的金融贷款只要求购房者每月担负较低的、灵活的还款额度。这样,虽然减轻了购房者的压力,促进了美国房产的繁荣,但也埋下了次级房贷市场泡沫的祸根。

随着美国经济的反弹和通胀压力增大,从 2004 年 6 月起,美联储的政策开始逆转,启动了加息周期,至 2006 年 8 月,联邦利率上升到 5.25%。由于此前市场预期利率长期走低,借款人较偏好浮动贷款利率,加息后贷款利息负担大大加重,特别是次级贷款的借款人主要是抗风险能力弱的低收入人群,很多人在此情况下无力还款,房贷违约率上升。正是信贷的骤松骤紧刺破了美国房地产市场的泡沫。

2. 金融产品的不断创新忽略了风险意识要求

进入 21 世纪,世界经济和金融的全球化趋势加大,全球范围利率长期下降,美元贬值,以及资产价格上升,使流动性在全世界范围内扩张,激发追求高回报、忽视风险的金融品种和投资行为的流行。

美国次级房贷在刚推出时,曾被认为是一项了不起的金融创新,因为它圆了没有充分财力置业且信用欠佳的人的购房梦想。相比普通抵押贷款 6%~8% 的利率,次级房贷的利率有可能高达 10%~12%,而且大部分次级抵押贷款采取可调整利率的形式,随着美联储多次上调利率,次级房贷的还款利率越来越高,最终导致拖欠债务比率和丧失抵押品赎回率的上升。对其中的高风险,放款机构不是没有意识到,他们也在积极将这些风险转嫁,于是新的金融衍生品应运而生。出于对高额利润的追求和对房地产市场的盲目乐观,投行在不断发行 CDO 的同时,与此有关的新的金融产品也产生了,如 CDS,将 CDO 向保险公司投保,在保险公司的保障下,CDS 再次成功。这样,对冲基金和投行的风险有了保障。

在一个低利率的环境中,次级房贷衍生产品能使投资者获得较高的回报率,这吸引了越来越多的投资者。在信贷环境宽松或房价上涨的情况下,放贷机构因贷款人违约收不回贷款时,他们也可以通过再融资,或者干脆把抵押的房子收回来,再卖出去,不亏还赚。但在信贷环境改变,特别是房价下降的情况下,再融资,或者把抵押的房子收回来再卖就不容易实现,或者办不到,或者亏损。较大规模地、集中地发生这类事件时,危机就出现了。

3. 评级金融机构导致的评级与信息不对称的放大

由于证券化产品过于复杂,很多机构投资者对证券化产品的定价缺乏深入了解,所以信用评级是资产证券化中的重要一环,它成为投资者了解证券风险和收益的重要途径。评级金融机构接受了以统计模型为基础的理念,以及由此产生的风险评级方法,次贷危机爆发前,标准普尔和穆迪等著名评级机构曾经给予大量 CDO 以 AAA 的评级。泛滥成灾的"AAA"证书使银行失去了对风险的敏感性。最终结果是,证券化产品偏高的信用评级造成了机构投资者的非理性追捧,最终导致信用风险的累积。但在贝尔斯登投行的对冲基金于 2007 年 6 月爆发危机后不久,各大信用评级机构立刻下调对此类债券的评级,整个次贷市场立刻陷入恐慌,次贷危机就此全面升级为金融危机。

4. 金融自由化思潮导致的监管缺位

1945 年至 1973 年,无论是在美国还是在全世界,管制的资本主义都占支配地位。这种形式的资本主义的特征有:(1)政府对经济和金融系统实行严格管制;(2)为保证低失业率而对宏观经济主动调控;(3)国家制定大量社会福利政策;(4)大型企业与工会合作;(5)大型企业之间的竞争比较克制;(6)国际贸易和资本流动受国家和国际机构的控制。20世纪80年代,这种处于统治地位的资本主义形式发生了急剧变化,新自由主义形式的资本主义取代了原来国家管制的资本主义形式。新自由主义形式的资本主义的特征有:(1)放松对经济和金融的管制,允许自由市场的存在;(2)政府不再对宏观经济进行积极调控,追求低通胀率而非低失业率;(3)社会福利急剧减少;(4)大型企业和政府打击、削弱工会力量,劳动市场格局改变,资方完全控制劳方;(5)自由、残酷的竞争取代了有节制的竞争;(6)商品、服务和资本在不同国家之间流动相对自由。新自由主义的理论家们认为:如果没有国家的监管,金融市场会更有效率,人们就能把有限的资源投入回报率最高的领域。但是他们忽略了一个重要的事实:没有监管的市场非常容易导致金融危机,而且在新自由主义条件下金融危机会变得更加严重。

解除对金融的监管是新自由主义的资本主义的一个重要特征。没有国家严密监管的金融市场是非常不稳定的。1945年至1973年,在国家管制的资本主义条件下,美国中央银行和政府迫使金融资本尽量把钱借贷给实体经济企业。这种情况下,金融机构不能按照自己的意愿去追求最大限度的利润,相反,它们被分成各种不同的类型,只能从事指定类型的业务。1980年至1982年,美国国会通过了两个重要法案,解除了对金融机构的监管。这样,美国的银行及其他金融机构就可以自由地追逐最大利润。因此,越来越多的金融机构被吸引从事投机性业务。由于能给金融机构带来很高的回报,例如,避险基金(对冲基金)每年的回报率高达25%,而要获得如此高的利润率,只有一种途径——把大量的钱借出去,提高债务水平,因此,风险不断地加剧和扩大,扩散和转移到整个金融体系,为金融危机的全面爆发埋下了隐患。

【案例讨论】

1. 美国次贷危机发生的原因?
2. 美国次贷危机对我国金融机构的启示有哪些?
3. 金融危机的发生对经济有哪些不利影响?

案例4 亚洲金融危机

【案例内容】

在20世纪90年代的繁荣时期,亚洲被世界公认为是新千年的一个巨大的新兴市场。以泰国、马来西亚、印尼、菲律宾(四国被合称为"亚洲四小虎")为代表的东南亚各国经济更是飞速增长。当时的泰国,和许多亚洲国家一样,开始从海外银行和金融机构中借入大量的中短期外资贷款,外债曾高达790亿美元。在一片表面繁荣之下,泰国修建起许多空无一人而锃光发亮的办公大楼。

然而好景不长,1997年至1998年,亚洲爆发了罕见的金融危机,给亚洲各国甚至世界经济都带来了巨大的冲击。在美国金融投机商索罗斯等一帮国际炒家的持续猛攻之下,自泰国开始,菲律宾、马来西亚、印度尼西亚等东南亚国家的汇市和股市一路狂泻,一蹶不振;

多个国家的企业大规模倒闭,工人失业,经济萧条。

1. 泰铢贬值点燃金融危机导火索

1997年7月2日,泰国宣布放弃固定汇率制,实行浮动汇率制,引发了一场遍及东南亚的金融风暴。但危机早在之前的经济高速增长时期就埋下了。

1984年6月,泰国开始实行钉住"一篮子货币"的汇率制度,篮子中的货币及其权重分别为:美元80%~82%;日元11%~13%;西德马克6%~8%;港元、林吉特和新加坡元0%~3%。泰国中央银行每天公布中心汇率,浮动区间为中心汇率的±0.02%。在此制度安排下,泰铢兑美元汇率长期稳定在1美元兑24.5~26.5泰铢,成为实际上的钉住美元制度。

从1984年到1994年,由于美元兑主要货币持续走弱,而泰铢是钉住美元汇率不动的,所以泰铢也随着美元一起贬值,从而大大提高了泰国的出口竞争力,出口的快速增长有力地推动了泰国经济发展。1986年至1994年,泰国制造业出口年增长30%,制造业出口占总出口的比重由36%上升到81%,制造业占GDP的比重从22%增加到29%;农业出口比重由47.7%下降到13.9%,农业产值占GDP的比重由21%降为11%。在此期间,泰国经济以每年8%左右的速度增长,成为令世界瞩目的"亚洲四小龙"。

当时,泰国积极实施鼓励外资的政策,处于加快金融业开放、推进本币可兑换及利率自由化的进程之中。泰国为了把曼谷建设成可与香港相匹敌的国际金融中心,在资本项目可兑换、利率浮动、引进外资金融机构以及衍生产品市场发育上采取了密集度很高、快得多的改革开放步伐。泰国从1992年时就对外开放,对外资敞开大门,大量地向外资银行和当地银行提供低息美元贷款。当时泰国在资本账户开放方面,采取了两项重要的措施。一是开放离岸金融业务,推出了曼谷国际金融安排(Bangkok International Banking Facilities,即BIBF)。根据这一安排,1993年泰国中央银行向15家泰国商业银行、35家外国商业银行在泰国的分行发放了BIBF经营许可证。凡获得经营许可证的商业银行均可从国外吸收存款和借款,然后在泰国(out-in)和外国(out-out)以外币形式贷款。二是泰国政府允许非泰国居民在泰国商业银行开立泰铢账户,进行存款或借款,并可以自由兑换。到1996年,泰国资本项目已基本放开。尽管资本项目放开,为泰国带来了国际资本,但也造成了日后的泰铢危机。

在上述政策的推动下,大量外资持续流入境内,外商直接投资及外债均大幅增加。1994年,外国私人资本流出和流入泰国的规模达到15 000亿泰铢左右,较1989年增加了10多倍,并且,流入泰国的外国资本多为短期资本,短期外债比重高达50%以上。泰国的银行从国际上借得短期资本,在国内却进行长期贷款,大量贷款流向房地产市场。此外,外国资本也大量流入泰国的股票市场。在外债及外商投资的推动下,出口导向型经济产生了较多国际收支顺差,本币面临着升值压力,而这反过来又进一步吸引境外资金流入。在上述各项因素的作用下,泰国的股票价格和房地产价格飞涨,泡沫经济逐步形成。

到了1995年,国际外汇市场出现逆转,美元兑主要货币的汇率由贬值转为升值。由于美元持续、大幅度升值,泰铢实际有效汇率跟随美元不断走强,加之劳工价格也逐年攀升,对泰国的出口产生了严重的负面影响。泰国经济主要是靠出口带动的,出口下降导致泰国经常项目逆差迅速扩大。1995年泰国贸易赤字达到162亿美元,占GDP比率超过8%。而紧紧钉住美元的汇率制度除了削弱了企业的出口竞争力之外,也将自己推到了汇率风险的风口浪尖之上。

日本是泰国第一大贸易伙伴。1996年,泰国的经常性出口因为日本经济衰退的拖累而逆差骤然扩大,入不敷出,贸易形势日益恶化。为了弥补大量的贸易赤字,满足国内过度投资的需求,外国短期资本大量流入了泰国的房地产、股票市场,房地产经济膨胀,银行呆账增加,泰国经济已显示出危机的征兆。泰铢已经被逼到了调整汇率的最后防线。

实际上,1993年泰国股市上的国外投资为30多亿美元,1995年已经上升到了60多亿美元,巨额的出口逆差已经使风吹草动的股市动荡不定,屡见下挫;1996年5月以后,泰国股指下跌幅度超过60%。与此同时,泰国商业银行的不良资产率已经达到了35.8%。1996年年底,泰国商业银行和金融机构的房地产贷款分别为总贷款的8.8%和24.4%,其中有相当一部分资金来自海外。1996年,泰国的房地产泡沫迹象已经十分明显,造成商业银行和金融公司经营状况恶化,巨额不良资产使其金融市场更加动荡不安。经济状况的不断恶化和金融市场的剧烈波动,加剧了市场各方对泰铢贬值的预期。

为了防止泡沫破灭后又形成银行的巨额不良资产,泰国央行被迫实行高利率政策。然而,此政策的出台使风雨飘摇的泰国经济雪上加霜。高利率进一步抑制了投资和消费的需求,加剧了经济衰退,造成了商业银行的巨额不良资产,而且也加大了企业的债务负担。企业由于银行的高利率,被迫向国际金融市场寻求低利息资本,从而进一步扩大外债规模,形成恶性循环。1997年,泰国经济疲弱、出口下降、汇率偏高并维持与美元的固定汇率,给国际投机资金提供了一个很好的捕猎机会。

1997年2月,索罗斯等攥着对冲基金的金融大鳄们闻风而动,乘势进军泰国,对泰铢发动第一波攻击,大量借入泰铢,在外汇市场上兑换成美元。泰国中央银行运用20亿美元的外汇储备干预外汇市场,平息了这次风波,索罗斯空手而回。3月2日,索罗斯的量子基金以及其他国际投机者的对冲基金猛烈地冲击泰国外汇市场,引起泰国挤兑风潮,挤垮银行56家,股票市场狂泻70%。5月,国际金融市场上再次疯传泰铢贬值,引发泰铢汇率大幅波动;而索罗斯等对泰铢发动的攻击,更加剧了泰国金融市场的不稳定性。泰国央行与新加坡金管局、香港金管局联手干预外汇市场,以百亿美元的代价使对冲基金一举遭受到3亿美元的重创,力挽狂澜地把汇率维持在25泰铢兑1美元的价位。泰国政府不当的干预手段反而被金融大鳄们利用,他们不断散布谣言,说泰国政府束手无策,一时间泰国金融市场被搅得一潭浑水、阴云翻滚。那些以前大举进入泰国股市和房地产市场的短期资金疯狂撤退,泰铢贬值压力进一步增加,外汇市场出现了连续不断的恐慌性抛售。到1997年6月底,泰国外汇储备下降300亿美元,失去了继续干预外汇市场的能力。

1997年7月2日,曼谷,在经历了一个小时的闭门会议之后,泰国政府对外宣布,泰铢放弃钉住汇率制度,实行有管理的浮动汇率制度。当天,泰铢兑换美元的汇率一路狂跌18%,外汇及其他金融市场一片混乱,泰国金融危机正式爆发。

不仅在外汇市场,索罗斯大胜而归,而且在股票市场,索罗斯也获利颇丰。在泰铢危机前,索罗斯就大量买入泰国股票,进一步拉升泰国的股价。随后,动用现货股票、期货、期权大量抛空泰国股票。由于泰国政府为遏制国际资本拆借泰铢,大幅提高拆借利率,使得股价大幅下跌,使得索罗斯的做空获利满满。

对那些依赖外国资金进行生产并用泰铢偿还外债的泰国企业来说,无疑是一个晴天霹雳。泰国的老百姓也如惊弓之鸟,泰铢贬值60%,股票市场狂泻70%,泰国人民的资产大为缩水。

2. 金融危机的蔓延

在泰国铢贬值之后，尽管国际货币基金组织采取了一个试验性的拯救计划，以消除泰国铢贬值产生的冲击波，然而一切都无济于事。东南亚国家的货币仍然受到投机资金的沉重打击。人们担心危机蔓延以及对东南亚地区的不信任情绪，使得该地区的形势日益恶化。

泰国金融危机首先对菲律宾、印度尼西亚、缅甸及马来西亚的货币市场产生了巨大的冲击。

菲律宾比索在投机商的压力下频频退低，1997 年 7 月 11 日，菲律宾央行宣布允许比索在更大的范围内与美元兑换，事实上同泰国一样开始实行浮动汇率。当天比索暴跌至29.45比索兑 1 美元，跌幅达 11.5%，创 4 年来的最高跌幅。一星期后，比索的下跌幅度依然在11%的水平上。同一天，缅甸缅元也受到打击，从 160 缅元兑 1 美元下降到 240 缅元兑 1 美元。

受泰国金融危机的影响，马来西亚货币林吉特在同一天以 2.504 7 兑 1 美元收市。7 月 14 日林吉特以 2.535 0 兑 1 美元收市。在此期间，马来西亚中央银行对外汇市场进行了干预。马来西亚代总理易卜拉欣和财政部部长安瓦尔表示马来西亚将决心维护林吉特的稳定。马来西亚中央银行也于 11 日决定将银行利率从前一天的 9% 上调至 50%，以抑制猖獗的市场投机，阻止林吉特的进一步贬值。以上这一系列措施都是为了维护林吉特 2.550 兑 1 美元的心理关口。7 月 14 日，印度尼西亚当局宣布，放弃维持其货币与美元之间比价的努力，今后，盾与美元的比价将由市场来决定。

印度尼西亚为了支持盾已经动用了大量外汇储备。在听任比价波动的决定发布后，盾对美元的比价立即从 2 680 盾兑 1 美元跃至 2 800 盾兑 1 美元，而在泰国铢贬值之前，这一比价为 2 450∶1。这就是说，从 7 月 2 日以来，印度尼西亚的盾大约贬值了 14%。

在 7 月 21 日到 25 日的一周里，泰国的金融危机进一步动荡。泰国央行入市干预，却毫无用处。到周末，泰铢已跌至当年的最低点 32.7 泰铢兑 1 美元的历史位，跌幅达 21.5%。在同一周，马来西亚的林吉特也下跌到 1 美元兑 2.653 0 林吉特，为马来西亚 38 个月来的最低汇率。

新加坡元亦随之下跌而至 1 美元兑 1.47 元，为 32 个月的历史低位。稍后一些时候，香港的外汇市场受到冲击，一些大投机商开始大手买进港币期货以期出现抛空现货港币的机会。香港货币当局采取措施，大力干预市场，在外汇市场大量抛售美元，以 7.71% 的利率水平卖出 1 月期港币期货。这一利率水平高出 6.56% 的市场水平。将港币基本维持在 1 美元兑 7.74 港元的水平上。

这场金融危机又冲击了巴西证券市场。拉美最大的股票交易所——圣保罗股票交易所的指数下跌了 15%。巴西货币雷亚尔也受到贬值的威胁。

紧接着金融危机又袭击了中国台湾、韩国和希腊。这场风暴在国际货币基金组织和东南亚地区各国政府积极干预和援助下稍稍喘定，一些国家和地区以及一些舆论亦认为风暴最危险、最困难的时期已过，然而 8 月下旬，狂风骤雨又突然再度袭来。

一些国家和地区的货币再次急挫：马来西亚货币林吉特的比价在 8 月 25 日到 8 月 29 日一周内下降了 5%，下跌到历史最低点 2.932 林吉特兑 1 美元；泰国铢、印尼盾和菲律宾比索以及通常坚挺的新加坡元都在林吉特下跌之后相继下跌；泰国铢再创新低，为 34.15 铢兑 1 美元；印尼盾最低时降至 3 070 盾兑 1 美元；菲律宾比索下降到了创纪录的水平，为 30.45 比索兑

1美元;新加坡元降为1.5185新加坡元兑1美元。

受货币汇率下跌风暴的影响,东南亚股市更是狂泻不止:菲律宾股市跌幅惊人,8月28日一日创下10年来的最大单日跌幅9.28%,差点2000点不保;印尼股市飞流直下,一举跌破500点大关,8月29日报收493.96点。

顿时,一种无休无止、无边无际的风暴阴影再次笼罩在人们的心头。泰国实行浮动汇率之后,一贯主张严格控制本国外汇制度的菲律宾、马来西亚和印度尼西亚也纷纷"改旗易帜",决定放宽本国汇率管制,将传统的固定汇率制度,或变为浮动汇率制,或放宽了本国货币的交易范围。

3. 印尼金融风暴再起

1997年的货币面冲击仅仅是开始,危机在1998年深化并开始传染。1998年年初,印尼金融风暴再起,面对有史以来最严重的经济衰退,1月21日印尼盾兑美元突破10000大关,IMF为印尼开出的"药方"未能取得预期效果。2月11日,印尼政府宣布将实行印尼盾与美元保持固定汇率的联系汇率制,以稳定印尼盾。此举遭到国际货币基金组织及美国、西欧的一致反对。国际货币基金组织扬言将撤回对印尼的援助,印尼陷入政治经济双危机。2月16日,印尼盾兑美元再次跌破10000大关。受其影响,东南亚汇市再起波澜,新元、马来西亚林吉特、泰铢、菲律宾比索等纷纷下跌。4月8日印尼同国际货币基金组织就一份新的经济改革方案达成协议,然而国际炒家们依然不依不饶,直到国际货币基金组织最后的救市方案在7月底基本到位后,东南亚汇市才暂告平静。

1997年爆发的东南亚金融危机使得与之关系密切的日本经济陷入困境。日元汇率从1997年6月底的115日元兑1美元跌至1998年4月初的133日元兑1美元;5月至6月之间,日元汇率一路下跌,一度接近150日元兑1美元的关口。随着日元的大幅贬值,国际金融形势更加不明朗,亚洲金融危机继续深化。

4. 危机结束

1998年8月初,乘美国股市动荡、日元汇率持续下跌之际,国际炒家对香港发动新一轮进攻。恒生指数一直跌至6600多点。香港特区政府予以回击,金融管理局动用外汇基金进入股市和期货市场,吸纳国际炒家抛售港币,将汇市稳定在7.75港元兑换1美元的水平上。为了保护香港的联系汇率制,大陆向香港注入了大量的外汇资本,而同时坚定地宣布人民币不会贬值。经过近一个月的苦斗,使国际炒家损失惨重,无法再次实现把香港作为"超级提款机"。国际炒家在香港失利的同时,在俄罗斯更遭惨败。俄罗斯中央银行于8月17日宣布年内将卢布兑换美元汇率的浮动幅度扩大到6.0～9.5,并推迟偿还外债及暂停国债券交易。9月2日,卢布贬值70%。这都使俄罗斯股市、汇市急剧下跌,引发金融危机乃至经济、政治危机。俄罗斯政策的突变,使得在俄罗斯股市投下巨额资金的国际炒家大伤元气,并带动了美欧国家股市、汇市的全面剧烈波动。亚洲金融危机来得突然,去得也迅速。到1999年出口和GDP都已恢复增长,除政治上动荡不安的印尼外,股票市场也已恢复,甚至超过危机前的水平。

5. 采取挽救措施

这场货币危机直接是由投机浪潮引起的,所以东南亚各国政府的反应和其所采取的应急性挽救措施明确指向了投机活动。

打击投机活动的措施之一,是严肃市场交易规则。菲律宾中央银行于1997年7月22

日宣布,停止美元期货交易3个月。菲律宾还将商业银行原获准持有相当于资金总额二成的外汇减为一成,并宣布凡违反规定的银行将被责令停业整顿。马来西亚为了打击货币投机大户,规定从8月4日起,本国银行同每一个外国客户进行的马货币林吉特的掉期交易最高额为200万美元,超过限额的银行必须暂停与有关外国客户的同类交易,直至符合规定为止。

  东南亚国家采取的第二个重要措施,是整顿金融体系,建立银行风险防范机制,避免金融业出现新的问题而影响经济发展。泰国政府于8月5日宣布,将关闭42家有问题的金融公司,并建立银行储备金保险项目。此前几年,泰国、菲律宾和马来西亚等国房地产盲目发展,供过于求,呆账严重,给金融业带来了巨大风险。根据这一教训,东南亚国家目前都明确规定,银行给某一行业的贷款不能超过贷款总额的20%。泰国、菲律宾等国家开始改革国内的金融体制以适应新的金融形势。韩国也开始了金融监管制度的改革。

  东南亚国家采取的第三个主要措施是努力保持物价稳定。在菲律宾,石油等能源产品依赖进口,比索贬值之后,能源产品价格的提高促使其他产品价格上升。为了减轻货币贬值对人民生活的影响,菲律宾政府从7月底开始,恢复了国家物价监督委员会,督导全国各地消费品定价,处理哄抬物价的不法商人。其他国家也针对本国实际,采取了稳定物价的措施。

  在这场危机中,投机商之所以连连得手,一个重要的原因是东南亚国家的外汇储备普遍不足,使中央银行干预市场的行动难以奏效。对此,马来西亚、菲律宾、泰国、新加坡和印度尼西亚等国于7月25日签署了一项协议,将8月初到期的通货交换条约延长一年,以联合打击货币投机活动。根据协议,任何签约国遇到国际收支周转紧急需要时,其他国家将提供短期流动性资金予以援助。

  鉴于金融危机的爆发与蔓延同大多数东南亚国家近年来经济增长速度减缓、出口商品竞争力下降的现实情况密切相关,这些国家开始把重点放在更为有效地吸引外资、提高本国产品的出口竞争能力上。他们利用这次货币贬值的机会,大力促进产品出口。泰国投资委员会在7月9日发表声明,将进一步采取措施以提高本国经济的出口能力和发挥该国的人力优势。泰国、菲律宾、马来西亚和印尼等国采取各种措施,对出口型企业进行扶持,鼓励增加出口商品生产。泰国中央银行建立了200亿泰铢的基金,为全国主要的出口型企业提供低息贷款。

【案例评析】

  亚洲金融危机虽已结束,但其影响是深远的。除了经济规模较小的越南和菲律宾外,印尼、泰国和马来西亚在这次危机后的10年中,经济增长从未超过危机前10年的平均水平。

  而1997年金融危机的爆发,有多方面的原因。

  (1)透支性经济高增长和不良资产的膨胀。保持较高的经济增长速度,是发展中国家的共同愿望。当高速增长的条件变得不够充足时,为了继续保持速度,这些国家转向靠借外债来维护经济增长。但由于经济发展的不顺利,到20世纪90年代中期,亚洲有些国家已不具备还债能力。在东南亚国家,房地产吹起的泡沫换来的只是银行贷款的坏账和呆账。至于韩国,大企业从银行获得资金过于容易,造成一旦企业状况不佳,不良资产立即膨胀的状况,不良资产的大量存在,又反过来影响投资者的信心。

(2) 过分强调外向型经济的作用。毫无疑问,发展外向型经济是东南亚经济快速发展的重要原因。但外向型经济比重太大,因而国际市场的变动,尤其是汇率的变动对经济有着重大影响。东南亚各国由于出口商品成本上升,国际竞争激烈,导致贸易状况恶化,经常项目出现巨大赤字。1996年经常项目下各国赤字是:泰国145亿美元,马来西亚51亿美元,菲律宾36亿美元,印尼82亿美元,分别占本国GDP的8.0%、5.2%、4.3%、3.8%。

(3) 外债结构不合理。为了维持固定汇率制,这些国家长期动用外汇储备来弥补逆差,导致外债的增加。而在外债中,中期、短期债务多,还债率高,还本付息压力大。在中期、短期债务较多的情况下,一旦外资流出超过外资流入,而本国的外汇储备又不足以弥补其不足时,这个国家的货币贬值便是不可避免的了。

(4) 亚洲一些国家的外汇政策不当。他们为了吸引外资,一方面保持固定汇率,一方面扩大金融自由化,给国际炒家提供了可乘之机。如泰国就在本国金融体系没有理顺之前,于1992年取消了对资本市场的管制,使短期资金的流动畅通无阻,为外国炒家炒作泰铢提供了条件。

【案例讨论】

1. 泰国金融危机发生的原因?
2. 国际炒家是如何诱发金融危机的?
3. 金融危机的传导渠道有哪些?此次危机是如何传导到其他亚洲国家的?

第11章 金融发展与经济增长

案例1 货币危机与经济大危机

【案例内容】

  1929年年中开始的那次经济萧条,对美国来说,是一次空前规模的灾难。其主要表现之一是产量和物价大幅度下降。1929年中期,美国一些主要产品的产量开始下降。到同年秋季,局势已非常明显,无论是制造业,还是建设业,产量都在大幅度减少。从1929年到1934年,美国GDP是呈下降趋势的,从1929年的3 147亿美元下降到1934年的2 394亿美元,5年期间下降了24%。而消费价格指数在萧条期间也一直呈下降趋势,1933年的GPI与1929年相比下降了24.6%。二是股市暴跌。在1929年9月到1932年6月期间,股市暴跌85%。因此,人们几乎把大萧条与股市崩溃当作一回事。而实际上,在股市崩溃之前,经济下降始于1929年8月,并且持续到1933年。股市崩溃只是大萧条的一个重要表现。随后,证券市场终于走向下跌。经过9月份逐步下跌和10月初局部上升之后,到10月末,证券市场陷入了混乱。10月24日,即著名的"黑色星期四"那天,证券交易额达1 300万股,证券市场一天之内蒙受的损失开创了历史最高纪录。三是奇高的失业率。大萧条带来大量失业。1929年至1933年,GNP下降近30%,失业率从3%升至25%。1931年至1940年的10年间,失业率平均为18.8%,其范围从14.3%到24%之间。现在国际上通常将12%的失业率作为临界线,因而大萧条时期持续10年之久接近20%的失业率确实称得上奇高的失业率。这次萧条对于世界其他地方也是一场灾难,萧条逐渐波及其他国家,各国的产量下降,失业人数增加,人民遭受饥饿和苦难。

  一般认为,大萧条开始于1929年10月24日。那天是星期四,纽约的证券市场崩溃了,其间几上几下,最后证券价格在1933年跌到1929年水平的1/6。其实,在此之前,企业活动在1929年8月(即证券市场崩溃前两个月)就已达到了顶峰,到10月时已经大大减少。崩溃反映了经济困难的不断增加,反映了无法维持的投机活动破产。当然,一旦崩溃发生,它就会在企业界人士和其他曾对新时代的到来寄予无限希望的人们中间散布忧虑,它使消费者和企业经营者都不愿花钱,而是增加他们的流动储备以备急需。

  联邦储备系统的做法,更加重了证券市场崩溃所造成的影响,使危机进一步加深。当崩溃发生时,纽约联邦储备银行几乎是出于斯特朗时代养成的条件反射,立即自行买进政府公债,来缓和冲击。这使商业银行能够向证券市场上的公司提供额外的贷款,并从他们那里和其他受到影响的公司那里买进证券,以缓和冲击。但是,斯特朗已经死了,联邦储备委员会想确立自己的领导地位,迅速采取行动,要纽约联邦储备银行遵守纪律,后者屈服了。此外,联邦储备系统的做法同它在20世纪20年代早先的经济衰退中的做法大不一样。它不是积极地放松银根,使货币供应量多于平时,以抵消收缩,而是在整个20世纪30年代中,听任货币供应量慢慢减少。在1930年年末到1933年年初的这段时间内,货币供应量减少了1/3,与此相比,1930年10月前货币数量减少的幅度仍显得很少,仅仅减少了2.6%,不过同以往相比这个幅度却很大。同以往的衰退相比,无论是在衰退期还是在衰退以前,没有哪一次的货币减少了这么多。

证券市场崩溃的余波和1930年货币数量的缓慢减少,最终导致了一场相当严重的衰退,但是,直到1930年秋天,收缩虽然严重,却还没有导致银行业的困难或向银行挤兑的情况。当中西部和南部一系列银行倒闭破坏了人们对银行的信心并使人们广泛地想把存款变成通货时,衰退的性质就发生了剧烈的变化。

银行倒闭的浪潮最后蔓延到了全国的金融中心——纽约。1930年12月11日是一个非常关键的日子,那一天,美国银行关了门,这是直到那时为止美国历史上倒闭的最大一家银行。此外,虽然它是一家普通的商业银行,它的名称却使国内外许多人认为它是官方银行。因而它的倒闭是对信心特别严重的打击。美国银行关门,对它的所有人和储户来说都是个悲剧。两个所有人受到审讯,据说因违反了法律而判处徒刑。储户的钱虽然最后得到部分赔偿,但却被扣押了好多年。对于整个国家来说,影响更为深远。全国各地的存款人担心他们存款的安全,加入了早先已经开始的零星的挤兑活动。银行成批倒闭,仅1930年12月的一个月,就有352家银行倒闭。

当发生挤兑风潮时,如果没有建立联邦储备系统,那么银行会采取1907年采取过的措施,即限制付款,这种限制会比1930年最后几个月实行的要严厉得多。但是它会防止银行准备金的流失,几乎一定会防止后来1931年、1932年和1933年的银行大倒闭,正如1907年的限制很快就制止了当时的银行倒闭一样。联邦储备系统的存在阻止了银行采取这种激烈的措施,直接原因是大银行的担心减少了,它们相信向联邦储备系统借款可以使它们克服可能发生的困难,事实证明它们错了;间接原因是整个社会特别是银行界,相信现在有联邦储备系统对付挤兑风潮,因而不再需要采取这种严厉的措施了。

但不幸的是,联邦储备系统犹豫不决,采取的行动很少。总的来说,它是袖手旁观的,听任危机自由发展。在后来的两年中,它一再重复这种行动方式。1931年春天,当第二次银行业危机来临时,联邦储备系统就是这样行事的。1931年9月,当英国放弃金本位制时,它甚至采取了更为反常的措施,在发生严重萧条两年之后,前所未有地大幅提高利率(贴现率)。它采取这个行动是为了避免持有美元的外国人来汲取它的黄金储备,这是它担心英国放弃金本位制后可能发生的事情。但提高利率的结果使国内的通货高度收缩,给商业银行和工商企业更增加了压力。联邦储备系统本可以通过公开市场买进政府债券,来抵消它给予正在挣扎的经济的这一剧烈打击,但它没有那么做。1932年,在国会的强大压力下,联邦储备系统最后在公开市场上大规模买进债券。有利的影响刚刚开始,国会休会了,而联邦储备系统立即停止了它的行动。

这一惨痛故事的最后是1933年银行业的恐慌,又一次以一系列的银行倒闭开始,胡佛和罗斯福之间的交接更加重了这次恐慌。罗斯福于 1932 年 11 月 8 日当选,但到 1933 年 3 月 4 日才就职。胡佛不愿意在未得到新当选总统合作的情况下采取严厉措施,罗斯福不愿意在就职以前承担任何责任。

恐慌在纽约金融界蔓延开来,联邦储备系统自己也慌了。纽约联邦储备银行行长试图说服胡佛总统在任期最后一天宣布全国银行休假,但未成功。于是他就会同纽约票据交换所主管和州银行总监,说服纽约州莱曼宣布全州各家银行在 1933 年 3 月 4 日罗斯福就任那一天休假。联邦储备银行同商业银行一起停业。其他州的州长也采取了同样的行动。最后罗斯福总统在 3 月 6 日宣布全国休假。

在 1929 年中期经济处于顶峰时,美国有近 2.5 万家商业银行开业,到 1933 年年初,减少到了 1.8 万家。在 4 年的时间里,由于倒闭、合并或清算,2.5 万家银行大约消失了一半。货币的总量也同样急剧减少。如果 1929 年公众手中的存款和通货为 3 美元的话,那么到 1933 年就剩下了不到 2 美元,真可以说是一次空前的货币崩溃。

【案例评析】

首先,弗里德曼认为大危机并不是由私人企业的失败所造成的,而是由政府在一个从一开始就被赋予责任的领域里的失败造成的。货币危机是经济崩溃的原因还是结果呢?是联邦储备系统本来能够防止货币崩溃,还是像当时许多观察家所得到的结论那样,联邦储备系统已经做了最大努力,但货币崩溃仍然不可避免?弗里德曼认为货币崩溃既是经济崩溃的原因,也是它的结果。货币崩溃主要是联邦储备政策所造成的,而它无疑加重了经济崩溃。经济崩溃一旦开始,又使货币崩溃恶化。银行贷款在比较温和的衰退时期可能是"好的贷款",但到了经济严重崩溃时,就变成了"坏的贷款",拖欠偿付贷款会削弱发放贷款的银行的财力,更促使存款人开始向它挤兑,致使企业倒闭,产量下降,失业增加,民众的担忧加重。把资产换成形式最流动的货币,变换成最保险的货币通货,成了社会广泛的愿望,"反馈"是经济制度的普遍特征。

现在几乎可以证明,联邦储备系统不仅被授权防止货币崩溃,还要把联邦储备法赋予它的权力运用得当。联邦储备系统不仅有能力防止货币崩溃,还知道如何运用这一权力。在 1929 年、1930 年、1931 年,纽约联邦储备银行曾反复督促联邦储备系统在公开市场上大规模购进债券,这是联邦储备系统本应采取的关键性行动,但是它没有采取。纽约联邦储备银行的建议没有被采纳,并不是因为这些建议不对或行不通,而是因为系统内部的权力斗争使其他联邦储备银行和联邦储备委员会都不愿意接受纽约联邦储备银行的领导,只得受联邦储备委员会混乱而犹豫不决的领导,该系统以外的有识之士也曾要求采取正确的行动。在一次联邦储备会议上,当时的财政部部长和联邦储备委员会的成员奥格登·L. 米尔斯在说明他赞成那个行动时指出:"一个拥有 70%黄金储备的大中央银行系统,在这样的形势下站在一边,不采取积极措施,这几乎是不可想象、不可饶恕的。"然而这恰恰就是这个系统前两年的做法,而且在几个月后国会刚休会以及在 1933 年 3 月银行危机达到高潮时,这个系统又采取了这种做法。

以上分析可以看出,联邦储备系统的错误政策在这次大危机中起到了推波助澜的作用,加大了危机的危害程度。

其次,大萧条产生的原因是什么?应该用什么方法去解决。凯恩斯认为,主要原因是总需求不足,是由投资机会的减少和投资需求的下降引起的。凯恩斯指出在应用扩张性的财政政策对抗需求不足的过程中,货币政策不重要,财政政策是解决需求不足问题的重要手段。弗里德曼提出了不同意见,弗里德曼认为,对于大萧条美联储负有重大责任。在大萧条时期,一些银行出现倒闭,非常有可能引发连锁反应,美联储本应及时干预,恢复公众的信心,但美联储偏偏默许了银行的倒闭,未采取任何强有力的行动,终于酿成金融系统近乎完全崩溃的局面。银行倒闭的最坏结果是导致货币供应量不足。因此,一方面由于银行的大量倒闭,破坏了存款货币存量;另一方面,倒闭造成了部分存款人信心的动摇,导致更高的流通现金-存款比率的要求,尚若没有倒闭的银行,则只能通过持有相对于存款来说增加的准备金,来减少挤兑的可能。流通现金-存款比率和准备金-存款比率的增加,降低了货币乘数,因而急剧地使货币存量减缩。由于大萧条的产生与美联储的政策直接相关,因此应该应运用货币政策的调整来解决大萧条的问题。弗里德曼的上述解释后来成为大萧条的主流解释。

再次,在对大萧条做出了深入研究后,美国人充满自信地认为,大萧条再也不会发生了,因为历史可以帮助他们避免重蹈覆辙。后来美国的确有很好的治理经济萧条的成功案例。1987年10月19日,世界范围内的股市出现大跌,跌幅达15%～20%。美联储意识到可能出现大萧条,公开而明确地宣布,将根据需要提供贷款,以防止金融崩溃,立即进行公开市场业务。当美联储着手实行扩张性货币政策时,利率被急剧地压低了,美联储和其他主要中央银行的行动,被认为控制了可能的恐慌,并有效地防止了它影响产量,大萧条当然也就没有出现。

1933年3月4日,正是美国大萧条最严重的时刻,富兰克林·罗斯福临危受命,成为美国第32任总统。在严峻的形势下,为了对付前所未有的经济衰退,挽救濒于绝境中的美国经济,罗斯福大刀阔斧地开始了改革,实行了"新政"运动。

罗斯福"新政"主要由两个"百日新政"构成。第一个"百日"是1933年3月9日至6月16日,主要目的在于复兴,所采取的措施是维持银行信用,实现美元贬值,维持农产品价格,规定协定价格以减少企业间的竞争等。第二个"百日"始于1935年5月,主要目的是改革,所采取的措施是兴建公共工程,以工代赈,以扩大就业来提高社会购买力,改革税制,使受益范围广泛。

罗斯福"新政"几乎囊括了社会经济生活的各个方面,包括金融业、农业、社会保障等。第一,罗斯福"新政"是从整理金融入手。在第一个"百日"新政时期出台了不少金融立法。第二,从减少生产和提高价格入手进行了农业改革。第三,采取了复兴工业,刺激工业生产的一系列措施,实现了工业生产增长的目的。第四,建立宽泛的社会保障法规和政策,动用企业和财政的能力,保证全体公民的最低生活水平。第五,采取财政扩张措施兴建一些公共工程,即解决了有效需求不足的问题,又为日后提供了有效供给。第六,实施了平均化的税收政策,对国民财富进行了再分配。

罗斯福"新政"是有成效的。第二个百日新政结束后,失业人数比1933年年初少了400万,至少提供了600多万个工作岗位。1935年农民的全部现金收入从1932年的40亿美元上升到近70亿美元。1936年工商业界倒闭工厂数目只有四年前的三分之一。联邦储备委员会所发表的工业生产调整指数,1932年是58,1936年上升到121。各保险公司资产总额增加了30多亿美元,银行业早已渡过了难关,国民收入和公司利润增加了一半以上,道·琼斯股票指数上升了80%。

罗斯福"新政"虽然起了一定的作用,但并没有起到药到病除的效果。国库每年亏空60~70亿美元,国债一再增加,从1932年的187亿美元,增加到1938年的347亿美元。失业的美国人数仍多达700多万,全国14%的人口只能靠救济过活。特别是从1937年下半年起,经济又走向衰退。

案例的引申——大危机对联邦储备系统的影响

美国金融改革的一个重要特征就是,改革常常是由危机引起的。大危机时期金融制度崩溃之后所进行的改革从各方面来讲都是截至当时政府历次改革中最重要的一次,1933年、1935年通过的银行法案、1933年通过的证券法案、1934年通过的证券和交易法案、联邦储备法案和国立银行法案的修正条例以及政府采取的其他政策带来了令人注目的变化。这些改革显著地改变了金融体制,改变了中央银行行使的权力。而且总的说来,改变了中央银行为建立稳定的金融货币体制在未来所起的作用。

本次改革的内容很多,这里主要列出与中央银行有关的内容。第一,联邦储备银行权力的集中和加强。联邦储备银行被授予新的和经修正的行使货币政策的手段,并建立中央集权制。同时改革金融制度,把联邦储备银行的大权移交到新改组的联邦储备理事会。这些改革的目的是建立中央集权的中央银行,以取代以前的货币政策分区执行的制度。第二,存款保险。为了恢复公众对银行以及对起到交易媒介作用的存款的信心,联邦政府承担存款的保险责任。这些存款指存于银行、互助储蓄银行和储蓄与贷款协会的存款。1934年成立了联邦存款保险公司(简称FDIC),承保存于银行和互动储蓄银行的存款。同年,成立了联邦储蓄贷款保险公司(简称FSLIC),承保存于储蓄与贷款协会的存款。许多人把联邦存款保险视为20世纪30年代最基本和最重要的改革。此外,还对管理与监管、新银行开业、银行投资证券等方面做出了规定,在此就不逐一列出。

【案例讨论】

1. 美国的货币危机如何引发经济危机?
2. 你认为在大危机中,联邦储备系统应采取怎样的货币政策,根据是什么?
3. 凯恩斯理论和罗斯福"新政"产生的条件。
4. 凯恩斯理论和罗斯福"新政"对我国经济调控有哪些借鉴意义?

案例2 美国金融发展与经济周期的演进

【案例内容】

20世纪初,美国金融体系日趋成熟,直至21世纪金融实现混业经营,美国的金融发展按金融监管变化和经济周期演进大体可分为3个阶段。

1. 1920年至1933年金融自由化和大萧条期

20世纪前30年,银行、保险、证券的实力相差悬殊,金融各子行业的联合基本没有受到管制,经济周期决定整个金融行业的兴衰,但金融脱媒现象的发生已逐渐侵蚀银行在金融体系中的绝对地位。1900年,银行类金融机构资产份额约占80%,保险、证券等其他类金融机构占比不足20%。1929年,银行类机构资产占62%,保险占比由14%提升至17%,证券由3.8%增加至7.6%,养老金、投资公司等新兴金融中介涌现。

1920年至1929年间,美国经济环境稳定、居民收入和企业利润日益上升,企业和家庭需要长期贷款,而商业银行由于风险偏好程度低多提供短期贷款,这促进了保险、证券及其他投资公司的超常规发展。但商业银行作为融资主体,地位受到削弱,这主要源于监管机构对银行分支机构设立、贷款规模设定、证券组合选择以及其他活动加以限制,这些限制会阻碍银行从事多样化经营和其资产规模的快速扩张。

1929至1933年间的经济衰退导致金融系统陷入整体崩溃边缘。这段时期共发生3次银行危机,大多数保险公司按市值衡量持有的抵押借款和债券价值已失去偿付能力,证券市场也被破坏殆尽。

2. 1933年至1971年"新政"时期美国经济重塑

1933年后,在"新政"对经济金融各领域的改革下,美国经济经历调整,并在第二次世界大战后进入繁荣期,这一阶段,政府鼓励消费,给予储贷协会、消费金融公司和养老金计划优惠政策,促进3类机构的市场份额扩大2~3倍,而商业银行、人寿保险在分业经营严格管制下市场份额下降27%。

大萧条后,为重塑美国经济,1933年罗斯福"新政"从银行体系改革入手,颁布著名的《格拉斯-斯蒂高尔法》,这一法案以及后来的《银行法》将投资银行业务和商业银行业务严格地划分开,保证商业银行避免证券业的风险。该法案禁止银行包销和经营公司证券,只能购买由美联储批准的债券。

同时,该法案将限制竞争的思想引入商业银行领域。受银行危机的产生是由于竞争迫使银行支付过高存款利率的启发,《银行法》中"Q条例"禁止银行对活期存款支付利息,并限制定期存款的利率水平。该法案还建立了联邦存款保险公司,从长远看,存款保险制明显提高了银行系统的稳定性,很好地阻止了存款人挤兑的发生,但是也增加了银行高风险行为发生的概率。

后来的事实证明这一法案并没有保障银行系统的稳定,但是它可以在美国经济快速发展期提供一种理想的环境,美国银行业在这种体系下维持了长达半个世纪的稳定。

第二次世界大战后,美国经济在陷入短暂的经济衰退后,开始进入新的繁荣时期,采取固定汇率制的布雷顿森林体系使政府预算得以平衡,而谨慎的货币政策促成了将近20年的经济增长和低通货膨胀率。在"新政"期间,商业银行、互助储蓄银行和人寿保险公司在融资渠道方面的相对重要性降低了。"新政"的受益集团,包括储蓄贷款协会、消费金融公司、养老基金、互助基金,则获取了大部分资金流。

"新政"期间,商业银行凭借低成本优势赢得了较好的收益率,贷款损失很低,银行破产成为少见的事件。这20年内,每年破产银行不足10家,并且都是小银行。但是即使利差和收益得到保障,商业银行在借贷领域中也失去了部分阵地,竞争来自消费金融公司和储蓄贷款协会。联邦政府对储贷协会、制造商和零售商的优惠政策,使他们成为银行的强劲对手。20世纪60年代早期,银行贷款只提供了公司所需总借款中的19%,许多客户转移到储贷协会或消费金融公司开户。活期存款大量流出商业银行体系,1966年,银行定期储蓄规模第一次超过了活期储蓄。

20世纪70年代,税收激励措施将保险计划视为雇主可扣税的费用和雇员退休前的免税收入,这推动保险计划的快速扩张,从以前的次要中介变为金融市场的重要竞争者。养老金发展将居民储蓄中用于养老的长期储蓄资产从银行体系分离出来,不仅推动了国民储蓄向社会投资的转化,还进一步细分了金融市场,提高了资本市场在金融结构中的比重。

3. 1971年至2000年危机及金融管制放松

1971年后,石油危机推动美国国内通胀高企,倒逼金融管制放松,金融混业经营趋势确立。利差的减少促使商业银行、互助储蓄银行以及人寿保险公司持有的金融资产份额继续下降30%。传统金融中介中,只有储贷协会的份额上升,但随后由于工业衰退,储贷协会也陷入崩溃境地。金融管制放松推动产品创新和资本市场的大发展,保险基金和互助基金占比范围扩大,货币市场的互助基金、联邦资助机构发行的证券化贷款迅速增加,四类基金市场份额由1970年的19%上升至1900年的35%。

20世纪70年代,美国通货膨胀率提高,市场利率开始明显上升,有时甚至超过存款利率的上限。"Q条例"约束和分业经营的限制,使银行处于一种不公平的竞争地位。各存款类机构都出现经营困难,一些储蓄协会和贷款协会出现了经营危机,银行信贷供给能力下降,全社会信贷供给量减少。尽管70~80年代美国实行了缓慢的利率市场化进程,逐步放松利率管制,但短期资金仍然大量从银行和其他存款机构流出,"金融脱媒"现象没有得到有效遏制。1984年至1994年,总共1455家银行破产。

银行业危机的一个好处是监管机构对分业经营的规定慢慢模糊。1996年,货币监理署赋予银行通过其附属机构销售证券和保险的权利,随后美联储又扩大允许设立银行控股公司的投资银行的数量。20世纪的最后25年里,银行的经营状况得到恢复,发展速度超越经济增长,但是其在贷款市场所占份额仍然下降了。而很多储贷协会合并成银行类金融机构,与其他金融中介在更平等的环境中竞争。

尽管没有像商业银行和存款机构发生大规模破产,人寿保险业的增长也受到较大削弱,这反映在对其传统产品需求的减少上。20世纪80年代的通货膨胀和高利率增加了保单贷款和违约现象的发生,降低了保险公司的流动性和净价值。从1970年至1990年,保险公司的净价值从9.4%下降到7.5%。面对寿险保单的缓慢增长和公司净值的下降,与商业银行类似,实力雄厚的寿险公司开始转变成综合金融集团。

这个时期,由于银行业的削弱,美国证券行业快速转型,创新业务不断推出带来美国证券行业的崛起。1975年美国实行佣金自由化,垃圾债的兴起、资产证券化的快速发展和金融衍生品的爆发式增长(1973年布莱克-斯科尔斯期权定价公式的发明和计算机的发展带来之后美国金融衍生品爆发式的增长),美国证券行业的盈利能力不断加强,业务广度不断加深,行业收入与股票市值(美国地区的总市值)的比重不断增加,最高时达到3%,证券行业的收入在1980年至2000年增长了10倍。

【案例分析】

"大金融"理论强调金融服务实体经济的动态拟合。从长期的视角来看待金融和经济发展之间的关系,可以发现,大国的金融崛起几乎总是与其经济崛起同步实现的,美国的金融和经济发展就是一个明显的例子。美国依靠逐渐成熟的投资银行体系完成了第二次工业革命,成为世界头号强国。但又因该体系"稳定性"不足,一直存在泡沫化风险,终于引起2007

年次贷危机的爆发,美国投资银行体系也宣告破产,其经济长期难以再现辉煌,霸权地位也日渐衰落。

19世纪末20世纪初,美国在继承英国中央银行和商业银行体系的基础上,依靠投资银行体系及金融创新,支持自身完成了第二次工业革命。1933年,为应对经济大萧条,美国制定《格拉斯·斯蒂格尔法》,实行严格的分业经营制度,限制商业银行投资业务,促使投资银行体系发展迅速,逐渐由银行主导型金融体系转变为市场主导型金融体系。

美国以投资银行为主体的市场主导型金融体系,具有天然的资本运营能力,实现了资本的市场化流动及有效配置,支撑美国经济结构调整和产业升级。投资银行与生俱来的"金融创新"品质,通过融资证券化和资产证券化提供了经济快速增长所需要的更高流动性和信用催化,并借此主导5次并购浪潮,淘汰落后产能,推动经济结构优化。同时,投资银行体系顺利化解高新技术和中小企业的融资困难,通过风险投资支撑技术创新和产业升级,将其培育为美国经济的新支柱。因此,投资银行体系及其创新对于美国的崛起具有巨大的引领和推动作用。

19世纪至20世纪中期,美国投资银行体系曾与实体经济结合紧密,为何后来却又脱离实体经济呢?这是由资本的"逐利性"决定的。为追求高额利润,资本必须走在实体经济前面,它"先入为主"却又"抢先退出"。美国经历工业化、产业化后的利润率下降,无法满足资本的"逐利欲望",资本放弃介入实际生产,专门从事借贷、投资等非实物的资金运作,于是产业资本就变异为金融资本。被金融资本绑架的美国义无反顾地走上"工业化—去工业化—金融化"道路,最终金融脱离实体经济并泡沫化,造成次贷危机。

当下,美国已经意识其危机的实质,并正在实行"再工业化"的战略。然而,业内人士分析认为,这只能是对困境的修补,并不能改变其衰落的大势。因为金融化后的美国资本已经习惯"坐享其成",难以再适应并满足于工业制造的利润率;即使金融资本迫于无奈而转向实体经济,也会通过全球配置选择低成本、高利润的发展中国家,从而使美国的实体经济缺乏资本动力。

从美国金融道路的历史中,我们发现工业革命与金融发展相辅相成、相互促进,金融体系已成为大国崛起的基本性战略力量。这也是我们强调金融服务实体经济动态拟合的核心要义。但是,任何一种金融制度都有其"天使"和"魔鬼"的两面,怎么根据自身国家禀赋,"扬其长避其短"才是关键。

【案例讨论】

1. 美国的金融发展与经济周期演进之间的联系。
2. 次贷危机暴露出美国金融发展中的问题。
3. 金融服务实体经济如何实现"扬长避短"?

参 考 文 献

[1] 徐连金.票据业务操作与风险[M].上海:上海财经大学出版社,2015.
[2] 任彦.银行票据实务[M].上海:上海大学出版社,2012.
[3] 张金花.解析票据违规[J].中国金融,2013.
[4] 梁睿.警惕三角债卷土重来[N].经济日报,2012-06-27.
[5] 蒋敏杰,张俊超.关注新三角债对金融市场影响[N].中国证券报,2012-10-19.
[6] 毛海峰,连振祥,姜刚,等.新"三角债"绞杀传统产业[N].经济参考报,2016-01-21.
[7] 斯泰尔.布雷顿森林货币战:美元如何统治世界[M].符荆捷,陈盈,译.北京:机械工业出版社,2014.
[8] 中国国际金融有限公司.研究报告[R].[S.l.:s.n.],2016.
[9] 黑泽尔.美联储货币政策史[M].曾刚,陈婧,译.北京:社会科学文献出版社,2016.
[10] 张琳.投资理财[M].北京:化学工业出版社,2012.
[11] 张目标.个人黄金投资策略与风险管理研究[D].南昌:南昌大学,2012.
[12] 苗康,刘春苗.我国黄金投资现状分析与完善建议[J].时代金融,2013(04).
[13] 任义涛.雷曼兄弟破产的前因后果:基于金融危机背景的分析[D].上海:上海师范大学,2011.
[14] 陈觥,陈策.雷曼兄弟破产的反思[J].财会月刊,2009,10.
[15] 傅巧灵.跨国银行交叉销售研究[M].北京:中国金融出版社,2011.
[16] 张春子.金融控股集团组建与运营[M].北京:机械工业出版社,2005.
[17] 陆晓明.金融现代化法案后的美国银行业混业经营:兼评花旗集团出售"旅行者"[J].国际金融研究,2005(04).
[18] 何光辉,杨咸月.从花旗集团拆分反思"金融超市"模式[J],财经科学,2009(06).
[19] 郭琳.银行保险的花旗模式[J].农村金融研究,2005(08).
[20] 张颖.花旗分拆的原因和启示[J].国际金融研究,2009(03).
[21] 子昱.花旗,失败的"金融超市"[J].当代经理人,2009(04):29.
[22] 顾继东.给每个人发钱:货币发行传导之分配正义刍论[M].上海:复旦大学出版社,2016.
[23] 凯.直升机撒钱的表象与本质[N].金融时报,2016-06-03.
[24] 王懿君.一文读懂直升机撒钱的原理[N].华尔街见闻,2016-06-13.
[25] 郝岩,崔艳娟.人民币汇率变动对辽宁省进出口贸易影响的实证分析[J].东北财经大学学报,2013(01):52-56.

[26] 韦森.中国通胀的真实原因[J].理论参考,2011(09):38-40.
[27] 徐长生,马克."中国货币之谜":基于货币需求视角的解释[J].经济学家,2015(08):5-12.
[28] 陆仰渊,方庆秋.民国社会经济史[M].北京:中国经济出版社,1991.
[29] 杨培新.旧中国的通货膨胀(增订本)[M].北京:人民出版社,1985.
[30] 张公权.中国通货膨胀史[M].北京:文史资料出版社,1986.
[31] 石路明.乘数之迷[N].经济学消息报,1999-12-24.
[32] 余永定.泡沫经济与通货收缩[J].国际金融研究,1998(06):3-5.
[33] 胡鞍钢.我国通货紧缩的特点、成因及对策[J].管理世界,1999(03):3-5.
[34] 胡鞍钢.通货紧缩已成为影响我国经济持续、快速、健康发展的"大敌"[C].北京:清华大学国情研究中心,2012:98-121.
[35] 国家统计局综合司宏观经济课题组.2000年:中国经济展望[J].经济月刊,2000(02):28-30
[36] 中国社会科学院经济所宏观课题组.寻求更有效的财政政策:中国宏观经济分析[J].经济研究,2000(03):3-15+79.
[37] 岩田规久男.通货紧缩与日本经济[J].ESP,2008(02):18.
[38] 桂畑诚治.通货紧缩的成因与对策[J].经济学人,2010(02):28.
[39] 会田卓司.与欧美国家相比,日本严重的通货紧缩为何持续?[J].经济学人,2010(02):24.
[40] 范从来,卞志村.日本通货紧缩问题研究[J].世界经济,2003(04):26-34.
[41] 刘瑞.日本长期通货紧缩与量化宽松货币政策:理论争论、政策实践及最新进展[J].日本学刊,2013(04):69-89+157-158.
[42] 张旭亮,高汝熹,祝春山.日本通货紧缩的成因、治理及对我国的启示[J].上海经济研究,2001(07):50-56.
[43] 陆经纬,刘冠中.浅析上世纪90年代日本通货紧缩及其对中国经济的启示作用[J].全国商情(理论研究),2013(10):46-48.
[44] 钱程.2008~2012年我国通货膨胀成因的实证分析[J].中国商贸,2013(06):134-135.
[45] 张健华,常黎.哪些因素影响了通货膨胀预期:基于中国居民的经验研究[J].金融研究,2011(12):19-34.
[46] 黄益平,王勋,华秀萍.中国通货膨胀的决定因素[J].金融研究,2010(06):46-59.
[47] 秦伟.人民币离岸NDF市场的兴与衰[EB/OL].(2015-7-22)[2020-08-30].http://www.yicai.com/news/2015/07/4648802.html.
[48] 郝志强.拉美国家美元化及去美元化问题研究[D].保定:河北大学,2014.
[49] 闫屹,郝志强.拉美国家的货币替代问题研究[J].拉丁美洲研究,2014,36(01):32-38+80.
[50] 王大贤.推进人民币无本金交割远期市场研究[J].投资研究,2011(01):35-39.
[51] 陈蓉,郑振龙.NDF市场:挑战与应对——各国NDF市场比较与借鉴[J].国际金融研究,2008(09):39-47.

[52] 韩莉.对中国"米德冲突"的思考[J].改革与战略,2008(03):16-19.
[53] 黄友和.美元化的经济学分析[J].兰州学刊,2006(05):138-141.
[54] 门明.套期保值还是投机交易:中航油巨额亏损事件与巴林银行倒闭之比较分析[J].国际商务(对外经济贸易大学学报),2005(04):46-49.
[55] 朱小梅.拉美国家美元化问题研究[D].武汉:武汉大学,2004.
[56] 巴曙松.巴林银行事件的启示[J].世界经济,1995(05):77.
[57] 郭吉.巴林银行事件的启示[J].华东科技管理,1995(04):28.
[58] 林平.巴林银行事件及其对我国的启示[J].广东金融,1995(04):4-6.
[59] 金融衍生商品交易管理的经验与教训:从巴林银行事件看新加坡国际金融交易所的管理[J].国际金融研究,1996(03):53-57.
[60] 杨锦之,洪渊.从中航油事件看金融衍生品交易的风险管理[J].当代财经,2007(03):47-51.
[61] 王海.价值创造面临风险的多维透视:基于中航油(新加坡)公司巨亏案例的剖析[J].广东商学院学报,2006(02):23-28.
[62] 门明.套期保值还是投机交易:中航油巨额亏损事件与巴林银行倒闭之比较分析[J].国际商务(对外经济贸易大学学报),2005(04):46-49.
[63] 陈晓敏,谢立,刘昱熙,等.中航油(新加坡)事件:市场失败还是制度失败——"中国版""巴林银行事件"解析[J].财会通讯,2005(06):12-20.
[64] 黎晋.1997年亚洲金融危机概况[J].现代审计与经济,2009(02):45.
[65] 赵川.次贷危机的形成、根源、后果与启示:从国际政治经济学的角度[J].贵州农村金融,2008(06):17-21.
[66] 曹元芳,吴超,刘伯酉.美国次贷危机:原因、机制及教训[J].华北金融,2008(05):42-45.
[67] 窦圣勃.2007年美国金融危机的背景分析[J].现代商贸工业,2008(03):155-156.
[68] 王宇."钉住制度"酿成了泰国金融危机:亚洲金融危机10周年回望[J].华北金融,2007(10):6-9.
[69] 王宇.钉住制度如何酿成了泰国金融危机:亚洲金融危机10周年回望[J].中国发展观察,2007(10):45-47.
[70] 秦艳梅.金融学案例教程[M].北京:经济科学出版社,2002.
[71] 北京大学中国经济研究中心宏观组.宏观政策调整与坚持市场取向[M].北京:北京大学出版社,1999.
[72] 伍聪.美国金融模式的利弊[N].光明日报,2015-12-15.